suhrkamp taschenbuch
wissenschaft 258

Helmut Dubiel, geb. 1946, Studium der Philosophie und Soziologie in Bochum und Bielefeld; 1972 promoviert mit einer Arbeit über Adorno und Gehlen (*Ich-Identität und Institution*, Düsseldorf 1973); seit 1973 Wissenschaftlicher Assistent für Soziologie in München; 1978 Habilitation in Bielefeld; z. Z. research fellow in Berkeley, Kalifornien. Publikationen über Probleme der Kritischen Theorie, Wissenschaftssoziologie und Sozialpsychiatrie.

Die Entwicklung der frühen Kritischen Theorie ist in den letzten Jahren wieder zum Gegenstand eines aktuellen wissenschaftlichen und wissenschaftsgeschichtlichen Interesses geworden. Dubiels Arbeit ist die erste, die diese Untersuchungen in einen systematischen Zusammenhang stellt.

Im ersten Abschnitt analysiert sie die konstitutive Bedeutung des historisch-politischen Prozesses von 1930 bis 1945 für die Entwicklung der Kritischen Theorie. Die prekäre politische Position des Frankfurter Kreises zwischen den Fronten der Fraktionen der Arbeiterbewegung, die Erfahrung der Weltwirtschaftskrise, die Niederlage der Arbeiterbewegung im Jahre 1933, die für die Emigranten erst später deutlich werdende Stalinisierung des Sozialismus in der Sowjetunion, der Sieg des Faschismus sowie schließlich die politischen Erfahrungen in den USA – all diese historischen Erfahrungskontexte haben der wissenschaftlichen Arbeit des Frankfurter Kreises erst die dynamische Struktur gegeben, mit der sich selbst Details der Theorieentwicklung erklären lassen. Durch ein minutiöses Textstudium, die Verwendung von Interviewprotokollen, historischen Dokumenten und bislang unveröffentlichten Briefstellen entsteht ein eindringliches Bild des Zusammenhanges der theoretischen und politischen Biographie des Frankfurter Kreises.

Im zweiten Abschnitt rekonstruiert Dubiel das weithin vergessene Forschungsprogramm einer interdisziplinären Sozialforschung, an dem das Frankfurter Institut für Sozialforschung in den frühen dreißiger Jahren gearbeitet hat. Unter dem leitenden Interesse an aktuellen Problemen interdisziplinärer Forschungsorganisation analysiert er den Zusammenhang zwischen dem von Horkheimer formulierten Forschungsprogramm und der sozialen Organisation seines Instituts.

Für Ulla und unsere Geschichte

Inhalt

VORWORT 11

A. Die Integration des Proletariats und die Einsamkeit der Intelligenz. Theoriebildungsprozeß und politische Erfahrung des Frankfurter Kreises (1930–1945) 15

0. Methodisches Vorgehen 17
1.1. Historisch-politische Erfahrung 1930–1936/37
1.1.1. Arbeiterbewegung 25
1.1.2. Sowjetunion 28
1.1.3. Faschismus 34
1.2. Theorie des Verhältnisses von Theorie und Praxis 1930–1936/37
1.2.1. Subjekt und Adressat der Theorie 38
1.2.2. Theorie und Praxis 43
1.3. Theoretische Position 1930–1936/37
1.3.1. Theoriepolitische und -geschichtliche Positionsdefinition 47
1.3.2. Verhältnis zum Marxismus 50
1.3.3. Verhältnis von Philosophie und Wissenschaft 51
1.3.4. Utopie 53

2.1. Historisch-politische Erfahrung 1937–1939/40
2.1.1. Arbeiterbewegung 56
2.1.2. Sowjetunion 57
2.1.3. Faschismus 61
2.2. Theorie des Vehältnisses von Theorie und Praxis 1937–1939/40
2.2.1. Subjekt und Adressat der Theorie 66
2.2.2. Theorie und Praxis 71
2.3. Theoretische Position 1937–1939/40
2.3.1. Theoriepolitische und -geschichtliche Positionsbestimmung 74
2.3.2. Verhältnis zum Marxismus 78
2.3.3. Verhältnis von Philosophie und Wissenschaft 81
2.3.4. Utopie 84

3.1. Historisch-politische Erfahrung 1940–1945
3.1.1. Arbeiterbewegung 87

3.1.2. Sowjetunion 91
3.1.3. Faschismus 94
3.2. Theorie des Verhältnisses von Theorie und Praxis 1940–1945
3.2.1. Subjekt und Adressat der Theorie 100
3.2.2. Theorie und Praxis 103
3.3. Theoretische Position 1940–1945
3.3.1. Theoriepolitische und -geschichtliche Positionsbestimmung 106
3.3.2. Verhältnis zum Marxismus 112
3.3.3. Verhältnis von Philosophie und Wissenschaft 113
3.3.4. Utopie 115

4. Zusammenfassung
4.1. Historisch-politische Erfahrung 118
4.2.1. Subjekt und Adressat der Theorie 119
4.2.2. Theorie und Praxis 121
4.3.1. Definition der theoretischen Position 122
4.3.2. Verhältnis zum Marxismus 124
4.3.3. Philosophie und Wissenschaft 125
4.3.4. Utopie 126

5. Der Strukturwandel politisch-historischer Erfahrung 128

Anmerkungen 131

B. Theorie dialektischer Darstellung und interdisziplinäre Sozialforschung

Theoriebildungsform und Forschungsorganisation des Frankfurter Instituts für Sozialforschung seit 1930 135
0. Einleitung: Methodologische Probleme interdisziplinärer Forschung 137

1. Darstellung des Programms einer interdisziplinären Sozialforschung 148

2. Wissenschaftsgeschichtlicher Kontext des Forschungsprogramms
2.1. Philosophische Wissenschaftskritik und neopositivistische Philosophiekritik in der Weimarer Republik 152
2.2. Das Verhältnis von Theorie und Empirie in der zeitgenössischen Soziologie 155

3. Theoriegeschichtlicher Hintergrund des Forschungsprogramms: Theorie dialektischer Darstellung 161

4. Theorie dialektischer Darstellung und Forschungsorganisation 170

5. Kognitive Struktur der Forschungsorganisation 174
5.1. »Zeitschrift für Sozialforschung« 175
5.2. »Studien über Autorität und Familie« 184
5.3. Analyse der kognitiven Struktur des Kreises 189

6. Soziale Struktur der Forschungsorganisation
6.1. Kommunikationsstruktur des Kreises 193
6.2. Rollendifferenzierung des Kreises 197
6.3. Institutionelle Rahmenbedingungen 200

7. Resumée 204
Anmerkungen 210

AUSBLICK: POLITISCHE PERSPEKTIVEN SOZIALWISSENSCHAFTLICHER INTELLIGENZ 212

Literaturverzeichnis 224

Vorwort

Den vorliegenden beiden Studien lag ursprünglich die Intention zugrunde, am wissenschaftsgeschichtlichen Material der frühen kritischen Theorie und des Kreises um Max Horkheimer (»Frankfurter Kreis«) Elemente einer umfassenden wissenssoziologischen Theorie zu entwickeln. Bei wachsender Vertrautheit mit dem historischen Material erwies sich dieser Anspruch rasch als überspannt. Das Material zeigte sich resistent gegenüber einer von außen versuchten theoretischen Zurichtung. Aber ähnlich den Alchemisten, denen bei ihren vergeblichen Versuchen, Gold zu synthetisieren, dennoch einiges Brauchbare gelang, blieb auch meine wissenssoziologische Optik auf den Theoriebildungsprozeß der frühen kritischen Theorie nicht ohne Resultate. Zunächst und vor allem bewahrte sie mich vor den Fallgruben jener leeren Emphase und Mythisierung, in welchen die Fortbildung der Tradition kritischer Theorie heute vielfach steckengeblieben ist. Sie bewahrte mich aber auch vor der politischen Sterilität reiner Philologie, auch wenn mir heute klar ist, daß eine systematisch gerichtete und an aktualisierbaren Bezügen interessierte Rekonstruktion der klassischen kritischen Theorie nur möglich ist auf der Basis einer soliden historischen und philologischen Kenntnis ihrer Tradition.

Als erfolgreich erwies sich die wissenssoziologische Experimentanordnung erst, als ich systematisch versuchte, an Problematisierungsstrukturen anzuknüpfen, die in der Selbstreflexion des philologischen Gegenstandes »kritische Theorie« schon angelegt waren. So habe ich in der ersten Studie den Theoriebildungsprozeß des Frankfurter Kreises zwischen 1930 und 1945 als theorieförmige Reflexion seiner politisch-historischen Erfahrung gelesen. Dabei konnte ich anknüpfen an das reflexive Selbstverständnis der kritischen Theorie, nach der die historische Erfahrung ihrer Träger das konstitutive Moment ihrer Theoriebildung selbst ist. – In der zweiten Studie habe ich den Zusammenhang analysiert zwischen dem von Horkheimer formulierten Programm einer interdisziplinären Sozialforschung und der sozialen Organisation seines Forschungsinstituts. Dabei war anzuknüpfen an Horkheimers Reflexionen zu einer Theorie dialektischer Darstellung, die in seinem Kreis die methodologische Grundlage einer forschungspraktisch orientierten interdisziplinären Sozialforschung bildete.

Unmöglich war es, diese beiden Thematisierungsformen noch einmal auf dem Plausibilitätsniveau zu vermitteln, welches innerhalb der Einzelstudien durchaus erreichbar war. Die heuristische Beschränkung auf eine historisch-politische Sicht in der einen und auf eine systematisch-wissenschaftsorganisatorische in der anderen hat in den Studien zu symptomatischen Bruchstellen geführt. In der ersten ist die Gruppenstruktur des Frankfurter Kreises die ›quantité negligée‹; d. h., es wird – gruppenbiographisch falsch – unterstellt, daß der Kreis von 1930 bis 1945 eine in Umfang und Struktur im wesentlichen unveränderte Gruppe gewesen sei. In der zweiten Studie wird der sozialhistorische Kontext des analysierten Forschungsprogramms nahezu völlig ausgeblendet. Bezüglich dieser komplementären Mängel bilden beide Studien eine – wenn auch methodisch und chronologisch gebrochene – Einheit und sind somit als solche zu lesen.

Daß es überhaupt zu dieser Arbeit kam, daß sie durchgeführt und abgeschlossen wurde, verdanke ich vielen Leuten. Vor allem Jürgen Frese, der im Rahmen des von ihm geleiteten Projekts »Theoriebildung als Gruppenprozeß« die vorliegende Arbeit sachlich und institutionell angeregt hat. Für finanzielle Unterstützung habe ich zu danken der Bielefelder Fakultät für Pädagogik, dem Wissenschaftszentrum Berlin sowie der Deutschen Forschungsgemeinschaft, die den Abschluß meiner Studien durch ein Habilitationsstipendium ermöglichte. Zu danken habe ich meinem Chef am Institut für Soziologie in München, der meine lehrstuhlfremde Forschung immer großzügig übersehen hat. Die Gespräche mit Max Horkheimer kurz vor seinem Tod, mit Leo Löwenthal und Herbert Marcuse in Kalifornien, mit Erich Fromm in Locarno vermittelten mir nicht nur wichtige Informationen. Sie ließen mich auch die Historizität meines Arbeitsgegenstandes vergessen. Ganz besonders zu danken habe ich Frau Carlota Pollock, die mir Zugang gewährte zum »Friedrich Pollock-Archiv« in Frankfurt, das große Teile der unveröffentlichten Institutskorrespondenz enthält. Auf keinen Fall vergessen darf ich Martin Jay, dessen inzwischen übersetztes Buch »Dialectical Imagination« (dt.: *Dialektische Phantasie,* Frankfurt/M. 1976) mir seinerzeit mehr geholfen hat, als es in meiner Arbeit zitativ zum Ausdruck kommt. Der freundschaftliche Kontakt mit ihm gab mir gelegentlich auch die Gewißheit, mit manchen für mich zentralen Ansichten nicht ganz allein zu sein. Zu danken habe ich schließlich noch meinen Freunden Werner Brede, Wolfgang Bonß, Wolfgang Kröpp und Alfons Söllner. Ihre kompetente Kritik hat mich in jeweils verschiedenen Etappen der Arbeit verunsichert, angeregt und ermutigt.

München, den 1. Mai 1978 Helmut Dubiel

A.
Die Integration des Proletariats und die Einsamkeit der Intelligenz

Theoriebildungsprozeß und politische Erfahrung des Frankfurter Kreises (1930–1945)

Horkheimer an Pollock:
Die Gesamtsituation in Europa ist recht traurig. Die Kriegsangst selbst bildet bloß ein Moment in einer gesellschaftlichen Entwicklung, in der jedenfalls alle kulturellen Werte, um die es sich lohnt, mit unheimlicher Notwendigkeit zugrundegehen. Die paar Menschen, zu denen die Wahrheit sich geflüchtet hat, erscheinen als lächerliche Rechthaber, die eine bombastische Sprache führen und nichts hinter sich haben. (...) Die unangenehmste Entdeckung, zu welcher der Materialismus führt, ist der Umstand, daß die Vernunft nur existiert, insofern sie ein natürliches Subjekt hinter sich hat. Diesem natürlichen Subjekt ist sie anheim gegeben, je nachdem es von ihr Gebrauch machen will. Sie kann ihm auch ohne seine Schuld verloren gehen.

Paris, 20. September 1937

0. Methodisches Vorgehen

Kennern der Theorieentwicklung des Frankfurter Kreises hätte sich gelegentlich die Frage stellen müssen, woran sich eigentlich Identität und Kontinuität einer Theoriebildung festmachen lassen, die inhaltlich derart gravierende Unterschiede aufweist wie die zwischen dem »Materialismus« der frühen dreißiger Jahre, den Programmtexten der »Kritischen Theorie« von 1937 und der »Dialektik der Aufklärung« von 1944: ob an ihrem sozialen Substrat, dem Frankfurter Kreis, und speziell an dessen Zentralfigur Max Horkheimer, ob an einzelnen Etappen der Theorieentwicklung, die man gegen andere normativ ausspielt, oder an einer authentischen Intention, die man einer einzelnen Person oder einem einzelnen Text unterstellt? In der Tat begnügen sich die heutigen Anhänger der kritischen Theorie meist mit der emphatischen Stilisierung einer ihr unterstellten, dem historischen Prozeß enthobenen ›wahren‹ Intention. In analoger Ahistorizität reduzieren sie ihre positivistischen Gegner auf einen wissenschaftstheoretischen Ansatz unter anderen im Ensemble des Wissenschaftspluralismus.

Unser Programm ist es demgegenüber, die Kontinuität der Theorieentwicklung von 1930 bis 1945 gerade an ihrer inhaltlichen Diskontinuität festzumachen, indem wir systematisch die gesamte Theorieproduktion als reflexiven Ausdruck einer historischen Erfahrung lesen.

Eine theoretische Orientierung wie die des »Materialismus« des frühen Horkheimer, die in kritischer Absetzung von den zeitgenössischen antihistoristischen Philosophien nicht nur ihre empirischen Problembezüge, sondern auch ihre Konzepte und Begriffe aus der akut erfahrenen historischen Konstellation entnehmen wollte, eine solche Theorie dürfte sich nicht abgedichtet haben von der historischen Erfahrung, wie sie von ihren empirischen Subjekten leibhaftig gemacht wurde. Eine davon ausgehende Interpretation muß auch noch Äußerungen wie die von Horkheimer anläßlich der Neupublikation seiner Aufsätze aus den dreißiger Jahren bitter ernstnehmen, »daß er unter dem Druck weltgeschichtlicher Ereignisse« seine ursprünglichen Überzeugungen zu modifizieren gezwungen war. Ernstnehmen nicht in dem Sinne, daß sie sich der jeweiligen theoriebiographischen Selbsteinschätzung Horkheimers oder eines anderen Mitgliedes des Frankfurter Kreises unterwirft, sondern indem sie die Theorieproduktion des Kreises systematisch als reflexive und theorieförmige Verarbeitung einer historischen Erfahrung liest.

Nach dem Methodenkatalog der Soziologie ist dieses Verfahren, die Immanenz einer Theorieentwicklung als reflexive Verarbeitung ihrer externen Faktoren zu erklären, ein *wissenssoziologisches.* Die von uns praktizierte Methodik kann durch einen kurzen Vergleich mit der klassischen Methodik Karl Mannheims gekennzeichnet werden. Diese ist in operativer Hinsicht dadurch charakterisierbar, daß sie eine Beziehung herstellt zwischen kognitiven Strukturen und deren sozialen Substraten (Gruppen, Klassen, Schichten). Sie rechnet kognitive Strukturen sozialen Strukturen zu, genauer: den Prozessen, die in sozialen Strukturen ablaufen.[1]

In der hier vertretenen Methodik sind ausschließlich die Relationierungen von kognitiven und sozialen Strukturen Thema, die die sozialen Träger einer Theorie in bezug auf diese selbst anstellen und die dann als solche in die theoretische Orientierung der Träger konstitutiv eingehen.

Gegenüber der herkömmlichen Wissenssoziologie verengt sich der empirische Fokus eines solchen Vorgehens drastisch. Trägerreflexionen dieses selbstreflexiven Typus sind empirisch seltene Phänomene. Um ihre Besonderheit zu klären, bietet es sich an, zunächst via negationis anzugeben, wo sich solche – unter den genannten methodischen Prämissen – thematisierbaren Phänomene prägnant *nicht* finden. Sie finden sich selten oder gar nicht in dem grundlagenorientierten Teilbetrieb *wissenschaftlicher Produktion,* der sich professionell mit Theoriebildung beschäftigt. Dies um so weniger, wie innerhalb einer Forschergemeinschaft idealistische und rationalistische Professionalideologien über wissenschaftlichen Erkenntnisfortschritt herrschen. Nach dem naiven, wenn auch verbreiteten linear-kumulativen Bild wissenschaftlicher Entwicklung ist deren Träger ein absolutes Subjekt, mindestens aber eine anonyme »scientific community«, die man zwar emphatisch zitieren, auf die man aber zu Theoriebildungszwecken selbst nicht strategisch reflektieren kann. Wenn in der institutionalisierten Wissenschaft solche Trägerreflexionen überhaupt stattfinden, dann als Krisensymptom. In der Regel reflektiert man auf die sozialen Träger theoretischer Sätze nur an den Bruchstellen wissenschaftlicher Kommunikation, d. h. bei massiven Formen wissenschaftlicher Kritik und wissenschaftlicher Grundlagenkontroversen. Trägerreflexionen sind innerhalb des Verhaltenscodex von Wissenschaftlern immer das letzte Mittel und in der Polemik die schärfste Waffe.

Noch unwahrscheinlicher als in der Wissenschaft sind Reflexionen, die die sozialen Träger einer kognitiven Struktur auf diese selbst anstellen, in der *Lebenswelt.* Als Lebenswelt ist sie ja u. a. dadurch definierbar, daß die kognitiven Orientierungssysteme, innerhalb derer man sich allemal bewegt, vorreflexiv als eine Art sozialer Realität festgehalten werden. Zwar hat die Kommunikationstheorie (Watzlawick et al., 1971) erwiesen, daß es in der sozialen Kompetenz von Personen durchaus die Fähigkeit gibt, Elemente eines Kommunikationsprozesses metakommunikativ zu reflektieren. Aber es ist wiederum signifikant, daß Metakommunikation nur funktioniert vor dem Hintergrund einer verläßlich institutionalisierten, d. h. reflexiv nicht greifbaren Symbolwelt. Wie ungeheuer schwierig es ist, auf die alltäglich praktizierte Welt- und Gesellschaftsdeutung einer Kultur insgesamt zu reflektieren, läßt sich ermessen an dem reflexiven und materialen Aufwand der Versuche Michel Foucaults, eine Ethnologie unserer eigenen Kultur zu schreiben.

Wir gehen von der Vermutung aus, daß sich solche reflexiven Thematisierungen der Orientierungssysteme gesellschaftlicher Gruppen finden lassen müßten bei revolutionären Kleingruppen, die am Rande der Gesellschaft, d. h. außerhalb der institutionalisierten politischen Einflußmöglichkeiten die herrschende Definition der gesellschaftlichen Situation radikal bekämpfen. Diese marginalen politischen Kleingruppen betrachten ihre theoretische Orientierung als kritische Wahrheit über die Struktur der Gesellschaft, von der sie sich distanzieren, und zugleich als utopische Antizipation eines künftigen Massenbewußtseins. Durch diese Dauerkonfrontation kraß alternativer Gesellschaftsbilder sind politisch marginale Gruppen existentiell auf die Kontingenz politischer Wirklichkeitsdefinitionen verwiesen. – Sektiererische Kleingruppen weichen dieser für die Gruppenintegration auf Dauer unerträglichen Demonstration von Kontingenz aus durch eine ontologische Annihilierung der von ihnen bestrittenen politischen Wirklichkeitsdefinition, indem sie zwischen ihrer Orientierung und den dominanten Bewußtseinsformen der Gesellschaft pauschal den Unterschied von »Wesen« und »Schein« machen. Offenbar gibt es für die meisten politisch-marginalen Gruppen angesichts der übermächtigen »Therapie- und Annihilierungsversuche«[2] der Gesellschaft nur den Ausweg, sich in ihre Wirklichkeitsorientierung einzuspinnen wie in eine »folie a la groupe«, d. h. wie in ein kollektiv gestütztes Wahnsystem.

Wir meinen, daß der Bewußtheitsgrad marginaler politischer Gruppen sich bemessen läßt an dem Grad ihrer Fähigkeit, das historisch-politische Umfeld ihres Orientierungssystems ständig reflexiv zum Thema machen zu können, an ihrer Fähigkeit also, sich selbst im Vollzug der Orientierung noch quasi wissenssoziologisch reflektieren zu können.

Die vorliegende Studie zeichnet einen solchen Reflexionsprozeß exemplarisch am Fall der Theoriebildung des Frankfurter Kreises nach. Dabei wird unterstellt, daß der historische Rang des Frankfurter Kreises weniger an seinem ohnehin geringen politischen und seinem schwindenden wissenschaftlichen Einfluß festgemacht werden kann als vielmehr gerade an der Prägnanz seiner theorieförmig repräsentierten politisch-historischen Selbstreflexion. Der exemplarische Wert dieses Reflexionsprozesses ist von seinem Inhalt nicht zu trennen: die Entwicklung der kritischen Theorie ist ein zentrales Dokument der politischen und theoretischen Selbstverständigung deutscher sozialistischer Intelligenz im geschichtlichen Kontext der Weimarer Republik, des Faschismus und des Krieges.

Bei der Rekonstruktion von Theoriebildungen, die im Laufe ihrer Geschichte prägnante Modifikationen erfahren haben, neigen Philologen häufig dazu, einzelne Etappen der Theoriebildungsprozesse durch forcierte Diskontinuitätsunterstellungen zu verzerren. So wird etwa der Ökonomismus des Spätwerks von Marx gegen den Radikaldemokratismus des frühen Marx ausgespielt, oder es wird Marx' jugendlicher Humanismus im »Kapital« dechiffriert. – Gerade weil nun der Theoriebildungsprozeß des Frankfurter Kreises in dem von uns untersuchten Zeitraum gravierende Veränderungen erfahren hat, liegt die analoge Gefahr nahe, einzelne Abschnitte dieses Prozesses als Formulierung der authentischen Intention des Gesamtprozesses zu nehmen und die anderen Abschnitte als lernprozessuale Hinführung zu ihr oder als Abfall von ihr zu interpretieren. Dieser Gefahr wollen wir begegnen durch folgende Reflexion auf Probleme des Theoriewandels.

Wir gehen davon aus, daß Theorien, die nicht nur akademischem

Probierhandeln entspringen und in ihm wieder vergehen, sondern Orientierungsleistungen im politischen Kampf erbringen, als kontinuierlicher, identischer Theoriezusammenhang interpretiert werden *müssen* auch dann, wenn sie auf der Ebene der Semantik nicht mehr ohne weiteres als mit sich identischer Zusammenhang erkennbar sind.

Die von uns a priori unterstellte Kontinuität und Identität ist also keine der Semantik, sondern vielmehr eine der Funktion in einem Orientierungsgefüge. Jeder individuelle oder gruppenhafte politische Orientierungsrahmen läßt sich beschreiben als ein nur sehr träge fluktuierendes Potential kognitiver Erwartungshaltungen, als Ensemble von hochabstrakten Parametern und Fragestrukturen, auf welche bezogen die alltäglichen Erlebnisverarbeitungs- und Entscheidungsprozesse als Antwortreaktionen interpretiert werden können. Für die Annahme solcher relativ invarianter, abstrakter Relevanzmuster spricht die Tatsache, daß man zumal im Rahmen politischer Handlungsprozesse keine Nullsituation fingieren darf, in welcher der Handelnde die Chance hätte, aus der Kontinuität seiner Deutungsgeschichte herauszuspringen. Wenn wir also die einzelnen Momente einer Theorieentwicklung trotz beträchtlicher semantischer Diskontinuitäten als kontinuierlich hinsichtlich ihrer identischen Funktion in einer Orientierungsstruktur interpretieren, heißt das methodisch, daß die einzelnen Texte dieses Theoriezusammenhangs als historisch variierende Antworten auf sich identisch durchhaltende Fragepositionen gelesen werden.[3]

Diese Differenzierung zwischen der funktionalen und der semantischen Kontinuität orientierungsleistender Theorien bedeutet für die Analyse der vorliegenden Theorieentwicklung, daß es uns zunächst nicht interessiert, welcher semantische Zusammenhang sich noch irgendwie herstellen läßt zwischen dem frühen »Materialismus« und z. B. der Technikkritik in der »Dialektik der Aufklärung«. Vorweg interessiert uns vielmehr, welch ein Gefüge von Fragepositionen dem gesamten Berichtszeitraum von 1930 bis 1945 zugrunde gelegen hat.

Wie jeder gute Fragebogen das Resultat eine Reihe von ›pretests‹ ist, so ließ sich auch hier das Ensemble von Fragepositionen nur aus einer intimen Kenntnis der untersuchten Textproduktion selber ableiten. Weitgehend handelt es sich bei der von uns rekonstruierten und dem Frankfurter Kreis dann unterstellten Orientierungsstruktur um die aus der Lektüre selbst abstraktiv gewonnenen topischen Kristallisationsmuster.

Zunächst galt es, aus den publizierten Texten und dem mir zugänglichen unveröffentlichten Briefmaterial alle direkten und indirekten Anspielungen auf ihren *historisch-politischen Entstehungskontext*, sowie alle impliziten und expliziten Reflexionen dieser Bezüge zu isolieren und zu systematisieren. Da die Schwelle nicht festzulegen war, von der ab solche Reflexionen in Theoreme und Theorien übergehen, haben wir z. B. in Briefen und Gesprächen dokumentierte eher vortheoretische Einschätzungen des Faschismus sowie faschismus*theoretische* Ansätze innerhalb eines Abschnittes referiert; doch innerhalb dieses Abschnittes haben wir sie getrennt referiert. – Die historisch-politischen Aufmerksamkeitsräume waren leicht zu identifizieren. Zum einen handelte es sich um die Möglichkeitsbedingungen sozialistischer Politik, d. h. um das Schicksal der deutschen Arbeiterbewegung, ihres kommunistischen und sozialdemokratischen Flügels, sowie die Entwicklung des Stalinismus in der Sowjetunion. Zum anderen handelt es sich um die Entwicklung, Machtergreifung und Konsolidierung des Nationalsozialismus und um autoritäre Tendenzen in spätkapitalistischen Ländern.

Die wissenschaftliche Arbeit des Frankfurter Kreises zielte in den dreißiger Jahren auf eine revolutionäre Veränderung der Gesellschaft – auch dann noch, als sie an deren Realisierbarkeit zweifelte. Deshalb konnten innerhalb der Theorie des Frankfurter Kreises Reflexionen über ihr *Verhältnis zur politischen Praxis* nicht fehlen, auch wenn es – der Distanz des Kreises zu institutionalisierten Gruppierungen wegen – unwahrscheinlich war, daß diese Theorie/Praxis-Reflexionen organisationstheoretische Gestalt annehmen würden. – Zumindest bis zum Beginn der vierziger Jahre rechnete sich der Kreis der sozialistischen Theorietradition zu. Für diese ist es kennzeichnend, daß sich die sozialistische Intelligenz nicht als Subjekt der von ihr formulierten Theorie versteht, sondern vielmehr als Instrument für die Artikulation von Orientierungen, die im empirischen Klassenbewußtsein des Proletariats bereits angelegt sind. In dieser Sicht ist das Proletariat Subjekt *und* Adressat der auf seine Situation zugeschnittenen Theorie. In der Tat waren die in den Texten zu findenden *Subjektbezeichnungen und Adressatangaben* der theoretischen Arbeit zentrale Indikatoren für die jeweilige Theorie des Verhältnisses von Theorie und Praxis.

Im dritten Fragekomplex ging es um die *immanente Bestimmung der jeweiligen theoretischen Position,* um ihre Konzeption, ihre theoriepolitische Gegnerschaftskonstellation, ihre Selbstzurechnung zu geistespolitischen Traditionen. – Ein wichtiger Indikator war die jeweilige *Bestimmung des Verhältnisses zur marxistischen Theorietradition.* – Kennzeichnend war weiterhin der reflexive Bezug auf die Form der eigenen theoretischen Arbeit, ob nämlich dem jeweiligen Gegenstand eher philosophische Reflexion, empirisch-fachwissenschaftliche Behandlung oder eine spezifische Verquickung von beidem angemessen wäre. Diese Reflexion der eigenen Theorieform geschah in jeweiligen *Verhältnisbestimmungen von Philosophie und Fachwissenschaft.* Weiterhin waren wichtig die Reflexionen über den jeweiligen *utopischen Bezugspunkt* der Theorieentwicklung.

Die von uns in der folgenden systematischen Darstellung zugrunde gelegte Struktur von Fragepositionen sieht also so aus:

1. *Historisch-politische Erfahrung*
   1.1. Arbeiterbewegung
   1.2. Sowjetunion
   1.3. Faschismus

2. *Theorie des Verhältnisses von Theorie und Praxis*
   2.1 Subjekt und Adressat
   2.2 Theorie und Praxis

3. *Theoretische Position*
   3.1 Theoriepolitische und -geschichtliche Positionsdefinition
   3.2 Verhältnis zum Marxismus
   3.3 Verhältnis von Philosophie und Wissenschaft
   3.4 Utopie

Es erwies sich als unmöglich, unter dieser dem Frankfurter Kreis unterstellten und von uns bei der Darstellung zugrundegelegten Fragestruktur Einzeltexte zu interpretieren. Abgesehen von einigen programmatischen Texten Horkheimers antwortet kaum ein Text auf alle Fragen zugleich und mit einer im Laufe der historischen Entwicklung gleichbleibenden Prägnanz. Es kam also darauf an, nach Maßgabe zeitlicher sowie sachlicher Kohärenz Einzeltexte zu Gruppen zusammenzufassen. Als Richtlinie dienten uns dabei die theoriepolitischen Rahmenbestimmungen, die Horkheimer in seinen Programmtexten einführte und die für die Mitarbeiter des Kreises Orientierungsmarken darstellten. Prägnant greifbar ist diese von Horkheimer selbst vorgenommene zeitliche Strukturierung der gesamten Theorieproduktion in den Programmbegriffen »Materialismus« (seit 1930) und »Kritische Theorie« (seit 1937). In Anlehnung an einen Begriff Horkheimers haben wir die Theorieproduktion der vierziger Jahre mit dem Begriff der »Kritik der instrumentellen Vernunft« gekennzeichnet. Nach Maßgabe der theoriepolitischen Selbststrukturierung der Theoriebildung haben wir den gesamten Prozeß von 1930 bis 1945 in drei Abschnitte unterteilt und für sich – unter Zugrundelegung der Fragestruktur – untersucht:

»Materialismus« 1930–1936/37
»Kritische Theorie« 1937–1939/40
»Kritik der Instrumentellen Vernunft« ab 1940

Diese von uns analytisch unterschiedenen Entwicklungsabschnitte dürfen nicht zu statischen Blöcken reifiziert werden, so als hätte es innerhalb dieser Abschnitte keine Entwicklung mehr gegeben und als hätten die von uns aus heuristischen Gründen gemachten Zäsuren den Charakter von Kontinuitätsbrüchen. Vielmehr kann unser Verfahren mit dem verglichen werden, das bei Langzeituntersuchungen üblich ist und das darin besteht, in prägnanten Punkten eines Entwicklungsprozesses einen synchronen Schnitt zu machen.

1.1. Historisch-politische Erfahrung 1930–1936/37

1.1.1. Arbeiterbewegung

Einigen Aufschluß über die Einschätzung der Arbeiterbewegung durch den Frankfurter Kreis – bis zur Machtergreifung der Nationalsozialisten – bieten die Resultate der in den Jahren 1930 und 1931 durchgeführten »Arbeiter- und Angestellten-Erhebung«, die Horkheimer bereits in seiner Antrittsrede angekündigt hatte.[4] Die Auswertung der Erhebung hat sich durch die Begleitumstände der Emigration so stark verzögert, daß sie selbst bei der Veröffentlichung der »Studien über Autorität und Familie« (Paris 1936) noch nicht vorlag. Die Veröffentlichung der Auswertung wurde zwar in Aussicht gestellt; es ist aber niemals zu ihr gekommen, und zwar offenbar infolge der Differenzen zwischen Erich Fromm, der die Auswertung betreute, und der Institutsleitung. Erst jetzt (Mai 1977) wird die Veröffentlichung der ausgewerteten Studie vorbereitet.[5]

Gegenstand der Studie waren die sozialpsychologischen Strukturen von Arbeitern und Angestellten in der Weimarer Republik. Der ursprünglichen Fragebogenkonzeption lagen – neben den sozialstatistischen – sechs Dimensionen zugrunde: a) politische Orientierungen, b) allgemeine Weltanschauung, c) Geschmacksfragen, d) besondere Charakterzüge, e) Stellung zu Familie und Autorität und f) Arten der Freizeitverwendung. In der mir zugänglichen Auswertung der Studie wurden diese Dimensionen auf drei reduziert: a), d) und e).

Das bei weitem wichtigste Ergebnis der Studie war, daß lediglich 15 % der Mitglieder von Linksparteien (SPD, KPD) ein Maß an Konsistenz von politischer Orientierung, Charakterstruktur und Kampfbereitschaft aufwiesen, das – etwa bei einem faschistischen Putschversuch – militanten Widerstand von politisch organisierten Arbeitern hätte ermöglichen können. Dagegen wiesen 40 % der untersuchten organisierten Arbeiter ein deutlich reduziertes Konsistenzmaß auf. Daraus wurde geschlossen, daß die faktischen Einflußchancen der Linksparteien viel geringer waren, als es ihre numerische Wählermacht erscheinen ließ. – Von den untersuchten

Personen, bei denen hohe Konsistenzmaße ermittelt worden waren, gehörten 27% der KPD, 7% der SPD an. Aufgeschlüsselt nach aktiven Kaderangehörigen und inaktiven Parteiwählern ergab sich indes ein ausgeprägtes Konsistenzgefälle. Charakterstruktur, Antiautoritarismus und politische Orientierung waren hochkonsistent bei Angehörigen der KPD-Kader, daran gemessen aber signifikant niedrig bei bloßen KPD-*Wählern*, von denen ein großer Teil deutlich autoritative Neigungen zeigte. Dieses Gefälle zwischen Kadermitgliedern und Parteiwählern war deutlich geringer bei SPD-Angehörigen.

Der mir zugängliche Teil der ausgewerteten Studie hat den Nachteil hoher Abstraktion von der empirisch-historischen Situation, auf die sie sich bezieht. Erst durch einen detaillierten historiographischen Kommentar bekäme sie ihren Wert.

Als solchen kann man Horkheimers politische Reflexionen zur Lage der deutschen Arbeiterbewegung in der »Dämmerung« lesen, einer Sammlung aphoristischer Notizen, die er zwischen 1928 und 1934 niedergeschrieben hat. Unter der Abschnittsüberschrift »Die Ohnmacht der deutschen Arbeiterklasse« gibt er eine materialistische Interpretation der Entwicklung der Arbeiterbewegung in der Weimarer Republik. Seine These ist, daß die Spaltung der Arbeiterbewegung in die Lager der KPD und der SPD Resultat veränderter Produktionsverhältnisse ist:

»... Zwischen den in Arbeit stehenden und den nur ausnahmsweise oder vielmehr gar nicht Beschäftigten gibt es heute eine ähnliche Kluft wie früher zwischen der gesamten Arbeiterklasse und dem Lumpenproletariat... Arbeit und Elend treten auseinander, sie werden auf verschiedene Träger verteilt... Diese unmittelbar und am dringendsten an der Revolution interessierten Arbeitslosen besitzen aber nicht wie das Proletariat der Vorkriegszeit die Bildungsfähigkeit und Organisierbarkeit, das Klassenbewußtsein und die Zuverlässigkeit der in der Regel doch in den kapitalistischen Betrieb Eingegliederten... Der kapitalistische Produktionsprozeß hat es also mit sich gebracht, das Interesse am Sozialismus und die zu seiner Durchführung notwendigen menschlichen Eigenschaften zu trennen...« (1974:283)

Von diesen Prämissen her kritisiert Horkheimer die Politik der KPD und der SPD.

An der KPD kritisiert Horkheimer zentral die Dogmatisierung ihres theoretischen Programms:

»Auf geistigem Gebiet findet sich die Ungeduld der Arbeitslosen als die bloße Wiederholung der Parolen der kommunistischen Partei. Die Prinzipien nehmen nicht durch die Menge des theoretisch verarbeiteten Stoffs eine zeitgemäße Gestalt an, sondern werden undialektisch festgehalten... (a.a.O. 283)... Die Treue zur materialistischen Lehre droht zum geist- und inhaltslosen Buchstaben- und Personenkult zu werden... (a.a.O. 285)... Die Kommunisten haben viel zuwenig Gründe; d. h. sie verweisen häufig anstatt auf Gründe bloß auf Autorität. In der Überzeugung, die ganze Wahrheit für sich zu haben, nehmen sie es mit den einzelnen Wahrheiten nicht so genau und bringen ihre besserwissenden Gegner mit moralischer, notfalls auch physischer Gewalt zur Räson...« (a.a.O. 286).

Es trifft zu, daß die KPD in der Endphase der Weimarer Republik ihre Massenbasis bei den Arbeitslosen hatte.

Der sprunghafte Zuwachs der KPD-Wählerstimmen von 1928 bis 1932 verläuft parallel mit der sich ausbreitenden Massenarbeitslosigkeit. Den von Horkheimer angedeuteten Zusammenhang zwischen der »Arbeitslosenmentalität« und der Dogmatisierung der politischen Orientierung der KPD bestreitet z. B. der zeitgenössische Historiker Sigmund Neumann[6] – zumindest als kausalen Zusammenhang. Die Dogmatisierung der KPD-Orientierungen war wohl weniger kausale Folge der Mentalität der sie unterstützenden Arbeitslosen als vielmehr des Strukturwandels, den die KPD zwischen 1924 und 1929 durchgemacht hat. Diese Entwicklungsphase ist von Hermann Weber als die »Stalinisierung« der KPD bezeichnet worden.[7] Mit diesem Begriff bezeichnet Weber die Übernahme der Organisationsprinzipien der KPDSU, d. h.: die Errichtung eines straff zentral organisierten und dogmatisch homogenisierten Parteiapparats. Die sogenannte »Stalinisierung« begann 1924 mit der Unterdrückung jeglicher innerparteilicher Opposition und alternativer theoretischer Orientierungen. Dieser Prozeß ist identisch mit dem der Gleichschaltung des Zentralkomitees der KPD mit dem sowjetisch majorisierten EKKI (Exekutivkomitee der Komintern).[8]

Horkheimer stand in der Spätphase der Weimarer Republik der KPD zwar näher als der SPD, war aber sicher kein Mitglied der Partei. Abgesehen davon, daß es für dieses Gerücht keinen einzigen Beleg gibt und abgesehen auch von seinem eigenen energischen Dementi[9] weist allein schon die Allgemeinheit seiner Kritik an jenem Dogmatisierungsprozeß deutlich darauf hin, daß er kein ›insider‹ der Partei war.[10]

An die zitierte Kritik der Dogmatisierung der KPD-Politik

schließt Horkheimer die Bemerkung an:

»Die politische Praxis entbehrt daher auch der Ausnutzung aller gegebenen Möglichkeiten zur Verstärkung der politischen Positionen...« (a.a.O. 283)

Horkheimer spielt hier offenbar auf die revolutionäre Zurückhaltung der KPD während der Weltwirtschaftskrise an, die mehrere Historiker notiert haben. Dennoch ist deren Interpretation umstritten: Sigmund Neumann behauptet, daß sie auf Moskauer Diktat hin geschah (a.a.O. 92f.), während Hermann Weber sie aus der Schwäche der militärischen Schutztruppe der KPD ableitet (a.a.O. 343ff.). Horkheimer, von mir 1973 nach dem Sinn des zitierten Satzes befragt, interpretierte ihn als Anspielung auf die strikt antisozialdemokratische Politik der KPD, deren »Sozialfaschismus«-Formel eine Volksfront gegenüber dem Faschismus verhindert hätte.

In der KPD besonders der späten Weimarer Republik hätte es für die Form der theoretischen Orientierung, die für den Frankfurter Kreis bestimmend war, keinen Ort gegeben. Das differenzierte Kritikverhältnis zur bürgerlichen Wissenschaftskultur, die diffizilen Bestimmungen materialistischer Theorietradition sowie die Ansätze zu einer unabgeschlossenen Dialektik lagen – wo sie ihm nicht offen widerstritten – jenseits des Orientierungshorizonts der parteioffiziellen Intellektuellen. Völlig unvereinbar mit den dogmatischen Festlegungen der KPD-Linie waren die für die Theorie des Kreises zentralen Ansätze Erich Fromms zu einer analytischen und materialistischen Sozialpsychologie, also der Versuch einer psychoanalytischen Differenzierung des Historischen Materialismus. Obgleich diese Ansätze von Fromm im Kontext der Kritik an den verwandten Versuchen Wilhelm Reichs entwickelt wurden, ist deren Differenz doch nur eine immanent psychoanalytische. Der Bannstrahl der »stalinisierten« deutschen KPD gegen Versuche der Integration von Psychoanalyse und Marxismus trifft deshalb auch den freilich weniger exponierten Erich Fromm.[11]

1.1.2. Sowjetunion

Um die Attraktivität der KPD für die sozialistische Intelligenz der Weimarer Republik zu prüfen, muß unbedingt auch deren Einschätzung und Wertung der Verhältnisse in der Sowjetunion mit herangezogen werden. Dies ist deshalb kein äußerliches Kriterium, weil die Anerkennung des Vorbildcharakters des sowjetischen Wegs zum Sozialismus das zentrale ideologische Zugehörigkeitskriterium zur KPD der späten zwanziger Jahre war. Überdies war ja die KPD etwa seit 1926 direkt den Weisungen der sowjetisch majorisierten Komintern unterstellt und somit eigentlich nur eine Sektion der Komintern.

Eigentlich verblüfft es, daß – abgesehen von Rudolf Schlesingers zwar ausführlichem, aber doch rein referierendem Bericht über »Neue sowjetrussische Sozialforschung« (ZfS 7, 8) – die Sowjetunion in keiner Schrift des Kreises *explizit* beim Namen genannt wird. Gleichwohl bilden mehr oder weniger indirekte Anspielungen auf die politischen Verhältnisse in der Sowjetunion im gesamten Berichtszeitraum ein zentrales Hintergrundselement für die politisch-theoretische Selbstverständigung des Kreises. 1931 drückt Horkheimer dies in einer später nicht mehr üblichen Deutlichkeit so aus:

»Im Jahre 1930 wirft die Stellung zu Rußland Sicht auf die Denkweise der Menschen. Es ist höchst problematisch, wie die Dinge dort liegen. Ich mache mich nicht anheischig zu wissen, wohin das Land steuert; zweifellos gibt es viel Elend. Aber wer unter den Gebildeten vom Hauch der Anstrengungen dort nichts verspürt und sich leichtsinnig überhebt, wer sich in diesem Punkt der Notwendigkeit zu denken entzieht, ist ein armseliger Kamerad, dessen Gesellschaft keinen Gewinn bringt. Wer Augen für die sinnlose, keineswegs durch technische Ohnmacht zu erklärende Ungerechtigkeit der imperialistischen Welt besitzt, wird die Ereignisse in Rußland als den fortgesetzten, schmerzlichen Versuch betrachten, diese furchtbare gesellschaftliche Ungerechtigkeit zu überwinden, oder er wird klopfenden Herzens fragen, ob dieser Versuch noch andauere.«

An die Stelle dieser skeptischen Solidarität tritt 1934 eine prüfende theoretisch abwägende Distanzierung:

»... Es gibt eine aufgeklärte, ja eine revolutionäre Despotie. Über ihren Charakter entscheidet ihr Verhältnis zu den wirklichen Interessen der beherrschten Menschen. Wenn es auch keinen unbedingten Maßstab gibt, nach dem dieses in den verschiedenen Perioden zu beurteilen wäre – schon deshalb nicht, weil die Härte und Ungerechtigkeit der Despotie nicht allein aus ihr selbst, sondern auch aus dem allgemeinen Entwicklungsgrad der von ihr beherrschten Massen zu erklären ist –, so bestimmt sich in der ganz neueren Zeit doch ihre soziale Funktion, ihre fortschrittliche oder reaktionäre Bedeutung dadurch, wieweit ihre Ausübung der Interessen der Allgemeinheit oder denen einer privilegierten Partikularität entspricht...« (ZfS 3, 1934:36)

Daß sich diese Passage auf die UdSSR bezog, hat mir Horkheimer im Gespräch bestätigt. Aus der Distanz von mehr als vierzig Jahren zu seiner damaligen Einschätzung der Verhältnisse in der Sowjetunion befragt, relativierte er die aus den obigen Zitaten ablesbare skeptisch distanzierte Sympathie noch weiter. Die Sowjetunion sei damals von den Mitarbeitern des Instituts nicht öffentlich kritisiert worden, weil sie ihnen auf ideologischer Ebene als der mächtigste Gegner des Faschismus galt. Bezeichnenderweise wurde diese Zurückhaltung dann auch 1939, nach dem Stalin-Hitler-Pakt, aufgehoben.

Auch nicht vereinbar gewesen mit der Zugehörigkeit zur KPD wäre Friedrich Pollocks rein analytische Haltung gegenüber den planwirtschaftlichen Reorganisationsversuchen in der UdSSR, die er in ihrer Ausprägung als so spezifisch mit russischen Verhältnissen verquickt bewertete, daß er aus ihnen nichts glaubte lernen zu können für die Überwindung kapitalistischer Verhältnisse in Westeuropa.[12]

Friedrich Pollock war überhaupt der Gewährsmann im Frankfurter Kreis für die Informationen, die die Grundlage bildeten für die meist impliziten Beurteilungen der sowjetrussischen Politik. Pollock hatte zur Vorbereitung seiner Habilitationsschrift »Die planwirtschaftlichen Versuche in der Sowjetunion« (Frankfurt/M. 1929/1971) die Sowjetunion im Jahre 1927 ausführlich bereist. Sein wichtigster Kontaktmann in Moskau war Ryazanow, der Leiter des dortigen Marx-Engels-Instituts. Aus Briefen, die Pollock später an Horkheimer schrieb, ging hervor, daß Ryazanow Pollock in Kontakt brachte mit einigen Mitgliedern der innerbolschewistischen Opposition, die später in den Säuberungsprozessen liquidiert wurden. Ryazanow selbst ist von Stalin verbannt worden. – Nicht nur im Lichte dieser Hintergrundinformationen, sondern auch in der nüchternen Präsentation seiner Informationen wird Pollocks Distanz zur UdSSR deutlich. Es fehlen alle in der probolschewistischen Literatur üblichen Elogen auf die Errungenschaften des sowjetischen Sozialismus. Statt dessen wird an zentralen Punkten der sowjetischen Ökonomieplanung entschiedene Kritik geübt. So kritisiert Pollock die forcierte Industrialisierung (a.a.O. 366). Zum Kulakenproblem vermutet er noch zur Zeit der Niederschrift seines Buches, daß keine noch so radikale Regierung es wagen könnte, von der formalen staatlichen Verfügungsgewalt über den Boden gegen die Bauern Gebrauch zu machen (a.a.O. 374). Daß Stalin dies doch wagte, ist bekannt, und es ist leicht abzuschätzen, wie Pollock die Lösung des Kulakenproblems beurteilt hätte. Pollock schließt sein Buch ab mit den nüchternen Sätzen:

»Wir haben im Laufe der vorliegenden Arbeit den theoretischen und praktischen Ausgangspunkt der planwirtschaftlichen Versuche in der Sowjetunion kennengelernt... Wohin sie führen, wird die Geschichte lehren...« (a.a.O. 382)

So distanziert formulierte Beurteilungen der politischen Verhältnisse in der UdSSR, die – nach Horkheimers Zeugnis[13] – für den Frankfurter Kreis der frühen dreißiger Jahre bestimmend waren, wären mit der Mitgliedschaft zur KPD schwer vereinbar gewesen. Bei aller kritischen Distanz zur Politik der KPD ist dennoch die kritische Solidarität mit dem »revolutionären Flügel der Arbeiterbewegung« für die politische Orientierung des Kreises bestimmend gewesen. Diese Solidarität war nicht das Resultat einer irgendwie doch noch zustimmenden Beurteilung ihrer faktischen Politik, sondern Folge prinzipieller Erwägungen über die politische Rolle sozialistischer Intelligenz. Horkheimer schreibt 1932 in der »Dämmerung«:

»Die Mängel der revolutionären Führung können in der Tat ein Unglück sein. Mag der politische Kampf gegen die Unmenschlichkeit der gegenwärtigen Zustände so schlecht wie nur möglich geleitet sein, er ist die Form, die sich der Wille zu einer besseren Ordnung in diesem historischen Augenblick geben konnte, und er wird von vielen Unterdrückten und Gequälten auf der ganzen Erde so verstanden. Jedwede Mangelhaftigkeit der Führer hebt also die Tatsache auf, daß sie der Kopf dieses Kampfes sind. Wer selbst in unmittelbarer Verbindung mit einer kämpfenden Partei ihren Kurs unter Umständen beeinflussen kann, derjenige also, dessen theoretische und kämpferische Gemeinsamkeit mit dieser Partei außer Zweifel steht, vermag vielleicht auch von außen fruchtbare Kritik an der Führung üben.

Aber eine proletarische Partei läßt sich nicht zum Gegenstand kontemplativer Kritik machen, denn jeder ihrer Fehler ist ein Produkt des Umstands, daß sie nicht durch wirksame Teilnahme besserer Kräfte davor bewahrt worden ist. Ob der kontemplative Kritiker durch eigene Tätigkeit in der Partei diese Kräfte verstärkt hätte, läßt sich nicht an seinen nachträglichen Äußerungen über die Handlungen der Partei ermessen, denn es bleibt unausgemacht, ob seine Ansicht in der gegebenen Situation den Massen eingeleuchtet hätte, ob mit seiner theoretischen Überlegenheit auch die notwendigen organisatorischen Fähigkeiten verbunden waren – kurz, ob seine Politik überhaupt möglich war oder nicht. Der bereitliegende Einwand lautet, daß die Führer sich im Besitz aller Machtmittel der Partei befänden, der Apparat in der Partei den einzelnen nicht aufkommen ließe und daher jeder Versuch der Vernünftigen von vornherein der Aussicht entbehre. Als ob nicht in jedem Augenblick der Geschichte ein politischer Wille entsprechende Hindernisse gefunden hätte sich durchzusetzen! Heute mögen sie sich gerade vor dem Intellektuellen türmen; aber wer anders als die, welche die vorhandenen Mängel praktisch überwinden, vermöchte zu beweisen, daß sie unter Berücksichtigung aller Verhältnisse nicht doch die geringsten sind. Bürgerliche Kritik am proletarischen Kampf ist eine logische Unmöglichkeit.« (a.a.O. 257)

Horkheimers Kritik an der SPD der Weimarer Republik in dem genannten Abschnitt der »Dämmerung« ist ungleich schärfer als die an der KPD:

»Im Gegensatz zum Kommunismus hat der reformistische Flügel der Arbeiterbewegung das Wissen um die Unmöglichkeit einer wirksamen Verbesserung der menschlichen Verhältnisse auf kapitalistischem Boden verloren. Alle Elemente der Theorie sind ihm abhanden gekommen, seine Führung ist das genaue Abbild der sichersten Mitglieder: viele suchen sich mit allen Mitteln, selbst unter Preisgabe der einfachsten Treue, auf ihren Posten zu erhalten; die Angst, ihre Stellung zu verlieren, wird nach und nach der einzige Erklärungshintergrund ihrer Handlungen.« (a.a.O. 284)

Drei Vorwürfe impliziert die zitierte Passage:

1) Die Formulierungen »reformistischer Flügel« und »Verlust des Wissens um die Unmöglichkeit einer wirksamen Verbesserung der menschlichen Verhältnisse auf kapitalistischem Boden« spielen darauf an, daß die SPD in der Weimarer Republik die Rolle der staatstragenden Partei zwar nicht scheute –, diese Macht aber nicht einmal in Ansätzen zur Abschaffung des privatwirtschaftlichen Systems nutzte. Die Berechtigung dieses von linken Kritikern der Weimarer Sozialdemokratie häufig erhobenen Vorwurfs ist in der Historiographie umstritten. Selbst diejenigen Historiker, die der Weimarer Sozialdemokratie einen revolutionären Willen konzedieren, meinen, man müsse in Rechnung stellen, daß die Schaltstellen des Exekutivapparats mit kaisertreuen, reaktionären Elementen durchsetzt waren.[14]

2) Daß der Weimarer Sozialdemokratie »... alle Elemente der Theorie abhanden gekommen sind ...« (a.a.O.), ist der andere Vorwurf. Auf die theoretischen Unzulänglichkeiten der theoreti-

schen Teile der sozialdemokratischen Parteiprogramme vom Erfurter Programm (1891) bis zum Heidelberger Programm (1925) kann hier nicht angemessen eingegangen werden. Horkheimers Vorwurf der Theorielosigkeit der sozialdemokratischen Politikorientierung sticht allein schon wegen der für die SPD von Erfurt bis Heidelberg kennzeichnenden Unverbundenheit von theoretisch radikaler Orientierung und tagespolitischem Pragmatismus. Dieses paradoxe Nebeneinander von theoretischer Radikalität und pragmatischer Opportunität äußert sich *philologisch* in der Unverbundenheit von Grundsatzteil und Aktionsprogramm aller sozialdemokratischen Parteiprogramme[15] und äußert sich *soziologisch* in der Marginalisierung der Theoretiker in der Partei selbst. (a.a.O.)

3. Der Vorwurf Horkheimers, daß sich »viele (Parteimitglieder) mit allen Mitteln ... auf ihren Posten zu erhalten versuchen«, trifft zu. Sigmund Neumann spricht von einer »auffallend geringen Fluktuation der Parteimitgliederschaft« (a.a.O. 34). Die Verbürokratisierung und Verbonzung des sozialdemokratischen Parteiapparats lasse »... mitunter Karikaturen schlimmster wilhelminischer Zeiten sichtbar werden« (a.a.O.).

In den ersten Jahren nach der nationalsozialistischen Machtergreifung wird in den Veröffentlichungen des Frankfurter Kreises die Weimarer Sozialdemokratie nicht mehr beim Namen genannt. Horkheimer meinte dazu im Gespräch, der Grund dafür sei das Bewußtsein der Gemeinsamkeit der Niederlage gewesen. Wenn ab 1936 diese Zurückhaltung gegenüber der SPD völlig aufgehoben wurde, dann deshalb, weil nach drei Jahren Konsolidierung der faschistischen Herrschaft endgültig klar gewesen sei, daß die Weimarer Republik ein historisches Phänomen geworden war. Die ab 1936 dann in der »ZfS« intensiv und häufig geübte Kritik an der Sozialdemokratie – und speziell ihrer Kulturpolitik – sei aber, so Horkheimer, durchaus repräsentativ für die Einschätzung in jenen Jahren, in denen die Sozialdemokraten den Weimarer Staat getragen haben.

Hauptziel der Kritik von Mitgliedern des Frankfurter Kreises an der Theorie- und Politikorientierung der SPD ist deren Kulturpolitik. Sie ist z. B. für Marcuse schlagendes Beispiel für den von ihm geprägten Begriff des »affirmativen« Charakters der Kultur. Die Forderung des »Görlitzer Programms« (1921) etwa nach Gleichverteilung auch der kulturellen Güter, das »Allgemeinwerden der kulturellen Güter« oder das »Recht der Volksgenossen an den Kulturgütern...« (ZfS 6, 1937:91) terminiert nach Marcuse letztlich darin, daß die »Massen wieder einmal für jene gesellschaftliche Ordnung« (a.a.O.) gewonnen werden, welche von der ›gesamten‹ Kultur bejaht wird. Ähnlich argumentiert Walter Benjamin in einer Kritik der sozialdemokratischen Arbeiterbildungsprogramme. Deren Orientierung an den Standards der bürgerlichen Kultur

»... meinte das gleiche Wissen, das die Herrschaft der Bourgeoisie über das Proletariat befestige, werde das Proletariat befähigen, von dieser Herrschaft sich zu befreien. In Wirklichkeit war es ein Wissen, das ohne Zugang zur Praxis war und das das Proletariat als Klasse über seine Lage nichts lehren konnte, ungefährlich für seine Unterdrücker« (ZfS 6, 1937:352).

Entsprechend Horkheimer:

»Die Geschichte der deutschen Sozialdemokratie sollte vor der Kulturliebe warnen. Anstelle des kritischen Verhaltens zur herrschenden Kultur, das die einzige Zukunftschance für die Erhaltung ihrer Elemente gewesen wäre, war vielfach das Bestreben zu erkennen, sich die bürgerliche Weisheit von vorgestern als Prunkstück umzuhängen, wie die Bauern die vergangene Mode ihrer Herren anlegen.« (ZfS 7, 1938:380)

1.1.3. Faschismus

Plan- und projektmäßig, also umfassend und systematisch koordiniert wurde der nationalsozialistische Faschismus vom Institut erst am Beginn der vierziger Jahre erforscht. In dem hier thematischen Zeitraum von 1933 bis 1936/37 gab es lediglich eine grundsätzliche theoretische Einschätzung und einige disparate Untersuchungsansätze. Zu nah wohl war den Emigranten die existentielle Realität des faschistischen Deutschland, als daß sie bereits als Forschungsgegenstand systematisch hätte definiert werden können. Neben diesen vermutbaren psychologischen Gründen war es gerade die diesen Zeitraum bestimmende theoretische Einschätzung des Nationalsozialismus selbst, die seine Konstitution als eigenständigen Forschungsgegenstand verhinderte. Er wurde – kurz gesagt – aufgefaßt als die dem fortgeschrittenen Monopolkapitalismus angemessene politische Form. Die Machtergreifung der Nationalsozialisten wurde von dem Kreis um Horkheimer keineswegs als die historische Zäsur perzipiert, als die sie aus der Perspektive von 1945 – zumal in der bürgerlichen Geschichtsschreibung – gewiß erscheint. Denn die genannte theoretische Einschätzung des deutschen Faschismus determinierte auch den Zeithorizont seiner

Wahrnehmung als eines eigenständigen historischen Zusammenhangs: die letzten Jahre der Weimarer Republik und die ersten Jahre des Dritten Reichs waren in der Optik jenes Theorems ein Kontinuum.[16] Diese von theoretischen Prämissen geprägte Chronologie begründete einerseits die Aktualität Weimarer Verhältnisse bis weit in die Emigrationszeit hinein und verhinderte andererseits die Konstitution des Faschismus als eines ausgegrenzten Forschungsgegenstands. Die von Horkheimer 1932 programmatisch avisierte »Theorie des historischen Verlaufs« und die Theorie des Faschismus waren in den Jahren von 1933 bis 1936/37 noch nicht auseinander differenziert.

In dem vorliegenden Zeitraum lassen sich drei disparate Thematisierungsformen des Faschismus unterscheiden:

1. eine politisch-ökonomische, die Pollock formuliert hat,
2. eine diese Analyse ergänzende ideologie- und kulturkritische Arbeit von Marcuse sowie Horkheimers kulturkritische Studie zur Urgeschichte des Führerkults, und schließlich
3. eine sozialpsychologische von Erich Fromm in den »Studien über Autorität und Familie«, die aber im Vergleich mit den Autoritätsstudien der vierziger Jahre sehr fragmentarisch geblieben sind.

Wir werden uns im folgenden auf die Ausführungen Pollocks und Marcuses beschränken, weil sie im Grunde von verschiedenen Zugängen her zum identischen Resultat kommen und dieses Resultat dann im Kreis konsensualisiert worden ist. Alle späteren Faschismusstudien, die im Umkreis des Instituts entstanden sind, setzen an dieser These an.

In dem Aufsatz »Bemerkungen zur Wirtschaftskrise«, der Ende 1932 konzipiert und im Frühjahr 1933 niedergeschrieben worden ist, vertritt Pollock die These, daß die Weltwirtschaftskrise neben anderen kontingenten Faktoren strukturell verursacht worden sei durch die monopolistische Struktur des Spätkapitalismus, und zwar durch das Mißverhältnis zwischen der liberalistischen Organisation der Produktionsverhältnisse und der faktischen Liquidation des Marktes. Für Pollock ist die Alternative klar. Die in den Monopolen bereits praktizierte »partielle Organisation« ist durch eine umfassende staatliche Planung zu ersetzen. Entscheidend ist nun für Pollock, daß diese umfassende Wirtschaftsplanung nicht notwendig eine sozialistische sein muß. Er hält eine planwirtschaftliche Organisation der Gesellschaft auf kapitalistischem Boden für möglich:

»Zunächst würde sie bedeuten, daß die mächtigsten und den Staat beherrschenden kapitalistischen Gruppen allen übrigen die Bedingungen ihrer wirtschaftlichen Tätigkeit diktieren... Sie setzt voraus, daß die mächtigsten Gruppen sich zugunsten des kapitalistischen Gesamtinteresses über eine planwirtschaftliche Politik verständigen...« (ZfS 2, 1933:348)

Und nachdem Pollock die erwartbaren Widerstände gegen diesen dem Kapitalismus immanenten Wirtschaftsdirigismus durchgespielt hat, bemerkt er:

»Sollten aber die Schwierigkeiten des kapitalistischen Systems sich weiter verschärfen, so werden vermutlich im Interesse der Rettung des Systems auch diese Hemmnisse – wenn auch unter schweren Kämpfen – überwunden werden. Eine solche Umbildung der Wirtschaftsmethoden ist notwendig von einer totalen Veränderung der politischen Organisation der Gesellschaft begleitet. Die Ereignisse der letzten Jahre haben gezeigt, welche Züge die dem Monopolkapitalismus entsprechenden politischen Formen tragen.« (a.a.O. 349)

Auf welche ›Ereignisse‹ Pollock hier anspielt, ist offensichtlich: Seit Mai 1932 war von Papen Reichskanzler. Seine pro-nationalsozialistische Politik ist bekannt. Erwähnt sei nur seine Aufhebung des von Brüning verfügten SA-Verbots. Es folgte Schleichers Übergangskabinett, und im Januar 1933 wurde Hitler Reichskanzler. Im Februar wurde dann die »Verordnung zum Schutz von Volk und Staat« (Reichstagsbrandverordnung) erlassen, die die Grundrechte außer Kraft setzte. Im März folgte das »Ermächtigungsgesetz«, das – indem es dem Kabinett legislative Funktionen zuschob – letztlich die Gewaltenteilung aufhob.

Diese Ereignisse also interpretiert Pollock als Symptome für einen Prozeß politischer Disziplinierung der Gesellschaft, dessen Notwendigkeit – so Pollock – resultierte aus dem ›Widerspruch‹ zwischen der monopolistischen Struktur der Produktionsverhältnisse und der politischen Form der Gesellschaft. Der Faschismus, d. h. hier speziell der deutsche Nationalsozialismus, sei die adäquate politische Form des hoch entwickelten Monopolkapitalismus.

Zu dieser politisch-ökonomischen Interpretation des Nationalsozialismus schreibt Marcuse das ideologiekritische Pendant. Sein Aufsatz »Der Kampf gegen den Liberalismus in der totalitären Staatsauffassung« (ZfS 3, 1934) thematisiert in ideologiekritischer

Absicht die politische Weltanschauung des deutschen Faschismus. Die These, die er in diesem Aufsatz entwickelt hat, besagt in ihrem Kern, daß die faschistische Kritik am Liberalismus sich beschränkt hätte auf dessen »Überbau«, auf die kulturelle Selbstinterpretation des Liberalismus. Der Faschismus verstand sich als Alternative zu diesem kulturellen Selbstbildnis. DieHeroisierung des Menschen ging gegen die bürgerlichen Freiheitsansprüche des Individuums, der kollektive Universalismus gegen den Atomismus der bürgerlichen Gesellschaftslehre und der völkische Irrationalismus gegen den frühbürgerlichen Rationalismus. Nach einem prägnanten Propagandaspruch von Goebbels macht der Nationalsozialismus »1789 rückgängig«. – Marcuses These ist, daß die Nationalsozialisten bei all ihrer Kritik des Liberalismus dessen gesellschaftliche und ökonomische Realsituation nicht nur respektiert, sondern auch garantiert und bekräftigt hätten:

»... diese Abdrängung des wirklichen Gehalts des Liberalismus auf eine Weltanschauung ist das Entscheidende: entscheidend durch das, was dabei verschwiegen und verdrängt wird. Die Verdeckung gibt einen Hinweis auf die wahre Frontstellung: sie weicht aus vor der ökonomischen und sozialen Struktur des Liberalismus.« (ZfS, 1934:165)

Marcuse stellt demgegenüber richtig, daß der Liberalismus im Kern definiert werden kann durch das Sondereigentum an Produktionsmitteln. – Wir wissen heute aus der Geschichtsschreibung, daß Hitler alle Strömungen innerhalb der NSDAP, die die Liberalismus-Kritik auch auf den ökonomischen und sozialen Bereich ausgedehnt wissen wollten, von seiner frühen »Kampfzeit« an bis zur Röhm-Affäre scharf bekämpft hat. Selbst nicht-marxistische Historiker sind sich darin einig, daß Hitler in den frühen dreißiger Jahren kein innerparteiliches Opfer groß genug war, um sich das Interesse und die Unterstützung des Großkapitals zu erhalten.[17] Dies vor Augen knüpft Marcuse an Pollocks These an:

»Die Wendung vom liberalistischen zum total-autoritären Staat vollzieht sich auf dem Boden derselben Wirtschaftsordnung. Im Hinblick auf diese Einheit der ökonomischen Basis läßt sich sagen: es ist der Liberalismus selbst, der den total-autoritären Staat aus sich ›erzeugt‹: als seine eigene Vollendung auf einer fortgeschrittenen Stufe der Entwicklung. Der total-autoritäre Staat bringt die dem monopolkapitalistischen Stadium des Kapitalismus entsprechende Organisation und Theorie der Gesellschaft.« (ZfS 3, 1934:174f.)

1.2. Theorie des Verhältnisses von Theorie und Praxis 1930–1936/37

1.2.1. Subjekt und Adressat der Theorie

Für die politische Selbstidentität der intellektuellen Avantgarde in den Parteien der Arbeiterbewegung ist die Annahme konstitutiv, daß die von ihr produzierte Theorie mit dem proletarischen Klassenbewußtsein zwar nicht unmittelbar identisch, aber über identifizierbare Zwischenglieder vermittelt ist. Vermittelt über ein Kontinuum, das sich in Schulung und Agitation kurzschließen läßt mittels der Abstraktifizierung exemplarischer Alltagserfahrungen des Arbeiters. In dieser lebensweltlichen proletarischen Alltagserfahrung hat sozialistische Theorie – ihrem eigenen Anspruch nach – ihre Basis, ihren Bezug, ihre empirische Quelle und ihre Legitimität. Nur in dem Maße, wie die Schulung des Arbeiters durch den Intellektuellen tatsächlich eine Selbstaufklärung des Proletariats ist, ist sie mehr als dogmatische Indoktrination; und nur in dem Maße, wie Theorie mit dem empirischen Bewußtsein des Arbeiters vermittelt und vermittelbar ist, hat sie überhaupt eine politische und d. h. hier sozialistische Identität. – Proletarisches Klassenbewußtsein ist nun aber nicht identisch mit der empirisch jeweils vorliegenden Verteilung von Orientierungen im Proletariat einer Gesellschaft. In der Selbstinterpretation der sozialistischen Intelligenz ist Klassenbewußtsein eher ein transzendentales Phänomen. Klassenbewußtsein ist eine dem Proletariat von den Intellektuellen unterstellte transzendentale Erkenntnischance, durch welche dieses sich seine objektive Klassenlage subjektiv ins Bewußtsein hebt. Trotz der von den Intellektuellen vorgenommenen Transzendentalisierung des Klassenbewußtseins darf die Vermittlungskette zum – wenn auch historisch nicht immer synchronen – empirischen Klassenbewußtsein nicht abreißen. Andernfalls nämlich hat der sozialistische Intellektuelle kein Kriterium mehr dafür, ob seine politisch-theoretische Arbeit bloße Indoktrination, akademische Theorie oder tatsächlich Moment proletarischer Selbstaufklärung ist. Darum ist die Rede vom »richtigen Klassenstandpunkt« immer der letzte Rechtsgrund, die letzte Appellationsinstanz in den theoriepolitischen Auseinandersetzungen der sozialistischen Intelligenz.

Diese Unterstellung eines Kontinuums, d. h. einer vermittelten

Identität von proletarischem Klassenbewußtsein und sozialistischer Theorie, eint selbst so stark divergierende Positionen wie die Rosa Luxemburgs und Lenins. Ob die Selbstaufklärung der Massen nur durch ein Hineintragen der Theorie in sie möglich ist oder ob sozialistische Theoriebildung immer anzuknüpfen hat an das in Ansätzen bereits artikulierte Klassenbewußtsein – immer ist in freilich verschiedenen Graden von Vermitteltheit jenes Kontinuum unterstellt.

Georg Lukács hatte 1923 in »Geschichte und Klassenbewußtsein« dieses traditionelle Selbstverständnis der sozialistischen Intelligenz prägnant auf den Begriff gebracht – in einer metaphysischen Überspitzung indes, welche selbst diejenigen abstieß, die dieses Selbstverständnis teilten. In neohegelianischer Manier formulierte Lukács die These einer spekulativen Identität des transzendental gedachten Klassenbewußtseins mit der Marxschen Gesellschaftstheorie. Lukács meinte, daß sich im Klassenstandpunkt des Proletariats der durch die Entwicklung der Produktivkräfte selbst historisch produzierte Ort festmachen läßt, von dem aus die kapitalistische Gesellschaft als Totalität zu durchschauen ist: erst im Zuge der Entwicklung der Warenwirtschaft hat sich die bürgerliche Gesellschaft als Totalitätszusammenhang gebildet. Seiner waren bürgerliche Wissenschaftler – etwa in Gestalt Adam Smiths – potentiell theoretisch mächtig. Erst für das Proletariat aber fallen die Bedingungen seiner Befreiung mit den theoretisch erkannten Bedingungen der Aufhebung der kapitalistischen Gesellschaft zusammen. Diese angenommene Koinzidenz von politischer Handlungsorientierung des Proletariats und Theorie der Gesellschaft, diese Koinzidenz von Subjekt und Objekt der Erkenntnis begründet für Lukács die unmittelbare Einheit von proletarischer Theorie und Praxis. Das Proletariat ist sowohl Subjekt wie Adressat der Theorie – Subjekt und Adressat sind identisch.

Lukács' pointierte These der spekulativen Identität von proletarischem Klassenbewußtsein und Gesellschaftstheorie, der Identität von Subjekt und Adressat sozialistischer Theorie bildete in den zwanziger Jahren – bei aller Kritik, die sie dann selbst von ihrem Autor erfuhr – den Selbstverständigungshorizont gerade jener sozialistischen Intellektuellen, die selbst nicht in die SPD oder KPD integriert waren. Daran ist zu erinnern, wenn man die Form der politischen Zurechnung der Theoriebildung des Frankfurter Kreises analysieren will. Offenbar noch in der Tradition dieser These stand Horkheimer, als er 1929 in der ihm damals eigenen expressionistischen Sprache schrieb:

»... nicht die Gesetzgeber der Gegenwart, sondern diejenigen Gruppen, die selbst die Not infolge ihrer gesellschaftlichen Stellung im gesellschaftlichen Lebensprozeß erfahren, sind die natürlichen Träger der Erkenntnis von den Wurzeln des Übels...« (1930:90)

In den späteren, d. h. in den von 1932 bis 1936 verfaßten Texten Horkheimers verschiebt sich diese von Lukács übernommene Optik. Anders als für Lukács ergibt sich für Horkheimer nun die Qualifikation des Proletariats als Träger historischer Wahrheit nicht aus einer Metaphysizierung seiner gesellschaftsstrukturellen Lage. Vielmehr vermag er nun dessen virtuelle Eignung als Träger, als Subjekt historischer Wahrheit nur sozialpsychologisch zu begründen:

»Dieser Teil der Menschheit, der durch seine Lage notwendig auf diese Veränderung hingewiesen ist... enthält bereits Kräfte und zieht immer neue an... Er ist auch psychologisch dazu vorbereitet, denn seine Rolle im Produktionsprozeß verweist ihn weniger auf die noch aussichtslose Vermehrung von Reichtum...« (ZfS 2, 1933:190)

»... jedenfalls enthalten die gemeinsamen von Erkenntnis geleiteten Anstrengungen der Menschheit... soviel Unbekümmertheit um die private Existenz... sowenig Gedanken an Besitz und Eigentum.« (a.a.O. 191)

Diese sich von der Wirkungsgeschichte der Lukács-These prägnant abhebende *Psychologisierung* der Klassenbewußtseinstheorie hat in der weiteren Forschungsarbeit des Kreises seinen Niederschlag gefunden; etwa in Fromms vorsichtig angedeuteter These, daß das Proletariat potentiell Träger des matrizentrischen Prinzips sei (ZfS 3:225). Der erwähnten Arbeiter- und Angestelltenstudie in den »Studien über Autorität und Familie« liegt folgende Korrelierung von charakterologischen Merkmalen und Parteizugehörigkeiten zugrunde:

»autoritär« = DNVP; »revolutionär« = KPD; »ambivalent« = SPD (AF, 1936:256).

Die Entmetaphysizierung der Lukács-These führte nicht nur zur Modifikation der Klassenbewußtseinstheorie in Gestalt der beschriebenen Psychologisierung. Modifiziert und in ihrer Geltung eingeschränkt wurde diese Theorie besonders durch die Berücksichtigung der faktischen historischen Situation der deutschen Arbeiterbewegung in der Endphase der Weimarer Republik: die oben erwähnte, 1930 begonnene Erhebung hatte ergeben, daß nur 15 % der deutschen Arbeiter dem »revolutionären« Typ zuzurechnen waren. Pollock schreibt 1932 zur Einschätzung der Widerstandskraft der Arbeiterbewegung gegen den Faschismus:

»Diese Widerstandskraft ist, wie die Erfahrung lehrt, in der Vergangenheit überschätzt worden, das veränderte Gewicht der Arbeiterklasse im Wirtschaftsprozeß, die Umwälzungen in der Waffentechnik und die außerordentliche Vervollkommnung der geistigen Massenbeherrschung lassen auf absehbare Zeit einen solchen Widerstand nur im Gefolge schwerster Katastrophen als möglich erkennen.« (ZfS 2, 1933:350)

Marcuse schreibt 1934:

»Heute liegt das Schicksal der Arbeiterbewegung im Ungewissen...« (ZfS 3, 1934:194)

Die akute Erfahrung der Niederlage der Arbeiterbewegung in der Endphase der Weimarer Republik und die erwähnte Kritik an den Insuffizienzen der theoretischen Orientierungen von SPD und KPD veranlaßten jene These, die für die politische und theoretische Biographie des Frankfurter Kreises konstitutiv gewesen ist. Es ist zugleich die These, die mit dem oben erwähnten traditionellen Selbstverständnis sozialistischer Intelligenz radikal bricht – die These nämlich, daß die der historisch-politischen Lage des Proletariats adäquate Theorie der Gesellschaft und das politische Bewußtsein dieses Proletariats in keiner Weise mehr miteinander vermittelt sind. Diese Abkoppelung marxistischer Gesellschaftstheorie vom proletarischen Klassenbewußtsein, die sich in den Jahren 1936–1939 noch radikalisierte, scheint auf der literarischen Ebene gegen Lukács geschrieben zu sein; auf der historisch-empirischen gegen die groteske Realitätsverleugnung derer, die noch im Sommer 1933, als schon die führenden Funktionäre der deutschen Arbeiterbewegung hinter Gittern saßen, den Mythos des proletarischen Klassenbewußtseins beschworen.

Die These der Diskontinuität von Gesellschaftstheorie und Klassenbewußtsein nötigt gegenüber der sozialistischen Theorietradition zu einer Neubestimmung des Zugehörigkeitsverhältnisses des »materialistischen Denkens zu den Bemühungen um eine bessere Gesellschaft« (Horkheimer). Dem theoriepolitischen Selbstverständnis des Frankfurter Kreises gemäß beruht seine Bestimmung der Zugehörigkeit zum Proletariat nicht mehr auf der apriorischen Unterstellung, daß die theoretische Arbeit im Klassenbewußtsein des Proletariats konstituiert sei. Als zum Proletariat zugehörig versteht sich der Kreis – so sinngemäß Horkheimer – nur noch auf der Ebene der *moralischen* Dezision der Träger der Theorie, einer Dezision, die sich dazu selber noch einmal skeptisch relativiert. So bemerkt Horkheimer zum Ethos des »materialistischen Kämpfers«:

»Aber der Grund, warum er den Einsatz seiner Person der Anpassung an die bestehende Wirklichkeit und der Karriere in ihr vorzieht, ist kein Gebot, keine verheißende innere Stimme, sondern bloß sein Wunsch und seine Lust, die selbst einmal verschwinden werden. Es gibt eine Redeweise, die hier von Skepsis und Nihilismus spricht.« (ZfS 4, 1935:8)

An das Proletariat adressiert bleibt die theoretische Arbeit des Kreises nicht nur kraft moralischer Dezision, sondern auch noch dergestalt, daß sie sich an den dem Proletariat unterstellten »objektiven Interessen« orientiert. Daß wesentliches Relevanzkriterium theoretischer Arbeit die Anknüpfung an das verallgemeinerbare Interesse »kämpfender gesellschaftlicher Gruppen« sei, hat Horkheimer in den frühen dreißiger Jahren immer wieder als Maxime formuliert:

»... Über den Wert einer Theorie entscheidet ihr Zusammenhang mit den Aufgaben, die im bestimmten historischen Moment von den fortschrittlichsten sozialen Kräften in Angriff genommen sind, und auch dieser Wert gilt nicht unmittelbar für die gesamte Menschheit, sondern zunächst bloß für die an der Aufgabe interessierte Gruppe.« (ZfS, 1934:26)

Und anspielend auf die Desintegration von Intelligenz und Proletariat, von Theorie und Klassenbewußtsein fährt er fort:

»Daß in vielen Fällen das Denken sich von den Fragen der kämpfenden Menschheit völlig entfernt hat, begründet unter anderem das Mißtrauen gegen den Intellektuellen. Wenn auch das Kriterium für diese Entfernung keineswegs das ungeschulte Bewußtsein bilden kann, sondern einzig der wirkliche Nachweis, daß der Zusammenhang mit den jeweils entscheidenden Fragen verloren gegangen ist, so ist dieser Vorwurf gegen die scheinbar unbedingte Intelligenz... insofern richtig, als diese Beziehungslosigkeit des Denkens nicht etwa die Freiheit des Urteils, sondern mangelnde Kontrolle des Denkens auf seine eigene Motive hin bedeutet.« (ZfS 3, 1934:26f.)

Diese von Horkheimer programmatisch in jedem Aufsatz dieser Phase formulierte Bestimmung des Verhältnisses von politischer und theoretischer Orientierung war im Kreis verbindlich. So qua-

Bewußtseins« wie folgt:

»Wo die Kritik an den bestehenden Verhältnissen und der Entwurf von besseren nicht mit dem theoretisch geklärten Bewußtsein auftritt, daß sowohl Kampf wie Ziel mit dem geschichtlichen Interesse notleidender Gruppen verknüpft ist...« (ZfS 5, 1936:354)

Und auch Marcuse bestimmt die Theorie des Kreises als eine, die

»... im Bündnis (ist) mit den vorwärts gerichteten Kräften« (ZfS 5, 1936:28).

1.2.2. Theorie und Praxis

Horkheimer meint also, daß bei den gegebenen historischen Bedingungen nicht davon ausgegangen werden kann und darf, daß den durch die herrschende gesellschaftliche Organisation strukturell benachteiligten Gruppen automatisch das ihrer Situation theoretisch angemessene Bewußtsein zufällt. Ohne es in den theoriebezogenen Textstellen selbst empirisch zu begründen, nimmt er einen »Entfremdungsprozeß« zwischen der dieser Lage angemessenen Theorie und den empirisch vorfindlichen theoretischen Orientierungen der politischen Repräsentanten der Arbeiterbewegung an. Horkheimer vermutet offensichtlich aufgrund seiner Einschätzung der sozialistischen Parteien in der Weimarer Republik, daß im faktischen politischen Kampf – sei es aus dogmatischen Integrationszwecken (KPD) oder aus tagespolitischem Pragmatismus (SPD) – auf die wissenschaftlich optimal erreichbare Qualität der theoretischen Orientierung verzichtet wird oder daß Theorie zumindest eine untergeordnete Rolle spielt im Gewichtungsverhältnis von Massenagitation, Parteiintegration und wissenschaftlicher Orientierung. Dagegen setzt er die für seinen Kreis konstitutive These, daß eine Orientierung an der mit zeitgenössischen Mitteln optimal erreichbaren Theorie der Gesellschaft – unter gegebenen historischen Verhältnissen – die unabdingbare Voraussetzung des erfolgreichen politischen Kampfes sei:

»Die Forderung, ganz auf der Höhe der jeweils erreichbaren Erkenntnis zu bleiben, ist für die fortschrittlichen gesellschaftlichen Gruppen nicht Rationalismus, sondern ergibt sich zwingend aus ihrer Lebenssituation.« (ZfS 3, 1934:46)

»... In der herrschenden Gesellschaftsform hat die Menschheit weder Stimme noch Bewußtsein, es sei denn als Theorie.« (ZfS 2, 1933:173)

»Wenn das materialistische Denken daher gerade in solchen Augenblikken wie den gegenwärtigen eine psychische Hilfe bedeutet, so geschieht das... weil manche seelische Fessel, unter der die Menschen heute leiden, aufspringt, wenn das treffende Wort ertönt, und weil dieses Wort auch die gewaltsame Isolierung voneinander, die der gegenwärtigen Epoche eigentümlich ist, weitgehend aufheben kann. Diese Kraft eignet der Wahrheit...« (ZfS 3, 1934:50f.)

Und konsequent vermag Horkheimer revolutionäre Potenz nur solchen gesellschaftlichen Gruppen zuzuschreiben, bei denen die theoretische Orientierung zur primär handlungsbestimmenden geworden ist. In einem sozialpsychologischen Argumentationszusammenhang, in welchem er die intellektuelle und politische Indolenz der »Menschen einer bestimmten sozialen Schicht« beklagt, stellt er fest:

»... welthistorische Umschläge pflegen aktiv durch Gruppen herbeigeführt zu werden, bei welchen keine verfestigte psychische Natur, sondern die Erkenntnis selbst zur Macht geworden ist. (AF, 1936:21)

Diese starken Formulierungen könnten in dem Sinne mißverstanden werden, als hätte Horkheimer theoretische Arbeit bereits als eine Form politischer Praxis betrachtet. Sicher möchte er das oben erwähnte Gewichtungsverhältnis im politischen Kampf zugunsten einer theoretisch-wissenschaftlichen Orientierung korrigiert wissen. Das heißt zunächst, daß er optiert für eine relative Entkoppelung von Theorie und Praxis, von wissenschaftlicher Theoriebildung und praktisch-politischem Kampf:

»... so sehr Theorie und Praxis in der Geschichte verknüpft sind, so wenig waltet zwischen ihnen eine prästabilisierte Harmonie...« (ZfS 4, 1935:345)

Differenzierung von Theorie und Praxis in diesem Sinne heißt, daß man »Wahrheit« und »wissenschaftliche Richtigkeit« einer revolutionären Theorie nicht miteinander identifizieren darf. »Wahr« ist eine politische Theorie im Vollzug ihrer revolutionären Realisation in gegebenen historischen Situationen, während die objektiven Möglichkeitsbedingungen einer Revolution nach wissenschaftlichen »Richtigkeits«-kriterien entschieden werden können. Verwischt man – wie z. B. Lukács – diese Unterscheidung durch eine kurzschlüssige Identifikation von Theorie und Praxis, so ist der historische Erfolg der Arbeiterbewegung einziges Kriterium für die Verifikation der Theorie. Bleibt dieser aus, ist die Theorie widerlegt, oder die falsifizierende Realität muß dogmatisch geleugnet werden.

Nur vor dem historischen Hintergrund des 1935 evidenten Untergangs der deutschen Arbeiterbewegung läßt sich die Entschiedenheit verstehen, mit der Horkheimer neben dem Kriterium des historischen Erfolgs immer auch noch das ihrer wissenschaftlichen »Richtigkeit« vertritt[18]:

»Wenn in einem solchen Prozeß der Bewährung die um vernünftigere Zustände ringenden einzelnen oder Gruppen völlig erliegen und die gesellschaftliche Verfassung der Menschen in eine rückläufige Entwicklung geriete, was als denkbare Möglichkeit jede nicht in Fatalismus entartete Geschichtsauffassung formal gelten lassen muß, dann wäre das Vertrauen in die Zukunft widerlegt... Hängen auch Richtung und Inhalt der Aktivität und somit auch das Gelingen bei den geschichtlich nach vorwärts strebenden Gruppen enger mit ihrer Theorie zusammen als bei den Beauftragten der bloßen Macht, deren Rede zu ihrem Aufstieg im Verhältnis eines mechanischen Hilfsmittels steht und nur die Sprache der offenen Gewalt entlarvt... so könnte die Erkenntnis der untergehenden Kämpfer, sofern sie die Struktur der gegenwärtigen Epoche und der grundsätzlichen Möglichkeit einer besseren spiegelt, nicht schon dadurch zuschanden werden, daß die Menschheit in Bomben und Giftgasen verkommt... die Wahrheit ist ein Moment der richtigen Praxis: wer sie jedoch unmittelbar mit dem Erfolg identifiziert, überspringt die Geschichte.« (ZfS 4, 1935:345)

Horkheimers zentrale These, daß unter den herrschenden historischen Bedingungen das Bewußtsein, welches der Lage der »geschichtlich vorwärtstreibenden« Kräfte angemessen ist, nicht mehr in Gestalt des Klassenbewußtseins, sondern in der Form wissenschaftlich gebildeter Theorie auftritt, ist nicht idealistisch mißzuverstehen. Horkheimer hat in dem hier thematisierten Zeitraum die geschichtliche und gesellschaftliche Relativität von Wissenschaft immer ebensosehr betont wie die Tatsache, daß Theorie eine geschichtsmächtige Rolle immer nur im gemeinsamen Kampf mit gesellschaftlichen Gruppen, Interessen und Aufgaben spielen kann:

»Die Brücke in die Zukunft wird nicht vom Einsamen geschlagen, sondern durch organisierte Anstrengung..., in der der Wille zu einer freieren Menschheit mit der expliziten und höchst entwickelten Theorie der Gesellschaft verschmilzt.« (ZfS 4, 1935:16)

Dieses für die »materialistische« Phase des Kreises programmatisch behauptete Bündnis von »Theorie der Gesellschaft« und der

»organisierter Anstrengung« darf auch wiederum nicht instrumentalistisch mißverstanden werden, so als würden die Träger der Theorie dem Proletariat eine Art wissenschaftlicher Politikberatung anbieten. – Postuliert wird vielmehr, daß die politisch-praktische Qualifikation der Theorie in der Form der Theorie selber angelegt sein muß. Dieses Programm zeigt sich im Negativ zunächst in der Wissenschaftsform des Kreises, nämlich der Ideologiekritik. Die Theorietradition der Ideologiekritik im Allgemeinen und ihre Pointierung durch Horkheimer im Besonderen geht prinzipiell davon aus, daß sich der ideologische und politische Gehalt wissenschaftlicher Sätze nicht nur in der äußeren Parteilichkeit eines Wissenschaftlers ausdrückt, sondern vielmehr auch und primär in den innersten, d. h. kognitiven Strukturen wissenschaftlicher Sätze selber:

»... in ihrer mangelnden Klarheit, ihrer Ratlosigkeit, ihrer verhüllenden Sprache, ihren Problemstellungen, ihren Methoden, der Richtung ihrer Untersuchungen und vor allem in dem, wovor sie die Augen verschließt.« (ZfS 1, 1932:6)

In der für die wissenschaftliche Szene der Weimarer Republik kennzeichnenden unvermittelten Dualität von lebensphilosophischer Metaphysik und bornierter Fachwissenschaft sah Horkheimer eine solche pathologische Wissenschaftsstruktur repräsentiert, die sich schon in ihrer Anlage außerstande setzt, gesamtgesellschaftliche Entwicklungstendenzen wissenschaftlich zu erfassen und somit der gesellschaftlichen Disposition zur Verfügung zu stellen. Diese Pathologie der Wissenschaftsform ist für Horkheimer faktische Ursache für die präfaschistische Intellektuellenfeindschaft und die Entpolitisierung und Faschisierung der wissenschaftlichen Intelligenz in der Endphase der Weimarer Republik. – Positiv gewendet heißt das folgendes: wenn Horkheimer von der »Theorie der Gesellschaft« oder der »materialistischen« Wissenschaft spricht, meint er nicht den 1933 philologisch vorfindlichen Textbestand von Marx/Engels, sondern das Programm eines auf der Linie Hegel/Marx weiterarbeitenden Ansatzes zu einer Verschmelzung von Philosophie und Wissenschaft. Dieses Projekt einer interdisziplinären, Theorie und Empirie integrierenden »materialistischen« Superwissenschaft wäre im Gegensatz zur bürgerlichen Fachwissenschaft und im Gegensatz auch zu den sozialistischen Sientismen Kautskys und Stalins eine Form wissenschaftlicher Aktivität, die auf einem derartigen theoretischen, methodologischen und forschungstechnischen Niveau arbeitet, daß ihre Distanz zur gesellschaftlichen Praxis an ihren eigenen immanenten Standards obsolet würde.

1.3. Theoretische Position 1930–1936/37

1.3.1. Theoriepolitische und -geschichtliche Positionsdefinition

Zur Charakterisierung der theoriepolitischen Orientierung seines Kreises benutzt Horkheimer und mit ihm seine Mitarbeiter[19] die Kennzeichnung »Materialismus«. Diese theoriepolitische Selbstdefinition tritt nicht in Form einer unmittelbaren Etikettierung auf. Die Zurechnung der theoretischen Arbeit des Kreises um Horkheimer zu der Position »Materialismus« geschieht vielmehr mittelbar in:

a) einer spezifischen Deutung der Geschichte des philosophischen Materialismus,
b) in der Zugehörigkeitsbekundung zu einer sehr selektiv interpretierten Marx-Tradition und
c) in dem »materialistischen« Postulat der Vereinigung von Philosophie und Wissenschaft.

In einem jeweils verschiedenen Maß war für Feuerbach und auch für manche andere vormarxsche Materialisten die Situierung ihrer Theorie in aufklärerische, gesellschaftskritische und politische Zusammenhänge konstitutiv. Die Verknüpfung solcher materialistischer Positionen mit den jeweils zeitgenössischen historisch-politischen Konfliktlagen nun projiziert Horkheimer zurück auf die gesamte Theoriegeschichte des alteuropäischen Materialismus. Gemäß dieser theoriegeschichtsphilosophischen Prämisse sind Demokrits Atomismus, Averroes' »materialistisch« interpretierter Aristotelismus, sind die technischen Utopien der Renaissance oder der bürgerliche mechanistische Materialismus die ihrer Zeit ebenso angemessene Theorie, wie Marxens Kritik der politischen Ökonomie die dem Kapitalismus des 19. und 20. Jahrhunderts angemessene Theorie darstellt.[20]

Diese Sicht impliziert eine fast historistische Relativierung Marxscher Gesellschaftstheorie, ohne daß Horkheimer oder etwa Marcuse bis 1937 dem – sei es in einer expliziten Marx-Interpretation, sei es in einer neu akzentuierten Theoriegeschichtsschreibung des Materialismus – Rechnung getragen hätten. Marcuse berichtete mir freilich im Gespräch (San Diego, Dezember 1975), daß es im Institut der frühen dreißiger Jahre das Projekt gegeben habe, eine Geschichte des Materialismus zu schreiben.

Nach Horkheimers Interpretation der Geschichte des Materialismus sind demnach die Gegenstände materialistischer Theorie variant; sie ergeben sich aus den jeweiligen gesellschaftlichen Konfliktlagen. Ihrer aufklärerischen, gesellschaftskritischen Funktion kommt indes eine quasi überhistorische Bedeutung zu. Konsequent unterwirft Horkheimer auch die theoretische Orientierung seines Kreises dem so verstandenen Gesetz historischer Relativität:

»Die Theorie, die wir als richtig ansehen, mag einmal verschwinden, weil die praktischen und wissenschaftlichen Interessen, die bei der Begriffsbildung eine Rolle spielten, und vor allem, weil die Dinge und Zustände, auf die sie sich bezogen, verschwunden sind.« (ZfS 4, 1935:337)

Diese auf die Ebene der *Gegenstände* materialistischer Theoriegeschichte (nicht die ihrer gesellschaftlichen Funktion) bezogene relativistische Position wendet sich explizit gegen Hegel und implizit, so darf man unterstellen, gegen bestimmte Züge der hegelianisierenden Wiederaneignung der Marxschen Klassenbewußtseinstheorie durch Lukács. Charakteristisch für den Hegelianismus ist die identitätsphilosophische Grundannahme, daß wahres Wissen nur Resultat der Selbsterkenntnis eines – sei es als Weltgeist, sei es als klassenbewußtes Proletariat gedachten – Supersubjekts sein kann. Gegen diese idealistische, prozessual sich herstellende Subjekt/Objekt-Identität richtet sich der »Materialismus« des Horkheimer-Kreises. Horkheimer begreift Denken programmatisch als das empirisch repräsentierter Einzelpersonen; selbst deren kollektive Alltagserfahrungen im politischen Kampf hypostasiert er nicht zu einem von diesen ablösbaren, nur noch geltungslogisch bestimmten Klassenbewußtsein. Diese letztlich unaufhebbare, nur durch Wissenschaft epochenspezifisch verringerbare Nicht-Identität von Denken und Sein, Subjekt und Objekt definiert die erkenntnistheoretische Position des »Materialismus«:

»Der Materialismus... besitzt in der Erkenntnis von der unaufhebbaren Spannung zwischen Begriff und Gegenstand einen kritischen Selbstschutz vor dem Glauben an die Unendlichkeit des Geistes. Diese Spannung bleibt nicht überall die gleiche. Die Wissenschaft ist ein Inbegriff von Versuchen, sie auf die verschiedenste Weise zu überwinden...« (ZfS 2, 1933:17)

Dieser erkenntnistheoretischen Grundannahme entspricht die geschichtsphilosophische einer Nicht-Identität von Subjekt und Objekt im historischen Prozeß. Explizite Kritikfolie ist wiederum Hegels geschichtsphilosophisches Prinzip, historischen Einzeltatsachen nur dann ontologische Realität zuzubilligen, wenn sie Momente einer ihnen unterstellten historischen Totalität sind. Kritisiert wird also das immer wieder unterstellte Wissen um die Totalität des Geschichtsverlaufs und die ihm immanente Teleologie. Im Gegensatz dazu gibt es für den »Materialismus« keine aus einem absoluten Wissen entlehnten Prognoseinstrumente:

»Die materialistische Theorie... ist keine Geschichtsmetaphysik, sondern das sich verändernde Bild der Welt, wie es im Zusammenhang der praktischen Bemühungen um ihre Verbesserung sich entwickelt.« (ZfS 2, 1933:192)

Gemäß dieser Position können auch historische Prognosen nicht unabhängig von den Ressourcen der historisch jeweils vorliegenden politischen Kräftekonstellation gemacht werden. Ebenso verbietet es sich, die jeweils gegenwärtige, gemessen am wissenschaftsgeschichtlichen Stand fortschrittlichste theoretische Orientierung historisch festzuschreiben und den ihm voraufgehenden Epochen allenfalls einen ›Fenstercharakter‹ zum Absoluten hin zuzubilligen.[21] Diese geschichtstheoretische Grundannahme der Nicht-Identität von Subjekt und Objekt im historischen Prozeß wendet sich gegen alle nicht nur von Lukács, sondern gerade auch von der bürgerlichen Philosophie der zwanziger Jahre unternommenen Versuche, durch die Hypostasierung von kollektiven Identitäten wie Geist, Volk, Rasse etc. dem historischen Prozeß ein Subjekt zu unterschieben, und zwar in der Absicht, ihn zu verklären, partikulare Interessen falsch zu generalisieren und kontingenten politischen Entschlüssen ex post historische Adäquanz zu unterstellen.

1.3.2. Verhältnis zum Marxismus

Aus der Tatsache, daß es keine die Sukzession verschiedener Gesellschaftsformationen übergreifende Kriterien für die Wahrheit wissenschaftlicher Urteile gibt und daß diese epochenspezifischen Standards auch nicht in Hegelscher Manier als Etappen der Selbstreflexion eines Supersubjekts gedacht werden können, folgt jedoch für Horkheimer keineswegs ein erkenntnistheoretischer Relativismus:

»... wahr sind nicht alle Theorien zusammen, sondern bloß die Theorie, die das historische Geschehen so tief zu fassen weiß, daß die Struktur und Tendenz des gesellschaftlichen Lebens in den verschiedenen Sphären der Kultur mit höchster Annäherung aus ihr zu entwickeln sind...« (ZfS 4, 1935:339)

Charakteristisch für die Form marxistischer Orientierung des Horkheimer-Kreises ist nun, daß die Erkenntnischancen für eine solche die Struktur der gegebenen historischen Epoche fassende Theorie nicht bei einer »freischwebenden Intelligenz« und auch nicht in Lukács' Manier beim Proletariat liegen, in dessen Klassenstandpunkt die Theorie der Gesellschaft sich semiotisch zusammenzieht, sondern bei einer Gruppe vorerst noch anonym bleibender Wissenschaftler[22], die die objektiven Interessen des Proletariats als Orientierungsprinzip ihrer Theoriebildung gewählt haben:

»Da besonders im gegenwärtigen Augenblick die Lösung der entscheidenden realen Probleme von dem Ausgang der Kämpfe zwischen den gesellschaftlichen Gruppen abhängt, entscheidet über das Gewicht einer Theorie vor allem der Umstand, wieweit ihr Konstruktionsprinzip durch die Aufgaben einer solchen Gruppe bestimmt sind.« (ZfS 3, 1934:26)

Die der historischen Situation angemessene Ausprägung der materialistischen Theorietradition ist die »ökonomische Theorie der Gesellschaft«:

»Der Materialismus ist gekennzeichnet durch seinen Inhalt: die ökonomische Theorie der Gesellschaft.« (ZfS 2, 1933:33)

Wenn in den Texten bis 1936/37 von der »ökonomischen Theorie der Gesellschaft« gesprochen wird, so ist damit nicht die im »Kapital« oder anderen ökonomiekritischen Schriften abschlußhaft vorliegende Theorie gemeint und erst recht nicht deren dogmengeschichtliche Wirkungsgeschichte in der II. und III. Internationale, sondern die in den Texten allenfalls angedeutete, aber als durchführbar unterstellte Reformulierung der Marxschen Theorie unter historisch veränderten Bedingungen des Kapitalismus und der Arbeiterbewegung.

Die sinnfälligste Revision der orthodoxen Theoriegestalt des Marxismus in der »materialistischen« Phase bildet die Rekonzeptualisierung des Verhältnisses von Basis und Überbau durch die Versuche der Integration psychoanalytischer Erklärungsmuster in den Historischen Materialismus. In »Geschichte und Psychologie« kritisiert Horkheimer die Pauschalität der Basis/Überbau-Theorie. Die These des ontologischen Primats der ökonomischen Basis und der einsinnigen Abhängigkeit des Überbaus sei durch eine Sozialpsychologie zu differenzieren. Denn:

»Soweit noch nicht erkannt ist, wie strukturelle Veränderungen des wirtschaftlichen Lebens durch die psychische Verfassung, die bei den Mitgliedern der verschiedenen sozialen Gruppen in einem gegebenen Augenblick vorhanden ist, sich in Veränderungen ihrer gesamten Lebensäußerung umsetzen, enthält die Lehre von der Abhängigkeit dieser von jener dogmatische Elemente, die ihren hypothetischen Wert für die Erklärung der Gegenwart aufs stärkste beeinträchtigen...« (ZfS 1, 1932:134)

Im Ansatz ausgearbeitet worden ist dieses Programm einer materialistischen Sozialpsychologie von Erich Fromm in »Über Methode und Aufgabe einer analytischen Sozialpsychologie« (ZfS 1, 1932). Auch dieser Aufsatz hat neben den entsprechenden Textstücken in den »Studien über Autorität und Familie« den Rahmen eines Programms nicht überschritten. Die andere, verdecktere Revision (oder besser: Differenzierung) der marxistischen Theorietradition stellen Horkheimers Definitionen materialistischer Dialektik dar.[23] Diese über fast alle Aufsätze der »materialistischen« Phase hin verstreuten, nicht systematisch entwickelten Bestimmungen von Dialektik forcieren noch die schon bei Lukács angelegte Tendenz, die operativen und wissenschaftsmethodischen Aspekte von Dialektik stärker zu betonen.[24]

1.3.3. Verhältnis von Philosophie und Wissenschaft

In seiner Antrittsrede als Direktor des Frankfurter Instituts für Sozialforschung (1931) kritisiert Horkheimer an der zeitgenössischen Sozialforschung ihr unverbundenes Nebeneinander von einer um

Operationalisierungschancen unbekümmerten Spekulation und einer überpartikularen, empiristischen Detailarbeit. In anderen Schriften stellt er fest, daß die Lage der deutschen Sozialforschung nur einen Sonderfall der zeitgenössischen Dissoziation von Philosophie und Fachwissenschaft darstellt. Die philosophische Diskreditierung fachwissenschaftlicher Erkenntnis und die wissenschaftsphilosophische Hypostasierung physikalistischer Fachwissenschaft im Neopositivismus gelten ihm als komplementäre Ausprägungen einer identischen Pathologie der Wissenschaftskultur.[25]

Die »materialistische« Position des Kreises um Horkheimer tritt im Gegensatz dazu unter folgendem Programm an:

»Der Materialismus fordert die Vereinigung von Philosophie und Wissenschaft. Er anerkennt zwar arbeitstechnische Unterschiede zwischen den allgemeineren philosophischen und einzelwissenschaftlichen Aufgaben, ebenso wie Unterschiede zwischen den Methoden der Forschung und Darstellung, aber nicht zwischen denen der Wissenschaft überhaupt und der Philosophie als solcher.« (ZfS 2, 1933:23)

Dieses Postulat findet seinen Niederschlag in folgenden forschungsprogrammatischen Ankündigungen, die Horkheimer in seiner Antrittsrede formuliert:

»Vielmehr kommt es heute darauf an... aufgrund aktueller philosophischer Fragestellungen Untersuchungen zu organisieren, zu denen Philosophen, Soziologen, Nationalökonomen, Historiker, Psychologen in dauernder Arbeitsgemeinschaft sich vereinigen und das gemeinsam tun, was alle echten Forscher immer getan haben: nämlich ihre aufs Große zielenden Fragen an Hand der feinsten wissenschaftlichen Methoden zu verfolgen, die Fragen im Verlauf der Arbeit am Gegenstand umzuformen, zu präzisieren, neue Methoden zu ersinnen und doch das Allgemeine nicht aus den Augen zu verlieren.« (1973:40)

Das globale Programm des Frankfurter Instituts nach Horkheimers Direktoratsantritt war das einer interdisziplinären Sozialforschung, in der die Philosophie die Rolle eines problemsensitiven, integrierenden Mediums der disziplinär zersplitterten Einzelwissenschaften übernehmen sollte. Das Programm war gewonnen aus einer dialektischen, an Hegels »Philosophie der Geschichte« und Marx' »Kapital« angelehnten Kritik des Verhältnisses von Einzelwissenschaft und Philosophie. Dialektische Kritik der Einzelwissenschaft fordert zunächst eine Begrenzung ihres Anspruchs; einzelwissenschaftliche Analyse – so Horkheimer – sei noch nicht

Erkenntnis, sondern zerstückele nur die gesellschaftlichen Erkenntnisobjekte nach der Maßgabe von Fächergrenzen. Der Kern der »dialektischen Methode« besteht im Überschreiten der einzelwissenschaftlichen Analyse. Sie beginnt zwar mit den analytischen und datenhaften Vorgaben der Einzelwissenschaften, organisiert diese dann aber in einem Verfahren, das Marx »Darstellung« nannte – im Unterschied zur einzelwissenschaftlichen »Forschung« –, derart, daß eine Rekonstruktion des ›konkreten‹ historisch prozessierenden gesellschaftlichen Gegenstandes zustande kommt.[26]

1.3.4. Utopie

Der Utopiebegriff des Frankfurter Kreises steht in den frühen dreißiger Jahren voll in der Theorietradition der ›konkreten Utopie‹. ›Utopie‹ wird nicht – wie in der frühbürgerlichen politischen Philosophie – als eine der gegebenen Gesellschaft jenseitige Imagination idealer politischer Zustände aufgefaßt. ›Utopie‹ im marxistischen Sinne zielt ab auf die Definition jenes Identitätspunktes einer gesellschaftlichen Organisation, von dem her sich die Strategiewahl ihrer revolutionären Aufhebung beurteilen läßt. Dieser Ansatzpunkt zur revolutionären Aufhebung des Kapitalismus ist für den Frankfurter Kreis die private Verfügungsgewalt über Produktionsmittel und die darauf basierende Wirtschaftsorganisation. – In seiner Kritik an Kants Theorie der »vollkommenen Verfassung« in der Schrift »Zum ewigen Frieden« schreibt Horkheimer:

»... Dieses Ideal ist in der Tat eine Utopie ... Um den utopischen Charakter der Kantischen Vorstellung von einer vollkommenen Verfassung aufzuheben, bedarf es der materialistischen Theorie der Gesellschaft. Die verschiedenen Interessen des einzelnen sind ja keine letzten Tatsachen, sie haben ihren Grund in materiellen Verhältnissen ... Die schlechterdings unausgleichbare Verschiedenheit der Interessen geht aus der Verschiedenheit der Eigentumsverhältnisse hervor ... Erst wenn ... diese Wirtschaftsweise, deren Einführung einmal einen außerordentlichen Fortschritt, unter anderem die Entwicklungsmöglichkeit selbstbewußter Menschen bedeutet hat, von einer Lebensform der Gesellschaft abgelöst sein wird, in der das produktive Eigentum nicht bloß der guten Absicht nach, sondern mit vernünftiger Notwendigkeit im allgemeinen Interesse verwaltet wird, hört die Zustimmung der Einzelzwecke auf, als Wunder zu erscheinen. In der zukünftigen Gesellschaft, wie sie das moralische Bewußtsein intendiert ... (tritt) an die Stelle des blinden Mechanismus der ökonomischen Kämpfe, welche gegenwärtig das Glück und für den größeren Teil der Menschheit das Unglück bedingen ... die zweckmäßige Anwendung des unermeßlichen Reichtums an menschlichen und sachlichen Kräften der Produktion.« (ZfS 2, 1933:175–176)

Anders als der späte Engels, dessen bekannte These suggeriert, daß die sozialistische Reorganisation der Gesellschaft mit einem Schlag eine solche Güterfülle zur Verfügung stellen würde, daß sich an ihrer Distribution keine gesellschaftlichen Konflikte mehr entzünden könnten, vertritt Horkheimer eine historisch relativierende Auffassung. So meint er, daß die revolutionäre Umorganisation der Gesellschaft zunächst nur bedeuten kann, daß die Verknappung von Gütern nur noch an den Parametern der historischen Entwicklung der Produktivkräfte selbst gemessen werden darf. So definiert er den »allgemeinen Inhalt des Gerechtigkeitsbegriffs« dergestalt:

»... daß die Ungleichheit in den Lebensbedingungen der Individuen wenigstens nur so groß sei, wie es bei der Aufrechterhaltung der gesamtgesellschaftlichen Versorgung mit Gütern auf der gegebenen Stufe unvermeidlich ist.« (ZfS 2, 1933: 187)

Wie konkret das Konzept der ›konkreten Utopie‹ im Frankfurter Kreis aufgefaßt wurde, mag man daraus ersehen, daß es im Institut der frühen dreißiger Jahre einen eigenen Forschungsschwerpunkt »Planwirtschaft« gab, in dem Pollock mit seinen Mitarbeitern Mandelbaum und Gerhardt Meyer arbeitete. Das am weitesten ausgearbeitete Resultat dieser Forschung war der Aufsatz zur »Theorie der Planwirtschaft« von Meyer/Mandelbaum. Als wie zentral dieser Aufsatz für die politische Orientierung des Kreises betrachtet wurde, mag man daraus ersehen, daß Horkheimer eigens dazu eine ausführliche »Vorbemerkung des Herausgebers« schrieb, in welcher er die politische Relevanz der Beschäftigung mit Planwirtschaftsproblemen noch einmal betont:

»Wenn aber die Theorie für sich allein das Problem nicht lösen kann, so bilden doch die intellektuellen Anstrengungen, welche bei dem Kampf um Herbeiführung und Gestaltung einer vernünftigen Wirtschaft richtungsgebend sind, ein notwendiges Moment in der vorwärtstreibenden Praxis. Das geht nicht bloß im Hinblick darauf, daß die Entwicklungstendenzen der gegenwärtigen Gesellschaftsform zu erforschen sind, sondern im Anschluß daran auch der Nachweis, daß und wie Planwirtschaft möglich ist. Dabei ist vor allem an die großen Erfahrungen anzuknüpfen, welche die Menschheit gegenwärtig mit planwirtschaftlichen Versuchen macht; auf sie vor allem müssen heute Problemstellung und Terminologie bezogen bleiben.« (ZfS 3, 1934:228)

Diesem erstaunlichen Postulat, sich an den Erfahrungen der Sowjetunion zu orientieren – das übrigens der zitierten Pollockschen Auffassung direkt widerspricht – haben sich Meyer und Mandelbaum indes versagt. Ihr Aufsatz »Zur Theorie der Planwirtschaft« bietet zunächst nur eine Typologie von Planwirtschaftskonzeptionen sowie eine Antikritik liberalistischer Einwände gegen die Annahme der Möglichkeit von Planwirtschaft, und zwar anhand der Probleme der Rechnungsführung im Sozialismus, der Planmäßigkeit, der Produktivität, der Konsumfreiheit und der Einkommensordnung; im Ansatz gelangen Meyer und Mandelbaum auch schon zu freilich formalen soziologischen und politologischen Bestimmungen für die Möglichkeitsbedingungen einer planwirtschaftlichen Neuordnung.

2.1. Historisch-politische Erfahrung 1937–1939/40

2.1.1. Arbeiterbewegung

Im Kontrast zu den Aufsätzen, die noch im Rahmen der Positionsdefinition »Materialismus« geschrieben wurden, erfolgt in der Phase der »kritischen Theorie« (1937–1939/40) die Bezugnahme auf die Situation der deutschen Arbeiterbewegung nur noch aus der Perspektive ihrer Niederlage von 1933. Diese Niederlage der »fortschrittlichen Bestrebungen« sowie ihrer theoretischen Orientierungen wird – neben theoretischen Gründen – als der praktische Grund dafür angegeben, unter der Selbstbezeichnung »kritische Theorie« eine neue Position in der marxistischen theoriepolitischen Tradition zu beziehen. Marcuse:

»Wie aber, wenn die von der Theorie vorgezeichnete Entwicklung nicht eintritt, wenn die Kräfte, die den Umschlag herbeiführen sollten, zurückgedrängt werden und zu unterliegen scheinen? Sowenig dadurch die Wahrheit der Theorie widerlegt wird, so sehr erscheint sie in neuem Licht und erhellt neue Seiten und Teile ihres Gegenstandes ... Die gewandelte Funktion der Theorie in der neuen Situation gibt ihr in einem verschärften Sinne den Charakter der ›kritischen Theorie‹.« (ZfS 6, 1937:637)

Die Politik der Weimarer KPD wird ab 1937 nur noch sehr indirekt kritisiert – in der Form der Kritik ihres politischen Leitbildes, der Sowjetunion. Und an der SPD wird nur noch der Aspekt kritisiert, wie ihre Politik der nationalsozialistischen Machtergreifung ungewollt vorgearbeitet hat. Siegfried Marck hatte 1938 in Zürich das Buch »Der Neuhumanismus als politische Philosophie« publiziert. Dieses Buch, ein Amalgam aus fast allen nicht-faschistischen Ideologien der Weimarer Republik, verstand sich als weltanschauliche Plattform für die ideologisch zersplitterten deutschen Emigrantengruppen und damit zugleich als ein politisches Orientierungsangebot für ein postfaschistisches Deutschland. In »Die Philosophie der absoluten Konzentration« (ZfS 7, 1938) unterzieht Horkheimer Marcks Programm einer vernichtenden Kritik. In einem unveröffentlichten Brief an Löwenthal ironisiert er es »als das Heimweh nach der Weimarer Republik«. Die Wiederanknüpfung an deren politische Kultur, speziell der sozialdemokratischen, sei mehr als illusionär. Denn:

»Marck verkennt den Nationalsozialismus, weil er die Republik verkennt, in der er groß geworden ist... Noch das äußerste Entsetzen heute hat seinen Ursprung nicht 1933, sondern 1919 in der Erschießung von Arbeitern und Intellektuellen durch die feudalen Helfershelfer der ersten Republik. Die sozialistischen Regierungen waren essentiell ohnmächtig. Anstatt zur Basis vorzudringen, blieben sie lieber auf dem schwankenden Boden der Tatsachen stehen. Die Theorie hielten sie im Herzen für eine Schrulle. Die Regierung machte die Freiheit zur politischen Philosophie anstatt zur politischen Praxis. Selbst wer privat allen Grund dazu hätte, sollte der Menschheit keine Wiederholung wünschen. Sie verliefe genauso wie das Original.« (ZfS 7, 1938:384)

Für Horkheimer wirft das Verhalten der Gewerkschaften am Ende der Weimarer Republik noch einmal ein bezeichnendes Licht auf die Legalitätspolitik der SPD. Schon in der ersten Stunde der nationalsozialistischen Machtergreifung, am 30. Januar 1933, hatte der Vorsitzende der Freien Gewerkschaften den Nationalsozialisten ein Kooperationsangebot unterbreitet[27], die anderen Gewerkschaften hatten Ruhe und Ordnung empfohlen. Horkheimer interpretiert diese Legalitätsorientierung der SPD-nahen Gewerkschaften als Anpassungspolitik:

»Aus Organen des Klassenkampfs wollten die Gewerkschaften sich in staatliche verwandeln, sie wollten dazu dienen, die Zuwendungen zu verteilen, die Bedachten zur fügsamen Gesinnung zu erziehen, kurz, an der Beherrschung mitzuwirken.« (ZfS 8, 1939:119)

2.1.2 Sowjetunion

Für die westeuropäische sozialistische Intelligenz war die politische Entwicklung in der Sowjetunion von 1936 bis 1939, d. h. vom Beginn der Säuberungsprozesse bis zum Stalin/Hitler-Pakt, das ›experimentum crucis‹ für ihre politische Überzeugung. Viele Mitglieder der ehemaligen KPD und anderer europäischer KP's wandten sich in diesen Jahren entweder von ihrer Partei ab oder wurden zu dogmatischen Stalinisten, die bereit waren, jede Kursschwankung der KPDSU zu billigen. In der Memoirenliteratur der Renegaten ist dieser historische Prozeß gut dokumentiert.[28] Die für den deutschen Sprachbereich bekanntesten Renegaten standen übrigens dem Frankfurter Kreis – entweder schon in Frankfurt oder später in der Emigration – mehr oder weniger nahe: Arthur Koestler, Karl-August Wittfogel, Franz Borkenau, Alfred Kantorowicz u. a.

Der offene stalinistische Terror, der dann in den Säuberungsprozessen kulminierte, begann Ende 1934 mit der Reaktion Stalins und der NKWD auf die Ermordung des Leningrader Parteisekretärs Kirow. 1935 wurde eine zentrale Kontrollkommission zur »Vernichtung aller Volksfeinde« eingerichtet, deren Kampagne zur Deportation und Ermordung unzähliger Sowjetbürger führte. Weltweite Publizität indes erlangte erst der »Prozeß der Sechzehn« im August 1936, in dessen Folge die gesamte Garde der alten Bolschewiki, Sinowjew und Kamenew an der Spitze, liquidiert wurden. Im Januar 1937 fand der »Prozeß der Siebzehn« statt, über den die westliche Presse und besonders die »New York Times« ausführlich berichtete. In diesem Prozeß wurden zahlreiche Generäle der Roten Armee, z. B. Tuchatschewskij, verurteilt und dann hingerichtet. 1938 folgte dann noch der »Prozeß der Einundzwanzig«, bei dem unter anderem auch Bucharin auf der Basis ungeheuerlicher Beschuldigungen der Prozeß gemacht wurde.

In der mir zugänglichen unveröffentlichten Korrespondenz von Mitgliedern des Frankfurter Kreises gibt es fast keine Hinweise auf die Säuberungsprozesse. Friedrich Pollock spricht in einem Brief vom 7. 9. 1937 von Stalin als »einem Gangster«. In Walter Benjamins veröffentlichter Korrespondenz – gerade in Briefen an Horkheimer – finden sich folgende Passagen. Am 31. 8. 1936, also eine Woche nach Abschluß des »Prozesses der Sechzehn«, schreibt er an Horkheimer:

»... Es ist im übrigen, darin werden wir gewiß gleich empfinden, ein düsterer Sommer. Ich verfolge die Ereignisse in Rußland natürlich sehr aufmerksam. Und mir scheint, ich bin nicht der einzige, der mit seinem Latein zu Ende ist...« (1966:722)

Und am 31. Januar 1937, also ein Tag nach Abschluß des »Prozesses der Siebzehn« schreibt er an Horkheimer:

»Zu den gegenwärtigen Vorgängen in der Union fehlt mir jeder Schlüssel...« (1966:728)

An Gretel Adorno schreibt Benjamin am 20. Juli 1938 aus Dänemark, wo er bei Brecht wohnte:

»Mir kommt hier etwas mehr linientreues Schrifttum vor Augen als in Paris, und so geriet ich neulich an ein Heft der ›Internationalen Literatur‹ (eine deutschsprachige stalinistische Literaturzeitschrift in Moskau, H.

D.)... Die Misere in diesem Schrifttum ist groß. Ihr werdet, denke ich, Gelegenheit haben, zu vernehmen, welchen Vers Bloch sich darauf macht. Was Brecht betrifft, so macht er sich die Gründe der russischen Kulturpolitik klar, so gut er kann. Aber das hindert ihn selbstverständlich nicht, die theoretische Linie als katastrophal für alles das zu erkennen, wofür wir uns seit 20 Jahren einsetzen. Sein Übersetzer und Freund war, wie Du weißt, Tretjakoff. Er ist höchstwahrscheinlich nicht mehr am Leben...« (1966:722)

Abgesehen von dem Literaturbericht Rudolf Schlesingers über »Sowjetrussische Sozialforschung« – der übrigens sehr euphemistische Anspielungen auf die stalinistische Kulturpolitik enthält (vgl. ZfS 7, 1938:388) – kommt in den Theorietexten der Bände 6, 7, 8 der Name »Rußland« oder »Sowjetunion« nicht vor. In Briefen Horkheimers, die sich auf die Redaktion des Aufsatzes »Die Juden und Europa« beziehen, steht:

»Die Rußland betreffenden Stellen habe ich noch weiter gemildert...« (20.7.1939, Pollock-Archiv)

In der Druckfassung des Aufsatzes, in dem Horkheimer – dem Brief zufolge – den Bolschewismus mit dem Faschismus analogisieren wollte, sind die Anspielungen auf die Sowjetunion gänzlich gestrichen worden. Mit Rücksicht auf wen, ist mir nicht bekannt.

Als einer der politischen Gründe, die Theorieorientierung des Kreises programmatisch in »Kritische Theorie« umzuetikettieren, nennt Marcuse die Niederlage der »Kräfte, die den Umschlag herbeiführen sollten...« (ZfS 6, 1937:636f.) – und:

»... Die gewandelte Funktion der Theorie in der neuen Situation gibt ihr in einem verschärften Sinne den Charakter der ›kritischen Theorie‹.« (a.a.O.)

Eines der Resultate dieses politischen Funktionswandels sozialistischer Theorie angesichts des Niedergangs der Arbeiterbewegung in Deutschland ist die immanente Kritik an den Realisierungsversuchen des Sozialismus in anderen Ländern, d. h. in diesem Fall an der Sowjetunion:

»Ihre Kritik (die der ›kritischen Theorie‹, H. D.) richtet sich auch gegen das Ausweichen vor ihren vollen ökonomischen und politischen Forderungen an manchen Orten, wo man sich auf sie beruft...« (a.a.O. 637)

Die Kritik Horkheimers und Marcuses konzentriert sich auf das Problem, ob mit der Verstaatlichung der Produktionsmittel und der planmäßigen Reorganisation der Gesamtwirtschaft eine sozialistische Revolution als vollendet betrachtet werden könne. Die Relevanz dieses Problems ergab sich – nach unserer Ansicht – weniger aus zeitgenössischen Entwicklungen in der Sowjetunion, in der gerade die ›Stachanow‹-Bewegung in Gang kam und deren zweiter Fünfjahresplan sich seinem Ende zuneigte. Vielmehr ergab sich die Relevanz dieses Problems für den Frankfurter Kreis aus der Immanenz seiner Theorieentwicklung in der »materialistischen« Phase. Ihr utopischer Bezugspunkt war – wie ausgeführt – die »planmäßige Regelung der Gesellschaft«, deren ökonomische und politische Realisierungsform ja zunächst einmal in der Abschaffung des Privateigentums an und der Privatverfügung über Produktionsmittel besteht. Jetzt – 1936 – betonen Horkheimer und Marcuse nachdrücklich, daß die Änderung der Eigentumsverhältnisse lediglich eine negative Vorbedingung für die Herstellung einer sozialistischen Gesellschaft bedeute. Die Verstaatlichung der Produktionsmittel und die Forcierung der industriellen Produktion auf einer neuen Organisationsbasis seien nicht unmittelbar identisch mit der sozialistischen Transformation dieser Gesellschaft. Marcuse:

»Nicht, daß der Arbeitsprozeß planvoll geregelt ist, sondern welches Interesse diese Regelung bestimmt, ob in diesem Interesse die Freiheit und das Glück der Massen aufbewahrt sind, wird wichtig... Ohne die Freiheit und das Glück in den gesellschaftlichen Beziehungen der Menschen bleibt auch die größte Steigerung der Produktion und die Abschaffung des individuellen Eigentums an den Produktionsmitteln noch der alten Ungerechtigkeit verhaftet.« (a.a.O. 638)

Und Horkheimer:

»Das Unterstellen der industriellen Produktion unter die Kontrolle eines Staates ist ein geschichtliches Faktum, dessen Bedeutung im Sinne der kritischen Theorie jeweils erst zu analysieren ist. Ob es sich um Vergesellschaftung in ihrem Sinn handelt, inwiefern also darin ein höheres Prinzip zur Entfaltung kommt, hängt nicht etwa bloß von der Änderung bestimmter Eigentumsverhältnisse, von der Steigerung der Produktivität in neuen Formen gesellschaftlicher Zusammenarbeit ab, sondern ebenso von Wesen und Entfaltung der Gesellschaft, in der sich all dies vollzieht.« (a.a.O. 629)

Im folgenden entwickelt Horkheimer einen Katalog von politischen Identifikationskriterien wahrhaft sozialistischer Gesellschaften – Kriterien, die den Eindruck vermitteln, als seien sie eine kritische Negation von Elementen der sowjetrussischen Entwicklung:

»... Das Problem, was und wie produziert wird, ob relativ feste Gruppen mit speziellen Interessen existieren, soziale Unterschiede festgehalten werden oder sich gar vertiefen, ferner die aktive Beziehung des einzelnen zur Regierung, das Verhältnis aller entscheidenden, die Individuen betreffenden Verwaltungsakte zu ihrem eigenen Wissen und Willen, die Abhängigkeit aller vom Menschen beherrschbaren Zustände von wirklicher Übereinkunft, kurz der Entwicklungsgrad der wesentlichen Momente realer Demokratie und Assoziation gehört mit zum Inhalt des Begriffs der Vergesellschaftung.« (ZfS 6, 1937:630)

2.1.3. Faschismus

Die Jahre von 1936 bis 1939 standen – deutlicher als die vorangegangenen – im Zeichen der Stabilisierung der nationalsozialistischen Herrschaft in Deutschland und darüber hinaus der Ausbreitung faschistischer Herrschaftssysteme in Europa. – Im September 1935 wurden die »Nürnberger Rassegesetze« erlassen. Im März des folgenden Jahres besetzten Hitlers Truppen die entmilitarisierte Zone des Rheinlandes; Deutschland kündigte den Locarno-Vertrag und verlängerte die Militärdienstzeit. Im Juli 1937 begann der Aufstand Francos in Marokko, der den spanischen Bürgerkrieg einleitete. Deutschland und Japan begründeten den Antikominternpakt, dem Italien 1937 beitrat. Im März wurde Österreich dem Reich einverleibt. Im April begann die Sudetenkrise, die in der Konferenz von München zugunsten Hitlers ausging. Die »Reichskristallnacht« vom 9./10. November 1938 erregte mehr als alle anderen antisemitischen Ausschreitungen zuvor Aufsehen in der Welt, besonders in den USA.[29] Im März 1939 marschierten deutsche Truppen in Prag ein. Die »Polen-Krise« begann. Deutschland kündigte das deutsch-britische Flottenabkommen und schloß mit Italien den »Stahlpakt«. Der spanische Bürgerkrieg wurde mit deutscher und italienischer Hilfe zugunsten der Faschisten entschieden. Im September 1939 ließ Hitler trotz der Warnungen Chamberlains und Daladiers Polen angreifen.

In den veröffentlichten Briefen, zumal jenen Walter Benjamins, und in den mir zugänglichen unveröffentlichten Briefen Pollocks und Horkheimers gibt es zahlreiche Anspielungen auf einzelne Elemente jener Ereignisketten, die zum Zweiten Weltkrieg führten. Diese Anspielungen sind indes schwer systematisierbar. Oft sind sie – etwa bei Benjamin – offenbar aus Zensurgründen sehr änigmatisch formuliert[30], oft, was das Einzelereignis betrifft, derart in tagespolitischer Rezeptionsform wiedergegeben, daß sie kaum noch mit einer historiographischen Ereignisrekonstruktion in Einklang zu bringen sind.[31] Oft verschwindet auch die Partikularität des Anlasses hinter der Generalisierung der aus ihm deduzierten Tendenz. So enthält ein Brief Horkheimers an Pollock vom 25. 8. 1937 (Pollock-Archiv) Reflexionen über faschistische Kulturpolitik, die veranlaßt wurden durch seinen Besuch auf der Pariser Weltausstellung, auf der Albert Speers Kolossal-Bauten mit dem 1. Preis bedacht wurden. Doch allen Briefen ab 1935/36 ist die mehr oder weniger latente Überzeugung von einer in diesen tagespolitischen Einzeltatsachen sich durchsetzenden ungeheuerlichen, apokalyptischen Tendenz gemeinsam, welche zugleich eine »philosophische« Distanz gegenüber den Einzelergebnissen legitimierte.

Pollock an Horkheimer (12. 4. 1936): »... In Genf ist alles in Blüte. Die ganze Umgebung trägt dazu bei, das Leben angenehmer zu machen. Ich weiß, daß dies alles Kulisse vor einer furchtbaren Wirklichkeit ist...«
Horkheimer an Pollock (22. 4. 1936) »... Die allgemeine Lage ist entsetzlich. Die Zeitungen lese ich nur ganz flüchtig; man kann immer auch schon antizipieren, was drinsteht...«
Horkheimer an Löwenthal (21. 7. 37): »... Man wagt kaum mehr, in die Zeitungen zu sehen...«
Horkheimer an Pollock (20. 9. 1937): »Die Gesamtsituation in Europa ist recht traurig. Die Kriegsangst selbst bildet bloß ein Moment in einer gesellschaftlichen Entwicklung, in der jedenfalls alle kulturellen Werte, um die es sich lohnt, mit unheimlicher Notwendigkeit zugrundegehen...«

Die von Pollock und Marcuse 1933/34 formulierte ›Kontinuitätsthese‹ – die These, daß der Faschismus die adäquate politische Form des entwickelten Monopolkapitalismus sei – ist bis 1939 noch weiter radikalisiert und differenziert worden. Horkheimer hat sie in »Die Juden und Europa« in aller Schärfe und Prägnanz auf den Begriff gebracht.

Dreh- und Angelpunkt der These ist die Auffassung, daß der Faschismus ein politisches Folgeproblem der Reproduktionsschwierigkeiten des Kapitals in der entwickelten monopolistischen Phase ist:

»Der Stolz des Liberalismus, die technisch äußerst entfaltete Industrie, macht sein Prinzip, in dem der Verkauf der Arbeitskraft für größere Teile der Bevölkerung unmöglich wird, selbst zuschanden. Die Reproduktion des Bestehenden auf dem Umweg über den Arbeitsmarkt wird unrationell.

Früher war das Bürgertum ökonomisch dezentralisiert, ein vielköpfiger Herrscher; die Vergrößerung des Betriebes war für jeden Unternehmer Bedingung, seinen Anteil am gesellschaftlichen Mehrprodukt zu steigern. Er brauchte die Arbeiter, um im Konkurrenzkampf zu bestehen. Im Zeitalter der Monopole verspricht die unbegrenzte Investierung von immer neuem Kapital keine große Steigerung der Profite mehr.« (ZfS 8, 1939:116)

Die Neigung sozialdemokratisch regierter Staatsverwaltungen, diesen Tendenzen durch Sozialpolitik einerseits (bes. Arbeitslosenunterstützung) und durch dirigistische Wirtschaftspolitik andererseits zu steuern, stößt zunächst nur auf den ökonomischen Widerstand des Großkapitals:

»Die ökonomischen Programme der guten Europäer unter den Staatsmännern ist illusionär. In der Endphase des Liberalismus wollen sie die Unfähigkeit der zerfallenden Marktwirtschaft, die Menschen zu ernähren, durch staatliche Aufträge kompensieren, im Einverständnis mit den Wirtschaftsgewaltigen die Wirtschaft ankurbeln, so daß sie allen einen Unterhalt gewährt. Sie vergessen, daß der Widerwille gegen neue Investitionen keine Schrulle ist. Die Industriellen haben keine Lust, ihre Werke auf dem Umweg über Steuern, die sie einer allzu unparteiischen Regierung entrichten müssen, in Gang zu setzen, bloß um die bankrotten Bauern und andere Arbeitslose aus der Verlegenheit zu ziehen... Ihr Bestreben ist ein Widersinn: sie wollen die Schicht, deren partikulare Interessen wesenhaft den generellen zuwiderlaufen, der Allgemeinheit unterordnen.« (a.a.O.)

In den faschistischen oder faschistoiden Parteien organisiert sich der Widerstand des Großkapitals politisch oder findet in ihnen Agenten seiner Interessen:

»Die Produktionsverhältnisse setzen sich gegen die humanitären Regierungen durch. Die Pioniere aus den Unternehmerverbänden schaffen einen neuen Apparat. Ihre Sachwalter nehmen die Ordnung der Gesellschaft in die Hand; an die Stelle des zersplitterten Kommandos in den einzelnen Fabriken entsteht die totalitäre Herrschaft des Partikularinteresses über das ganze Volk.« (a.a.O. 118)

Auch das Phänomen des Antisemitismus, insbesondere des nationalsozialistischen, wird politisch-ökonomisch erklärt. Der für den Spätliberalismus kennzeichnende Funktionsschwund des Marktes betrifft auch die Rolle des Geldkapitals und der Zirkulationssphäre. Deren klassischer sozialer Träger waren im europäischen Kapitalismus Kaufleute jüdischer Rasse. Die Judenverfolgung nun wird von Horkheimer ursächlich verknüpft mit der Entmachtung der Zirkulationssphäre im Spätkapitalismus:

»Die Juden sind als Agenten der Zirkulation entmachtet, weil die moderne Struktur der Wirtschaft die ganze Sphäre weithin außer Kurs setzt. Sie werden als erste Opfer vom Diktat der Herrschenden getroffen, das die ausgefallene Funktion übernimmt. Die staatliche Manipulierung des Geldes, die ohnehin den Raub als notwendige Folge hat, schlägt in die brutale Manipulierung seiner Repräsentanten um.« (ZfS 8, 1939:131)

In der Kontinuitätsthese, der These, daß der Spätkapitalismus notwendig in den Faschismus umschlägt, fand sich der Frankfurter Kreis durch die Entwicklung der Zwischenkriegszeit bestätigt. Schloß diese These doch ein, daß der deutsche Nationalsozialismus kein spezifisch deutsches Problem ist, sondern vielmehr eine verallgemeinerbare gesellschaftliche Entwicklungstendenz. Im September 1939 schreibt Horkheimer:

»Die Auseinandersetzung zwischen Liberalismus und totalitärem Staat verläuft nicht mehr gemäß den Landesgrenzen...« (a.a.O. 128)

In der Tat gab es in Europa zu Beginn des Zweiten Weltkrieges nur noch neun parlamentarisch regierte Staaten, in denen gleichwohl schon starke faschistische Bewegungen aufkamen, wie z. B. die »action francaise« in Frankreich. In Italien, Litauen, Lettland, Estland, Polen, Ungarn, Rumänien, Österreich, Griechenland, in der Türkei, in Portugal, Spanien und in Deutschland waren Diktaturen faschistischen Typs an der Macht. Selbst bürgerliche Historiker konzedieren, daß 1939, also noch bevor Hitler den Faschismus durch seine Truppen über Europa verbreitete, »ein faschistisches Europa im Bereich des Möglichen lag«.[32]

Es liegt ebenfalls in der Logik der Kontinuitätsthese, auch die »nicht-totalitären Länder in Europa« (Horkheimer) vom Verdacht jener Tendenz nicht auszunehmen. Offensichtlich auf Daladiers und Chamberlains Konzessionen an Hitler in »München« anspielend, bemerkt Horkheimer:

»Die skeptischen Diplomaten der nicht autoritären Länder in Europa haben dogmatische Bankiers hinter sich, die um ihre Guthaben bangen.« (ZfS 7, 1938:33)

Und in »Die Juden und Europa« zitiert er die Meinung eines Beamten des Whaley-Eaton Foreign Service, daß die britische Regierung im Fall einer unabweisbaren Wahl zwischen inflationärer Entwicklung und totalitärer Kontrolle von Wirtschaft und Gesellschaft sicher das letztere wählen würde (vgl. a.a.O. 129). Und was die USA betrifft, so bemerkt Horkheimer gegenüber den (sozialdemokratischen) deutschen Emigranten, die in den USA und auf deren Gesellschaftsordnung bezogen zu antimarxistischen Apologeten des Kapitalismus wurden:

»... jetzt preisen die literarischen Gegner der totalitären Gesellschaft den Zustand, dem sie ihr Dasein verdankt, und verleugnen die Theorie, die sein Geheimnis aussprach, als es noch Zeit war. Daß die Emigranten der Welt, die den Faschismus aus sich erzeugt, gerade dort den Spiegel vorhalten, wo sie ihnen noch Asyl gewährt, kann niemand verlangen. Wer aber vom Kapitalismus nicht reden will, sollte auch vom Faschismus schweigen.« (ZfS 8, 1939:116)

Von 1935/36 bis in die ersten zwei Kriegsjahre hinein war die lebensweltliche Einschätzung des Faschismus in der politischen Orientierung des Frankfurter Kreises geprägt durch eine aus theoretischen Vorannahmen gespeiste panische Furcht vor der Globalisierung faschistischer Herrschaftssysteme. Horkheimer schreibt 1939:

»Die Auseinandersetzung zwischen Liberalismus und totalitärem Staat verläuft nicht mehr gemäß den Landesgrenzen. Der Faschismus erobert von außen und innen zugleich. Zum ersten Mal ist die ganze Welt in dieselbe politische Entwicklung gerissen. Indien und China sind nicht mehr bloße Randgebiete, historische Größen sekundärerer Ordnung, sie sind von der gleichen Spannung erfüllt wie die hochkapitalistischen Länder.« (ZfS 9, 1939:128)

Und an die Adresse der jüdischen Bevölkerungsgruppen in Deutschland gerichtet, deren Hoffnung sich ab 1939 auf die alliierten Kriegsparteien stützte, radikalisiert Horkheimer seine Auffassung von der Globalisierung faschistischer Herrschaft durch eine düstere Zukunftsvision:

»Die Hoffnung der Juden, die sich an den Zweiten Weltkrieg heftet, ist armselig. Wie er auch enden mag, die lückenlose Militarisierung führt die Welt weiter in autoritär-kollektivistische Lebensformen hinein... Den Arbeitskolonnen, die der Rüstungsindustrie, dem Bau immer neuer Autostraßen, Untergrundbahnen und Gemeinschaftshäusern zugewiesen waren, bringt die Mobilmachung nicht viel Neues, es sei denn das Massengrab. Das unablässige Ausheben des Erdreichs im Frieden war schon der Stellungskrieg... Die Umsiedlung der Völker in den Unterstand ist Hitlers Triumph, selbst wenn er geschlagen wird.« (ZfS 8, 1939:132f.)

Mit dieser apokalyptischen Stilisierung der faschistischen Ära standen Horkheimer und seine Mitarbeiter nicht allein. Die gesamte Faschismus-Literatur der deutschen Emigration von

Rauschnings »Revolution des Nihilismus« über Franz Neumanns »Behemoth« bis hin zu Hannah Arendts »Origins of Totalitarianism« eint – bei gravierenden theoriepolitischen Divergenzen – die geradezu universalhistorische Gewichtung der faschistischen Epoche.

2.2. Theorie des Verhältnisses von Theorie und Praxis 1937–1939/40

2.2.1. Subjekt und Adressat der Theorie

Schon für die »materialistische« Phase des Frankfurter Kreises war die Auffassung kennzeichnend gewesen, daß die historischen Umstände dazu nötigen, die Fortbildung materialistischer Gesellschaftstheorie jenseits proletarischen Klassenbewußtseins vorzunehmen. In dem Aufsatz »Traditionelle und kritische Theorie« (ZfS 6, 1937), der die Phase der »kritischen Theorie« einleitet, wird diese Auffassung unübersehbar radikalisiert. Unter Wiederaufnahme des Arguments aus der »Dämmerung«, daß ein einheitliches und situationsangemessenes Klassenbewußtsein durch die Differenzierung der sozialen Struktur der Lohnabhängigen (Arbeiteraristokratie vs. Lumpenproletariat) verhindert wird, spricht Horkheimer jetzt direkt aus, was in den früheren Schriften nur umweghaft formuliert worden war:

»Aber auch die Situation des Proletariats bildet in dieser Gesellschaft keine Garantie der richtigen Erkenntnis. Wie sehr es die Sinnlosigkeit als Fortbestehen und Vergrößerung der Not und des Unrechts an sich selbst erfährt, so verhindert doch die von oben noch geförderte Differenzierung seiner sozialen Struktur und die nur in ausgezeichneten Augenblicken durchbrochene Gegensätzlichkeit von persönlichem und klassenmäßigem Interesse, daß dieses Bewußtsein sich unmittelbar Geltung verschaffe. An der Oberfläche sieht vielmehr auch die Welt für das Proletariat anders aus. Eine Haltung, welche seine wahren Interessen und damit auch die der Gesellschaft im ganzen nicht auch ihm selbst entgegenzusetzen imstande wäre, sondern ihre Richtschnur von Gedanken und Stimmungen der Massen hernähme, geriete selbst in sklavische Abhängigkeit vom Bestehenden.« (ZfS 6, 1937:268)

Konsequent kritisiert er die Prinzipien ›luxemburgistischer‹ Intellektueller, die in einer schematischen, d. h. historisch festgehaltenen Hypostasierung von Massenspontaneität glauben, die letztinstanzliche Garantie für theoretisch richtige Erkenntnis in ihrer Subsumtion unter die empirisch jeweils vorliegende Orientierung des Proletariats zu finden. Horkheimer vertritt dagegen ganz entschieden die These, daß bei der gegebenen politischen Situation des Proletariats jene theoretischen Subjekte, die sich der sozialistischen Intelligenz zurechnen, sich eben um des Proletariats willen von dessen Bewußtsein kognitiv distanzieren müssen:

»Der Intellektuelle, der bloß in aufblickender Verehrung die Schöpferkraft des Proletariats verkündigt und seine Genugtuung darin findet, sich ihm anzupassen und zu verklären, übersieht, daß jedes Ausweichen vor theoretischer Anstrengung, die er in der passiven Einstellung seines Denkens sich erspart, sowie vor einem zeitweiligen Gegensatz zu den Massen, in den eigenes Denken ihn bringen könnte, diese Massen blinder und schwächer macht, als sie sein müssen... Daß sie sich völlig unter die jeweilige psychologische Verfassung der Klasse unterordnen, führt jene Intellektuellen zu dem beglückenden Gefühl, mit einer ungeheuren Macht verbunden zu sein, und in einen professionellen Optimismus. Wird dieser in Perioden schwerster Niederlagen erschüttert, so gerät mancher Intellektuelle in Gefahr, in ebenso bodenlosen Pessimismus und Nihilismus zu verfallen, wie sein Optimismus übertrieben war. *Sie ertragen es nicht, daß gerade das aktuellste, die geschichtliche Situation am tiefsten erfassende Denken es mit sich bringt, seine Träger zu isolieren und auf sich selber zu stellen.*« (Hervorhebung H. D.) (ZfS 6, 1937:268)

In der gegebenen historisch-politischen Situation ist für Horkheimer die bewußt vollzogene kognitive Distanzierung vom Proletariat Kennzeichen einer ihrer politischen Rolle bewußten kritischen Intelligenz. Kennzeichen kritischer Intelligenz ist also deren selbstgewählte »Einsamkeit« (Horkheimer), ihre Isolierung von den Massen. Diese Begründung der »Einsamkeit« kritischer Theorie hat – der mir zugänglichen Korrespondenz zufolge – Horkheimers Mitarbeiter zur Identifikation mit den Positionen des Aufsatzes »Traditionelle und kritische Theorie« motiviert. Pollock schreibt ihm am 16. August 1937:

»Ich habe jetzt endlich den ›Theorie‹-Aufsatz zu Ende lesen können... Nirgends auf der Welt ist die ›kritische Theorie‹ so weit vorgetrieben wie in diesen Seiten, und die Tatsache ihrer Einsamkeit, die so eindringlich begründet ist, darf uns nicht drausbringen.« (Pollock-Archiv)

Walter Benjamin schreibt an Horkheimer im August 1937:

»Ihren Aufsatz ›Traditionelle und kritische Theorie‹ habe ich gelesen; wie

Sie vermuten werden mit gänzlicher Zustimmung. Wie Sie die Atmosphäre, in der unsere Arbeit vor sich geht, kennzeichnen und welche Ursachen Sie ihrer Isolierung geben, betrifft mich besonders...« (1966: 736)

Horkheimers nachdrückliche Abtrennung der der politischen Situation des deutschen Proletariats von 1937 angemessenen »Theorie der Gesellschaft« von dessen Klassenbewußtsein, die Voraussetzung also, daß das Proletariat in keiner auch noch so vermittelten Form mehr Subjekt der seiner Lage angemessenen Theorie ist, nötigt in der Theoriekonstruktion zu einer Neubesetzung dieser Subjektstelle. Diese in den früheren Aufsätzen nicht explizit besetzte Stelle wird ab 1937 (seit dem »Theorie«-Aufsatz) besetzt durch die sogenannten »Subjekte des kritischen Verhaltens« (ZfS 6, 1937:262). In anderen Formulierungen wird das »kritische Verhalten« selbst zum Subjekt; es ist die Rede von der »Struktur des kritischen Verhaltens« (a.a.O. 263), von der »Aktivität des kritischen Verhaltens« (a.a.O. 264), von der »Spezifik des kritischen Verhaltens« (a.a.O. 264). Das Identifikationskriterium der »Subjekte des kritischen Verhaltens« ist – wie ausgeführt – dies, um der Adäquanz der Theorie willen soziale Marginalisierung auch denen gegenüber aushalten zu können, denen ihre theoretische Arbeit gilt – den proletarischen Massen. Die politisch-historischen Bedingungen der Möglichkeit einer solchen Arbeit werden von Horkheimer in Formulierungen bestimmt, die die Vermutung nahelegen, der Frankfurter Kreis habe sich selbst als das Subjekt der »Theorie der Gesellschaft« gedacht:

»Unter den Verhältnissen des Monopolkapitalismus und der Ohnmacht der Arbeiter vor den Unterdrückungsapparaten der autoritären Staaten ist die Wahrheit zu bewundernswürdigen kleinen Gruppen geflüchtet, die unter dem Terror dezimiert, für die Schärfung der Theorie wenig Zeit haben... (a.a.O. 288). Vor dem allgemeinen historischen Umschlag kann die Wahrheit bei zahlenmäßig geringen Einheiten sein. Die Geschichte lehrt, daß solche, selbst von den oppositionellen Teilen der Gesellschaft kaum beachtete, verfemte, aber unbeirrbare Gruppen im entscheidenden Augenblick zur Spitze werden können.« (a.a.O. 291)

Diese Vermutung verstärkt sich angesichts des Pathos und der Emphase, mit der besonders in den zeitgenössischen Briefen Horkheimers von der historisch-politischen Bedeutung ihrer Arbeit gesprochen wird. Horkheimer schreibt an Pollock am 20. 9. 1937, d. h. etwa sechs Wochen nach Abschluß des Aufsatzes »Traditionelle und kritische Theorie«, aus Paris:

»... Die paar Menschen, zu denen die Wahrheit sich geflüchtet hat, erscheinen als lächerliche Rechthaber, die eine bombastische Sprache führen und nichts hinter sich haben. Der Trost, daß es auch gewissen Leuten im Alten Testament so gegangen ist, kann uns um so weniger helfen als auch der Erfolg der Propheten auf die Dauer kein überwältigender war. Die unangenehmste Entdeckung, zu welcher der Materialismus führt, ist der Umstand, daß die Vernunft nur existiert, insofern sie ein natürliches Subjekt hinter sich hat... Die Rückwirkung auf das Subjekt ist nie so stark und nachhaltig, daß es den Charakter der Natürlichkeit verlöre. Es kommt also nie zu jener berühmten Identität, von der der Idealismus lebt. Wir müssen freilich versuchen, sie soweit wie möglich herzustellen...« (Pollock-Archiv)

Das Argument, daß Vereinzelung, Isolierung und Marginalisierung einer Intellektuellengruppe den Geltungsgrad ihrer Theorieproduktion nicht nur nicht beeinträchtigt, sondern eher bestätigt, taucht in den Jahren von 1937 bis 1939/40 in allen Theorietexten und in zahlreichen Briefen auf. Dennoch gibt es keine Textstelle, die es erlauben würde zu sagen, der Frankfurter Kreis habe sich mit dem potentiellen Subjekt historischer Wahrheit selbst unmittelbar identifiziert. Freilich sind die zitierten Sätze durchaus zu werten als nähere Qualifizierung der realsoziologischen und historischen Bedingungen, unter denen die Bildung einer der historischen Situation adäquaten Theorie möglich wäre. Und nach Maßgabe dieser Bedingungen wäre der Frankfurter Kreis selbst der prägnanteste Fall gewesen.

Es liegt nahe, diese Selbststilisierung des Frankfurter Kreises zu einer Zeit, als seine wissenschaftliche und politische Prominenz bei weitem noch nicht der heutigen entsprach, als größenwahnsinnigen Messianismus abzutun. Das wäre indes unhistorisch. Die Selbststilisierung ergab sich nämlich aus einer spezifischen historischen Konstellation, die sich in der Perzeption Horkheimers so darstellte:

»In dieser Zeit, in der eine saubere Elite von Wirtschafts- und anderen Führern sich verschwört, um die Massen mit Blindheit und die Intellektuellen mit dem unentwegten Sinn fürs Große zu schlagen, ist die Theorie mit dem Versuch identisch, bei dem Verstand zu bleiben, zu dem die Menschheit kommen muß, wenn sie nicht von vorne anfangen soll.« (ZfS 7, 1938:386)

Spezifisch war die historisch-politische Konstellation in dem Sinne, daß das faschistische Deutschland mit einer in der Neuzeit einzigartigen Systematik und Perfektion die gesamte fortschrittliche geistes- und sozialwissenschaftliche Intelligenz vertrieben hatte. Die Systematik der Vertreibung und der offene Terror im Dritten Reich legitimierte die Emigranten und Widerstandskämpfer, sich als die eigentlichen Repräsentanten der unterdrückten politischen Kultur zu empfinden und somit zugleich als die designierten Träger einer postfaschistischen Ordnung in Deutschland. Die Reflexion dieses politisch-moralischen Mandats findet man zwischen 1933 und 1945 bei zahlreichen organisierten Emigrantengruppen. Und wohl nur im Zusammenhang mit ihnen ist die messianische Selbststilisierung des Frankfurter Kreises zu verstehen. So identifiziert Horkheimer denn auch in einem Text die Subjekte des »kritischen Verhaltens« wie folgt:

»... es ist die kritische Theorie und die historischen Anstrengungen, zu der sie gehört. Konkret ist sie bei denen anzutreffen, die in den autoritären Staaten und solchen, die es werden wollen, die Zellen einer neuen Welt bilden.« (ZfS 7, 1938:47)

Horkheimer hatte bei dieser Formulierung vielleicht die Gruppe »Neu Beginnen« im Auge. Diese Gruppe war schon in der Weimarer Republik von Mitgliedern der linken SPD und eines marginalen Flügels der KPD gegründet worden und agierte innerhalb dieser Parteien konspirativ. Im faschistischen Deutschland war »Neu Beginnen« bis 1938 eine der bedeutendsten Widerstandsgruppen. Nach der Zerschlagung durch die Gestapo konstituierte sie sich im amerikanischen Exil als Avantgarde eines postfaschistischen sozialistischen Deutschland und gewann bald einen solchen Einfluß, daß sie in den Historien der Emigrantenszene gleichrangig neben den Exilorganisationen der SPD und KPD behandelt wird. Bis zum Stalin-Hitler-Pakt war die Orientierung von »Neu Beginnen« linkssozialistisch, danach näherte sie sich der SPD-Linie an.[33] Zwischen dieser Organisation und dem Frankfurter Kreis gab es Verbindungen: Ihr theoretisches Haupt Richard Löwenthal (Pseudonym: Paul Sering) publizierte 1937 in der ZfS. Arkadij R. Gurland, ein Mitarbeiter des Instituts in den späten dreißiger und frühen vierziger Jahren, war Mitglied von »Neu Beginnen«.

2.2.2. Theorie und Praxis

Weitaus deutlicher noch als in den vorangegangenen Jahren treten ab 1937 in der politischen Selbstinterpretation des Kreises Subjekt und Adressat revolutionärer Theorie auseinander. Immer wieder postuliert Horkheimer, daß der kritische Intellektuelle um der Adäquanz der Theorie willen die Marginalisierung gegenüber dem Adressaten seiner theoretischen Arbeit aushalten können muß. Er hatte den Intellektuellen ermahnt, nicht zu übersehen,

»daß jedes Ausweichen vor theoretischer Anstrengungen ... sowie vor einem zeitweiligen Gegensatz zu den Massen, in den eigenes Denken ihn bringen könnte, diese Massen blinder und schwächer macht, als sie sein müssen.« (ZfS 6, 1937:268)

Dies ist zunächst nur eine negative Bestimmung des Verhältnisses von Intelligenz und Proletariat. Sie wird positiv ergänzt durch eine Reflexion auf die organisatorische Vermittlung von sozialistischer Intelligenz und parteimäßig organisiertem Proletariat, die, auch wenn sie auf einer Metaebene verblieb, dennoch die einzige explizit *organisatorische* Theorie/Praxis-Verknüpfung ist, die sich in unserem gesamten Berichtszeitraum finden läßt. In dieser organisatorischen Reflexion wird das Verhältnis von sozialistischer Intelligenz und proletarischer Klasse als das einer »dynamischen Einheit« dargestellt, deren Elemente einerseits aus den theoretischen Subjekten bestehen, andererseits aus den fortgeschrittenen Teilen der Klasse sowie der übrigen Klassen, die untereinander in einer in ihrem Modus nicht näher bestimmten »Wechselwirkung« stehen. Diese »dynamische Einheit« soll garantieren, daß auch eine radikale Marginalisierung denen gegenüber, denen ihre Theorie gilt, eben in ihrem Dienste geschieht:

»Wird jedoch der Theoretiker und seine ihm spezifische Aktivität als dynamische Einheit gesehen, so daß seine Darstellung der gesellschaftlichen Widersprüche nicht bloß als ein Ausdruck der konkreten historischen Situation, sondern ebensosehr als stimulierender, verändernder Faktor in ihr erscheint, dann tritt die Funktion der kritischen Theorie hervor. Der Gang der Auseinandersetzung zwischen den fortgeschrittenen Teilen der Klasse und den Individuen, welche die Wahrheit über sie aussprechen, und ferner die Auseinandersetzung zwischen diesen fortgeschrittensten Teilen mitsamt ihren Theoretikern und der übrigen Klasse ist als ein Prozeß von Wechselwirkung zu verstehen, bei dem das Bewußtsein mit seinen befreienden zugleich seine antreibenden, disziplinierenden, gewalttätigen Kräfte entfaltet. Seine Schärfe zeigt sich in der stets gegebenen Möglichkeit der Spannung zwischen dem Theoretiker und der Klasse, der sein Denken gilt.« (a.a.O. 269)

Eine solche Solidarisierung mit dem Proletariat bei scharfer Distanzierung von seinem empirischen Bewußtsein ist indes in dem Maße prekär, wie diese Solidarität keine praktisch-organisatorische Gestalt mehr annimmt oder annehmen kann. Wo die politische Einheit der kritischen Intelligenz mit dem Proletariat empirisch nur noch in den Köpfen jener existiert, werden die Kriterien für die sozialistische Identität einer politischen Position diffus. Daher liegt – über systematische Gründe hinaus – die Vermutung nahe, daß die äußerst scharfe Kritik des Frankfurter Kreises an bürgerlicher Intelligenz Funktion der Befürchtung war, mit ihr identifiziert zu werden. Zugleich aber setzte diese Kritik am Verhältnis der bürgerlichen Intelligenz zur Politik die Linie fort, die Horkheimer in den Materialismusaufsätzen mit den Bestimmungen des Verhältnisses von Wissenschaft und Politik begonnen hatte. *Negativ* war dieses Verhältnis im Programm der Ideologiekritik bestimmt worden, *positiv* in der interdisziplinären Reorganisation des Wissenschaftsbetriebes. Kern dieser Bestimmungen war, daß es zwischen Wissenschaft und Politik keine Indifferenzschwelle gibt, daß Wissenschaft schon von ihrem Inhalt her, d. h. von ihrer Themenwahl, ihrer Problemdefinition, Methodologie und Forschungstechnik politische Implikationen hat. Definiens bürgerlicher Wissenschaft ist die Behauptung des Gegenteils, während »kritische« Wissenschaft für Horkheimer die interne Politisiertheit von Wissenschaft sieht, (ideologiekritisch) analysiert und auch das Bewußtsein ihrer internen Politisier*barkeit* in die theoretische Arbeit selber einbringt. Prägnantes Feindbild dieser Postulate war für Horkheimer Max Webers These, daß theoretische Positionen letztlich nur außertheoretisch begründbar sind, sowie, daß wissenschaftliche Erkenntnis sich äußerlich verhalte gegenüber der Form ihrer politischen Instrumentalisierung. Die durch Alfred Webers Begriff und Karl Mannheims Konzept der »freischwebenden Intelligenz« suggerierte Klassenlosigkeit der Intellektuellen stellt Horkheimer in die von Max Weber gestiftete theoriepolitische Tradition. Diese steht gegen Horkheimers letztlich hegelianische Überzeugung, daß dem »geschichtlichen Chaos eine dem Begriff zugängliche Struktur« (ZfS 1, 1932:I) zugrunde liegt, der eine nach Maßgabe dialektischer Prinzipien reorganisierte Wissenschaft mächtig wäre. Daher habe der Intellektuelle gegenüber historisch-politischen Prozessen keineswegs das Privileg der Neutralität – einer Neutralität nämlich, die für beliebige politische Parteiungen argumentative Dienstleistungen erbringen könnte. Ideologisch sei auch der Gestus reflexiver Distanz, mit dem akademische Wissenschaft sich von politischer Parteinahme entlastet wähnt:

»Zum formalistischen Begriff des Geistes, der solcher Vorstellung von Intelligenz zugrunde liegt, steht die kritische Theorie in Widerspruch. Nach ihr existiert nur eine Wahrheit, und die positiven Prädikate der Ehrlichkeit und inneren Konsequenz, der Vernünftigkeit, des Strebens nach Frieden, Freiheit und Glück sind nicht in gleichem Sinne irgendeiner anderen Theorie und Praxis zuzusprechen. Es gibt keine Theorie der Gesellschaft, auch nicht die des generalisierenden Soziologen, die nicht politische Interessen mit einschlösse, über deren Wahrheit anstatt in scheinbar neutraler Reflexion nicht selbst wieder handelnd und denkend, eben in konkreter geschichtlicher Aktivität entschieden werden müßte.« (ZfS 6, 1937:275)

Prägnantes Kennzeichen bürgerlicher Intelligenz sei die distanziert reflexive (z. B. wissenssoziologische) Attitüde gegenüber politischen Bewegungen:

»Daß der Intellektuelle sich so hinstellt, als bedürfe es erst einer nur von ihm zu leistenden schwierigen Denkarbeit, um zwischen revolutionären, liberalistischen und faschistischen Zielen und Wegen die Wahl zu treffen, ist überhaupt verwirrend.« (a.a.O.)

Das Postulat der Vereinigung theoretischer und politischer Aktivität ist für Horkheimer nicht abzulösen und von den Dringlichkeitsfristen konkreter historischer Konstellationen. Gegenüber dem siegreichen Faschismus führt sich die unpolitisch-neutrale Attitüde des Intellektuellen selbst ad absurdum:

»In einem Zeitpunkt vollends, wo die freiheitlichen Kräfte in Europa selbst desorientiert sind und sich neu zu formieren suchen... bedeutet die überparteiliche und daher abstrakte Konzeption der Intelligenz eine Fassung der Probleme, welche die entscheidenden Probleme bloß verdeckt... Die Avantgarde bedarf der Klugheit im politischen Kampf, nicht der akademischen Belehrung über ihren sogenannten Standort...« (a.a.O.)

Horkheimers These der unvermeidlichen Parteilichkeit von Wissenschaft stützte sich indes nicht auf das beschriebene Argument, welches seine Eindringlichkeit aus der Spezifik der historischen Situation erfährt. Wesentlicher für seine Beweisführung ist ein systematischer Argumentationsgang: In der marxistischen Theorietradition, die Horkheimer sich zu eigen macht, ist wissenschaftliche Arbeit nur Moment des gesamtgesellschaftlichen Arbeitsprozesses. Theorie ist selbst noch als »kritische« Moment des Prozesses, in dem Gesellschaft sich in der produktiven Aneignung der Natur reproduziert. Weil dies so ist, kann Wissenschaftsentwicklung auch jeweils nur als eine spezifisch soziohistorische rekonstruiert werden. Dem entsprechend konstituieren sich die Gegenstände wissenschaftlicher Arbeit nur im Relevanzspektrum gesellschaftlich organisierter Arbeit. Subjekt wie Objekt wissenschaftlicher Arbeit sind gesellschaftlich konstituiert. Nach Horkheimer ist bürgerliche Wissenschaft dadurch charakterisierbar, daß sie das Bewußtsein dieses Sachverhaltes einerseits verdrängt und es andererseits pragmatisch in Produktions- und Sozialtechnologien umsetzt. Für die »kritische« Wissenschaft folgt aus der Erkenntnis sowohl der gesellschaftlichen Konstituiertheit wissenschaftlicher Gegenstände als auch der Eingebundenheit der Wissenschaft in den gesellschaftlichen Arbeitsprozeß, daß die wissenschaftlich analysierten Sachverhalte als prinzipiell veränderbar, als der politischen Disposition einer »vernünftig organisierten Gesellschaft« zugänglich dargestellt werden. Der akut erfahrene historische Prozeß wird von kritischer Wissenschaft immer als ein zu gestaltender begriffen und theoretisch dargestellt. Nach Marx ist die Form einer solchen theoretischen Arbeit die der »Kritik«. »Kritik« ist eine Theorieform, zu deren Selbstverständnis die Verbindung zu einer außertheoretisch repräsentierten politisch-praktischen Bewegung gehört.

2.3. Theoretische Position 1937–1939/40

2.3.1. Theoriepolitische und -geschichtliche Positionsbestimmung

Im August 1937 führt Horkheimer in dem Aufsatz »Traditionelle und kritische Theorie« die neue theoriepolitische Selbstdefinition des Kreises ein. Die Bezeichnung »kritische Theorie« wird von da ab von fast allen Mitgliedern des Kreises übernommen: von Wittfogel (in: ZfS 7, 1938:90), von Adorno (in: ZfS 7, 1938:339), von Marcuse (außer in »Philosophie und kritische Theorie« noch in ZfS 7, 1938:57), von Pollock (in einem auf Horkheimers Aufsatz bezogenen Brief vom 16. 8. 1937) sowie von Löwenthal (in einem undatierten Brief in der Pollock-Sammlung).

Philosophisches Feindbild der programmatischen Texte Horkheimers in der »materialistischen« Phase der frühen dreißiger Jahre waren die identitätsphilosophische Orientierung Hegels sowie die völkisch-kollektivistischen Ideologien in der Philosophie der Weimarer Republik. Ab 1937 wird diese Feindbildstelle in der Orientierungsstruktur des Kreises umbesetzt. An die Stelle der Kritik von Identitätsphilosophie und kollektivistischer Ideologie tritt nicht mehr und nicht weniger als die Kritik des neuzeitlichen Theorieverständnisses überhaupt – die Kritik »traditioneller Theorie«.

Für Horkheimer ist die Form »traditioneller Theorie« die eines logisch konsistenten Zusammenhangs hypothetischer Sätze. Ihre einzelnen Hypothesen sind ableitbar aus obersten Prinzipien, die je nach philosophischer Einstellung als Induktionsresultate aus Erfahrungsprozessen (Sensualismus), als evidente Einsichten (Rationalismus, Phänomenologie) oder als konventionalistische Setzungen (Axiomatik) begriffen werden. Trotz der Verschiedenheit in der Gewinnung ihrer obersten Prinzipien ist diesen diversen Formen traditioneller Theorie insbesondere die Auffassung dessen gemeinsam, was »theoretische Erklärung« heißt. Ein Sachverhalt gilt als erklärt, wenn es gelang, ihn nach Ausgrenzung aus dem Realitätszusammenhang unter das an ihn jeweils angelegte hypothetische Satzsystem zu subsumieren. Theoretische Erklärung heißt hier – unter strikt durchgehaltener Subjekt/Objekt-Trennung – die Relationierung der von einander unabhängig gedachten Ebenen des theoretischen Satzes einerseits und des sinnlichen Datums andererseits. Horkheimer vertritt nun die These, daß diese Form von Theorie bedingt ist durch ihre Funktion, arbeitsteiliges Moment im Prozeß menschlicher Naturaneignung zu sein:

»Sowohl die Handhabung der physischen Natur wie auch diejenige bestimmter ökonomischer und sozialer Mechanismen erfordert eine Formung des Wissensmaterials, wie sie in einem Ordnungsgefüge von Hypothesen gegeben ist.« (ZfS 6, 1937:250)

Ohne es auszuführen deutet Horkheimer nur an, daß die für den Produktionsprozeß unmittelbar instrumentalisierten Theorien gekennzeichnet seien durch den Transformationsprozeß von beobachteten kausalen oder funktionalen Verknüpfungen zwischen Ereignisreihen in zweckrationale Strategien; diese strategische Instrumentalisierung von experimentell gemachten Beobachtungen affiziere dann die Form der Theorie selber. Die spezifische Eigenschaft »traditioneller Theorie« besteht nun aber darin, daß sie eben dies – arbeitsteiliges Moment des politisch organisierten gesellschaftlichen Produktionsprozesses zu sein – an sich selber vergißt, unterschlägt oder verdrängt. Symptome dafür seien, daß der Wechsel wissenschaftlicher Paradigmen z. B. nur genialen Forscherpersönlichkeiten zugerechnet wird und nicht den Entwicklungserfordernissen der Produktion; ein anderes Symptom ist die Hypostasierung des Gelehrten in der liberalistischen Ära.

Im Kontrast dazu ist »kritische Theorie« gekennzeichnet durch das Bewußtsein der Bedingtheit wissenschaftlicher und theoretischer Aktivität, also auch ihrer selbst. Sie betrachtet wissenschaftliche Aktivität als »Teilvorgang« des gesellschaftlichen Arbeitsprozesses. Theorie ist selbst noch als »kritische« Element des Prozesses, in dem Gesellschaft sich in der produktiven Aneignung der Natur reproduziert. Diese Situierung im Kontext des gesellschaftlichen Arbeitsprozesses verbietet es, Wissenschaft von anderen gesellschaftlichen Aktivitäten analytisch zu trennen:

»Die isolierende Betrachtung einzelner Tätigkeiten und Tätigkeitszweige mitsamt ihren Inhalten und Gegenständen bedarf, um wahr zu sein, des konkreten Bewußtseins ihrer eigenen Beschränktheit. Es muß zu einer Auffassung übergegangen werden, in der die Einseitigkeit, welche durch die Aufhebung in Teilvorgänge aus der gesamtgesellschaftlichen Praxis ihr notwendig anhaftet, wieder aufgehoben wird.« (a.a.O. 254)

Ein weiterer bestimmender Kontrast der »kritischen Theorie« gegenüber der »traditionellen« ist die Relativierung der in dieser strikt durchgehaltenen Trennung des wissenschaftlichen Subjekts einerseits und des jeweiligen Objekts wissenschaftlicher Betrachtung andererseits. Der prägnante Satz Horkheimers, daß

»... die Tatsachen, welche die Sinne uns zuführen ... in doppelter Weise gesellschaftlich präformiert (sind): durch den geschichtlichen Charakter des wahrgenommenen Gegenstandes und den geschichtlichen Charakter des wahrnehmenden Organs ...« (a.a.O. 255),

besagt, daß Wissenschaft nur im Zusammenhang des gesellschaftlichen Lebensprozesses zureichend verstanden werden kann, wie auch die Gegenstände von Wissenschaft sich nur konstituieren im Horizont der Relevanzstrukturen gesellschaftlich organisierter Arbeit. Diese These der doppelten gesellschaftlichen Konstituiertheit des Subjekts und Objets von Wissenschaft mag trivial erscheinen angesichts der fachwissenschaftlichen Ausdifferenzierungen dieser These etwa in der Wissenschaftsforschung, der sozialpsychologischen ›social perception‹-Forschung, der marxistischen Diskussionen über die gegenstandskonstitutive Rolle menschlicher Praxis. Doch über ihre nicht stark genug zu betonende zeitgenössische Originalität hinaus ist diese These ein wichtiges Element im politischen Selbstbegründungszusammenhang der kritischen Theorie. Das Bewußtsein der gesellschaftlichen Konstituiertheit sowohl von Wissenschaft als auch von kritischer Theorie wird ja nun keineswegs in der Art eines reflexiven Mechanismus pragmatisch, d. h. im Sinne einer technokratischen Effektuierung des Produktionsprozesses selbst gewendet:

»... ist es doch (das kritische Verhalten, H. D.) weder seiner bewußten Absicht noch seiner objektiven Bedeutung nach darauf bezogen, daß irgend etwas in dieser Struktur besser funktioniere.« (a.a.O. 261)

Die für die kritische Theorie programmatische Indifferenz von wissenschaftlichem und politischem Handeln ergibt sich aus dem Bewußtsein ihrer Verankerung im Kontinuum des gesellschaftlichen Arbeitsprozesses. Sie betrachtet sich als dessen Moment und zugleich als politische Reflexion über die ihm adäquate Organisationsform. Sie ist »der menschlichen Arbeit immanent« (Horkheimer, a.a.O. 267), und »es kommt ihr auf eine Neuorganisation der Arbeit an« (a.a.O. 264). Obgleich die theoretische Arbeit der »Subjekte des kritischen Verhaltens« nur Moment des gesellschaftlichen Produktionsprozesses ist, ist sie der Totalität des gesellschaftlichen Zusammenhangs doch *theoretisch* mächtig und vermag ihn somit als prinzipiell revolutionär veränderbar darzustellen:

»Indem sie die gegenwärtige Wirtschaftsweise und die gesamte auf ihr begründete Kultur als Produkt menschlicher Arbeit anerkennen, als die Organisation, die sich die Menschheit in dieser Epoche gegeben hat und zu der sie fähig war, identifizieren sie sich selbst mit dem Ganzen und begreifen es als Willen und Vernunft; es ist ihre eigene Welt. Zugleich erfahren sie, daß die Gesellschaft außermenschlichen Naturprozessen, bloßen Mechanismen zu vergleichen ist, weil die auf Kampf und Unterdrückung beruhenden Kulturformen keine Zeugnisse eines einheitlichen Selbstbewußtseins sind; diese Welt ist nicht die ihre, sondern die des Kapitals.« (a.a.O. 262).

2.3.2. Verhältnis zum Marxismus

Vorbild des Horkheimerschen Kritikbegriffes ist der der Marxschen »Kritik der politischen Ökonomie«. Als Horkheimer den Terminus des »kritischen Verhaltens« in dem behandelten Aufsatz anführt, bemerkt er in einer Fußnote:

»Das Wort ist hier nicht so sehr im Sinne der idealistischen Kritik der reinen Vernunft als in dem der dialektischen Kritik der Kritik der politischen Ökonomie gemeint. Es bezeichnet eine wesentliche Eigenschaft der dialektischen Theorie der Gesellschaft.« (a.a.O. 261)

Marx hatte den Kritikbegriff in der »Kritik der politischen Ökonomie« in Absetzung von Hegels geschichtsphilosophischem Reflexionstypus entwickelt, welcher dem Akt des reflexiven Begreifens eines historischen Prozesses selbst den Charakter eines Subjektes zugebilligt hatte, um ihn sodann in Gestalt der ›Idee‹ dem historischen Prozeß selbst zu substituieren. Diese schon in der analytischen Form des Zugangs zur Historie versteckte Neigung, gesellschaftliche Verhältnisse als historisch gewordene reflexiv zu verklären, äußerte sich zum Beispiel in Hegels Identifikation seiner rechtsphilosophischen Kategorien mit dem preußischen Staat seiner Zeit. Da Marx' Methode hingegen die Reflexion über den historischen Entstehungsprozeß gesellschaftlicher Verhältnisse von diesem selbst strikt trennt, gelangt sie zu einem nicht verklärenden, sondern »kritischen« Theoriebegriff:

»Für Hegel ist der Denkprozeß, den er sogar unter dem Namen Idee in ein selbstständiges Subjekt verwandelt, der Demiurg des Wirklichen, das nur seine äußere Erscheinung bildet ... In ihrer mystifizierten Gestalt ward die Dialektik deutsche Mode, weil sie das Bestehende zu verklären schien, in ihrer rationellen Gestalt ist sie dem Bürgertum und seinen doktrinären Wortführern ein Ärgernis und ein Greuel, weil sie in dem positiven Verständnis des Bestehenden zugleich auch das Verständnis seiner Negation, seines notwendigen Untergangs einschließt, jede gewordene Form im Flusse der Bewegung, also auch nach ihrer vergänglichen Seite auffaßt, sich durch nichts imponieren läßt, ihrem Wesen nach kritisch und revolutionär ist.« (MEW 23:27f.)

Diese paradigmatische Orientierung der kritischen Theorie an Marx' Verfahren einer »Kritik der politischen Ökonomie« wird von Horkheimer nicht nur programmatisch artikuliert, sondern in folgenden Andeutungen über die Einlösung dieses Verfahrens in Marx' Analysen im »Kapital« weiter illustriert:

»So gelten ihr (der kritischen Theorie, H. D.) die ökonomischen Kategorien Arbeit, Wert, Produktivität genau als das, was sie in dieser Ordnung gelten, und jede andere Ausdeutung als schlechter Idealismus.« (a.a.O. 262)

»Die Begriffe, die unter ihrem Einfluß entstehen, sind kritisch im Hinblick auf die Gegenwart. Klasse, Ausbeutung, Mehrwert, Profit, Verelendung, Zusammenbruch sind Momente des begrifflichen Ganzen, dessen Sinn nicht in der Reproduktion der gegenwärtigen Gesellschaft, sondern in ihrer Veränderung zu suchen ist.« (a.a.O. 271)

In den Schriften aus dem hier behandelten Zeitraum werden der Begriff und die angegebenen Merkmale der »kritischen Theorie« auf die gesamte theoretische wie praktisch-politische Wirkungsgeschichte des Marxismus rückprojiziert. Dies ist keine simple Umbenennung, sondern ein Akt der Selbstverortung einerseits in diesem wirkungsgeschichtlichen Zusammenhang selber und ein Akt der kritischen Verselbständigung diesem Zusammenhang gegenüber andererseits. Wenn Horkheimer z. B. die kritische Theorie vor ihrer verzerrenden und verfälschenden Instrumentalisierung in der deutschen Sozialdemokratie und im Bolschewismus (ZfS 6, 1937:630) unterscheidet, fungiert der Begriff der kritischen Theorie als die in der historisch-politischen Entwicklung sich durchhaltende, rein an der Situationsadäquanz der Theoriegestalt selbst interessierte Instanz, die eben darum als der einzig verläßliche Garant einer rationalen politischen Strategienwahl betrachtet wird. »Kritische Theorie« ist also sowohl der Name für die theoriepolitische Orientierung des Kreises als auch das Zugehörigkeitssignal zur marxistischen Theorietradition und – wesentlich – Formulierung des Anspruchs, in dieser deren authentischen Gehalt zu vertreten.

Die schon in der Phase des »Materialismus« praktizierte Form von Theoriepolitik, die Identität der eigenen Theorie über eine Stilisierung des theoriegeschichtlichen Zugehörigkeitsraums zu bestimmen, kennzeichnet auch die Präsentationsform der »kritischen Theorie«. Kennzeichnend ist weiterhin, daß die Einlösung des Anspruchs, rein auf theoretisch-historisch adäquate Wiedergabe der »orthodoxen« Struktur der Marxschen Theorie bedacht zu sein, sich eigentlich nur in einigen Andeutungen erschöpft, in Optionen eher auf eine angemessene marxistische Interpretation des Spätkapitalismus. Gleichwohl ist das Horkheimersche Programm einer dem Marxschen ökonomiekritischen Verfahren nachgebildeten

»kritischen« und politisch handlungsleitenden Wissenschaft von einiger Originalität. Originell ist dieses Programm gegenüber den zeitgenössischen Interpretationen der Marxschen ökonomiekritischen Schriften, d. h. gegenüber der in den zwanziger Jahren geführten »Zusammenbruchskontroverse«. In diesen Interpretationen wurde das »Kapital« als ein zwar paradigmatisches, aber fachwissenschaftlich-ökonomisches Werk unter anderen schlechteren Ökonomiebüchern betrachtet und nicht als eine methodenreflexive und zugleich materiale Einlösung einer spezifisch »kritischen« Wissenschaftsform.

Die zitierten, sich auf die Methode des Marxschen »Kapital« beziehenden Passagen aus Horkheimer-Texten formulieren die Anregung, die für Marx als eigentümlich unterstellte Verschränkung von Positivität und Negativität in der materialen Durchführung des »Kapital« selbst zu dechiffrieren – jenes Verfahren also, durch eine kritische Phänomenologie der Struktur des kapitalistischen Reproduktionsprozesses die Möglichkeit seiner revolutionären Veränderbarkeit transparent zu machen.

Die kritische Theorie tritt nicht nur mit dem Anspruch auf, gegenüber den die Theorie verzerrenden dogmatischen oder reformistischen Instrumentalisierungen in der II. und III. Internationale die Instanz zu sein, die imstande sei, die »orthodoxe« Struktur Marxscher Theorie zu bewahren. Darüber hinaus beansprucht sie, die durch die historische Entwicklung nötig gewordene Anpassung der Theorie an veränderte gesellschaftliche Bedingungen zu repräsentieren, auch wenn immer vorausgesetzt bleibt, daß die *Grund*struktur kapitalistischer Entwicklungen gleich geblieben ist. An dem Entwicklungsprozeß des Liberal- zum Monopolkapitalismus versucht Horkheimer im Ansatz zu exemplifizieren, daß

> »diese Veränderungen... auch Strukturveränderungen der kritischen Theorie (bedingen)« (a.a.O. 286).

Diese Exemplifikation ist noch einmal ein Dokument dafür, daß Horkheimer den Faschismus als politische Form des entwickelten monopolistischen Spätkapitalismus interpretierte. In dieser Exemplifikation verknüpft Horkheimer ökonomische Strukturveränderungen wie z. B. die Monopolisierungstendenz und die Tendenz zur Trennung von Besitz und Kontrolle mit Strukturwandlung in der Überbausphäre. Solche Strukturwandlungen sind: Die Annihilierung des liberalistischen Individualismus durch die Führerideologie, die antisemitisch gemeinte Trennung des »parasitären« und »produktiven« Kapitalisten, die zunehmende Verselbständigung positivierten Rechts gegenüber seinen naturrechtlichen Grundlagen, die sozialtechnologische Erzeugung von Sinn in den Propagandaapparaten autoritärer Staaten. Nun parallelisiert Horkheimer nicht nur diese beiden Formen von Strukturwandlungen und rechnet die eine der anderen kausal zu, sondern vertritt darüber hinaus die These, daß eben diese Veränderungen das Verhältnis des Überbaus zur Basis selber affiziert haben und daß sich so die Notwendigkeit einer Redefinition Marxscher Kulturtheorie ergibt:

»Die Erklärungen sozialer Phänomene werden einfacher und zugleich komplizierter. Einfacher, weil das Ökonomische unmittelbarer und bewußter bestimmt und die relative Widerstandskraft und Substantialität der Kultursphäre im Schwinden begriffen ist, komplizierter, weil die entfesselte ökonomische Dynamik, zu deren Medien die meisten Individuen erniedrigt sind, in raschem Tempo immer neue Gestalten und Verhältnisse zeitigt.« (a.a.O. 288)

Die in diesem Zitat angegebene Richtung zu einer Uminterpretation der Marxschen Überbaulehre betrachtet Horkheimer als exemplarische Strukturveränderung der Theorie, welche den veränderten soziohistorischen Verhältnissen Rechnung trägt. Eine solche Veränderung der Theorie ist keine äußerliche Korrektur, sondern die Realisierung ihres »Kritik«-Prinzips, die politische Alternative zum Bestehenden nur in einer Phänomenologie der gegebenen Gesellschaft finden zu können.

Festhalten läßt sich, daß sich die Theoriebildung des Frankfurter Kreises in der hier untersuchten Phase weitaus eindeutiger und radikaler als in der vorangegangenen *in* der Marxschen Theorietradition identifiziert, ohne sich *mit* ihrer politischen und theoretischen Wirkungsgeschichte selbst zu identifizieren. Ihr gegenüber definiert sie sich in einer undeutlich bleibenden Distanz und beansprucht eben dieser Distanz wegen, die »orthodoxe« Gestalt Marxscher Theorie zu bewahren.

2.3.3. Verhältnis von Philosophie und Wissenschaft

In den ersten Jahren des Frankfurter Kreises war das Verhältnis von Philosophie und Wissenschaft als programmatische Indifferenz bestimmt worden: »Der Materialismus fordert die

Vereinigung von Philosophie und Wissenschaft.« (ZfS 2, 1933:23) Der Philosophie wurde von Horkheimer die Rolle eines problemsensitiven, integrierenden Mediums der disziplinär zersplitterten Einzelwissenschaften zugedacht. Intendiert war ein Forschungsprozeß, dem die bei Hegel angelegte und von Marx formulierte Ebenentrennung von »Forschung« und »Darstellung« als organisatorische Maxime zugrundeliegt. 1937 findet man von diesem Programm kaum noch Spuren.

Die von Horkheimer zuvor sehr zugespitzt und selektiv interpretierten Elemente Marxscher Ökonomiekritik bildeten lediglich den Boden für eine erst noch zu entwickelnde Forschungsprogrammatik. In der »kritischen Theorie« nun wird das intendierte Verhältnis von Philosophie und Wissenschaft unmittelbar mit dem Verhältnis identifiziert, wie es in der Marxschen Ökonomiekritik – nach Horkheimers Deutung – angelegt ist.

Der Stellenwert der klassischen bürgerlichen Ökonomie für Marx wird von Horkheimer primär als der eines untheoretischen fachwissenschaftlichen Inventars interpretiert, dessen sich der letztlich philosophisch-theoretisch orientierte Marx in seiner dialektischen Darstellung bedient hätte. Die spezifische Differenz zwischen der klassischen und der – wider ihre ausdrückliche Selbstetikettierung letztlich philosophischen – Kritik der politischen Ökonomie besteht darin, daß sie zwar an die begrifflichen, analytischen und empirischen Vorgaben anknüpfend den Funktionszusammenhang des kapitalistischen Produktionsprozesses als Totalität interpretiert. Aber indem sie das tut, gewinnen jene fachwissenschaftlichen (analytischen und empirischen) Elemente einen neuen theorielogischen Stellenwert, nämlich den von Momenten einer theoretisch rekonstruierten Totalität:

»Das ›Kapital‹ ist in seinen Analysen nicht weniger genau als die kritisierte Nationalökonomie, doch bis in die subtilsten Berechnungen isolierter, sich periodisch wiederholender Vorgänge bleibt die Erkenntnis des historischen Verlaufs des Ganzen das treibende Motiv.« (a.a.O. 627)

›Philosophisch‹ ist die so interpretierte »Kritik der politischen Ökonomie« für Horkheimer nicht nur unter dem methodologischen und operativen Aspekt der Totalitätsanalyse. Dieser operative Aspekt ist für Horkheimer – wie übrigens schon für Lukács – nicht abzulösen von dem *politischen,* demzufolge eine der gesellschaftlichen Totalität theoretisch mächtige Wissenschaft imstande wäre, die gesellschaftlichen Verhältnisse als Ganze zur Disposition zu stellen.

Nach Horkheimer hat die Kritik der politischen Ökonomie den zwar von Hegel formulierten, aber genuin materialistischen Anspruch eingelöst, daß »Philosophie ihre Zeit in Gedanken erfaßt« sei. Das Spezifische an der »Kritik« der »Kritik der politischen Ökonomie« sei eben die ihr eigentümliche Koinzidenz von Philosophie und Fachwissenschaft:

»Im Unterschied zum Betrieb der modernen Fachwissenschaften ist jedoch die kritische Theorie der Gesellschaft auch als Kritik der Ökonomie philosophisch geblieben; ihren Inhalt bildet der Umschlag der die Wirtschaft durchherrschenden Begriffe in ihr Gegenteil, des gerechten Tauschs in die Vertiefung der sozialen Ungerechtigkeit, der freien Wirtschaft in die Herrschaft des Monopols, der produktiven Arbeit in die Festigung produktionshemmender Verhältnisse, der Erhaltung des Lebens der Gesellschaft in die Verelendung der Völker.« (a.a.O. 627)

Marcuse hingegen akzentuiert diese These etwas anders, die These, die »Kritik der politischen Ökonomie« sei eine Koinzidenz von Philosophie und Wissenschaft. Zunächst weist er Horkheimer in einer philologischen Korrektur darauf hin, daß schon der frühe Marx der Ansicht gewesen sei, daß für die »Philosophie nur die Verarbeitung der allgemeinsten Resultate der Wissenschaften übrig bleibe«. Marcuse weist darauf hin, daß in der »kritischen Theorie« (als dem Inbegriff der theoriepolitischen Wirkungsgeschichte der Marxschen Theorie) das Postulat der Koinzidenz von Philosophie und Wissenschaft verletzt wird. Er spielt offenbar darauf an, daß man z. B. in der Sowjetunion die Einzelwissenschaften in Gestalt der »sowjetischen Physik« an die Kette der Philosophie gelegt hat, während man in der II. Internationale die positivistisch betriebenen Einzelwissenschaften auf Kosten philosophischer Orientierung fetischisiert hat. Wenn nun Marcuse sagt, daß die kritische Theorie auch kritisch gegenüber sich selbst zu sein hat (ZfS 6, 1937:646), dann sind die Träger dieser kritischen Betrachtung Marxscher Wirkungsgeschichte die Mitglieder des Frankfurter Kreises, die sich in der Arbeiterbewegung zwar als marginal, aber doch als Träger der philologisch wie situativ adäquaten Theorie definieren. In der im folgenden zitierten Passage, die unklar läßt, ob die Theorie der deutschen Sozialdemokratie gemeint ist oder die bolschewistische Praxis materialistischer Theorie, wird die philosophische Akzentuierung der »kritischen Theorie« als

Reaktion auf den neueren »Ökonomismus« der Marxisten bezeichnet:

»Die kritische Theorie ist nicht zuletzt kritisch gegen sich selbst, gegen ihre eigenen gesellschaftlichen Träger. Das philosophische Element innerhalb der Theorie ist eine Form des Protestes gegen den neueren ›Ökonomismus‹: gegen eine Isolierung des ökonomischen Kampfes, gegen die festgehaltene Trennung des Ökonomischen vom Politischen.« (a.a.O. 646)

2.3.4. Utopie

In dem Abschnitt der Theorieentwicklung des Frankfurter Kreises, den wir als den »materialistischen« gekennzeichnet haben, war die planwirtschaftliche Reorganisation der kapitalistischen Wirtschaft utopischer Bezugspunkt seiner politischen Orientierung gewesen. In dem hier untersuchten Entwicklungsabschnitt ist davon keine Rede mehr; auch die in früheren Jahren intensiv betriebene Planwirtschaftsforschung bricht ab. Der Zusammenhang mit der referierten Kritik des Sozialismus in der Sowjetunion ist unübersehbar. In ihr hatten Horkheimer und Marcuse darauf insistiert, daß die Abschaffung der privaten Disposition über Produktionsmittel, ihre planwirtschaftliche Reorganisation und die Forcierung der industriellen Produktion nur negative Vorbedingungen zur Errichtung einer sozialistischen Gesellschaft sind. Weniger deutlich schon ab 1935, explizit dann aber in den Programmschriften zur »kritischen Theorie« verschiebt sich der utopische Bezugspunkt des Kreises deutlich von einer wissenschaftlich betriebenen Planwirtschaftstechnologie (Meyer/Mandelbaum/Pollock) zu einer philosophischen Problematisierung der *Interessen*, in denen die planwirtschaftliche Reorganisation der jeweiligen Übergangsgesellschaft vorangetrieben wird. Marcuse hatte in »Philosophie und kritische Theorie« formuliert:

»nicht, daß der Arbeitsprozeß planvoll geregelt ist, sondern welches Interesse diese Regelung bestimmt... wird wichtig...« (ZfS 6, 1937:638)

Diese Abstraktifizierung des utopischen Referenzrahmens steht im Kontext der Kritik an Versuchen, die utopisch antizipierte Gesellschaft inhaltlich zu bestimmen, Utopie »auszumalen«. Marcuse:

»Überhaupt handelt es sich in der kritischen Theorie nicht um das Ausmalen einer künftigen Welt...« (a.a.O. 645)

Und Horkheimer:

»Das Ziel, daß es (das kritische Denken, H. D.) erreichen will, die Herbeiführung des vernünftigen Zustands, hat zwar seinen Grund in der Not der Gegenwart. Mit dem Dasein dieser Not ist jedoch das Bild ihrer Überwindung nicht schon gegeben. Die Theorie, die es entwirft, arbeitet nicht im Dienst einer schon vorhandenen Realität; sie spricht nur ihr Geheimnis aus.« (a.a.O. 270)

Die Weigerung, die »künftige Welt«, die »zukünftige Gesellschaft« utopisch zu antizipieren, sei – so betont Marcuse – verbürgt in der marxistischen Theorietradition, als deren aktueller und authentischer Ausdruck die »kritische Theorie« sich versteht. In der Tat waren ja Marx' ökonomiekritische Analysen eine kritische Phänomenologie des kapitalistischen Reproduktionsprozesses, nicht theoretische Antizipationen eines planwirtschaftlichen Sozialismus.

Utopie wird nun ›philosophisiert‹, d. h. transzendentalisiert. Nach Maßgabe des prägnanten Satzes, daß in »der bürgerlichen Wirtschaftsweise die Aktivität der Gesellschaft blind und konkret (ist), die des Individuums abstrakt und bewußt« (Horkheimer a.a.O. 256), kommt es nun darauf an, das transzendental gedachte bürgerliche Subjekt zum orientierenden Paradigma der »künftigen gesellschaftlichen Organisation« zu machen. Horkheimer:

»... ist das kritische Denken heute durch den Versuch motiviert, die Spannung real zu überwinden, den Gegensatz zwischen der im Individuum angelegten Zielbewußtheit, Spontaneität, Vernünftigkeit und den für die Gesellschaft grundlegenden Beziehungen des Arbeitsprozesses aufzuheben. Das kritische Denken enthält einen Begriff des Menschen, der sich selbst widerstreitet, solange diese Identität nicht vollzogen ist.« (ZfS 6, 1937:258)

In der theoriepolitischen Konzeption der »materialistischen« Phase war das Proletariat designierter gesellschaftlicher Träger des utopischen Leitbildes. Nach der beschriebenen Transzendentalisierung der Utopie kann ihr Träger zwangsläufig keine empirisch identifizierbare gesellschaftliche Gruppe mehr sein. Das Subjekt von Utopie wird nun selbst transzendentalisiert; ihr Träger wird die »Fantasie«, die »Einbildungskraft« des transzendentalen Subjekts. Marcuse:

»Um in der Gegenwart das noch nicht gegenwärtige Ziel festzuhalten, bedarf es der Fantasie. Daß Fantasie etwas Wesentliches mit Philosophie zu tun hat, geht schon aus der Funktion hervor, welche ihr unter dem Titel

›Einbildungskraft‹ von den Philosophen zugewiesen wurde... kraft ihrer einzigartigen Fähigkeit, einen Gegenstand auch ohne sein Vorhandensein ›anzuschauen‹, bezeichnet die Einbildungskraft einen hohen Grad der Unabhängigkeit vom Gegebenen, der Freiheit inmitten einer Welt von Unfreiheit. Im Hinausgehen über das Vorhandene kann sie die Zukunft vorwegnehmen.« (a.a.O. 644)

3.1. Historisch-politische Erfahrung 1940–1945

3.1.1. Arbeiterbewegung

Adorno schreibt 1944:

»Soziologen aber sehen der grimmigen Scherzfrage sich gegenüber: Wo ist das Proletariat?« (1964:258)

Wenn Horkheimer, Pollock und Adorno aus der Retrospektive der vierziger Jahre die Niederlage der deutschen Arbeiterbewegung zum Thema machen, liegt all den darauf bezogenen Reflexionen die aktuelle Einschätzung zugrunde, daß das Proletariat als klassenbewußtes und damit politisch handlungsfähiges Subjekt der Geschichte zerfallen ist. Die politische Funktion kritischer Theorie konnte unter den Bedingungen dieser Einschätzung nur noch darin bestehen, die Determinanten des Zerfalls zu reflektieren.

Es ist ihre pauschale These, daß das Proletariat entweder in den bürgerlichen Herrschaftszusammenhang integriert worden ist oder (und) diesen Herrschaftszusammenhang in den Strukturen seiner eigenen Organisationen reproduziert. Die autoritär-bürokratische Struktur proletarischer Massenorganisationen sei symptomatisch. Diese autoritär-bürokratische Struktur wird nun ohne jede historische und realsoziologische Differenzierung, ohne Berücksichtigung der spezifischen Situation einzelner sozialistischer Parteien oder Gewerkschaften als kennzeichnendes Merkmal ihrer Organisation vor 1933 bezeichnet. Aus der apokalyptischen Perspektive des Frankfurter Kreises seit 1943 werden also Politikorientierung und Organisationsstruktur des ADGB, der SPD, der KPD, ja der KPDSU und der Komintern nachgerade indifferent. Bei den im folgenden referierten Argumentationszusammenhängen ist oft nicht mit Eindeutigkeit auszumachen, ob z. B. Horkheimers Urteile über die Arbeiterorganisationen mehr auf deren sozialdemokratische oder bolschewistische Versionen gemünzt sind. Die Begründungen für die zentrale These, daß das Proletariat als Träger der politischen Emanzipation zerfallen ist, variieren mit den Theoriekontexten, in denen sie jeweils auftauchen. Das geläufigste Argument ist dies, daß die Pervertierung der Arbeitervereine in autoritär-bürokratisch strukturierte Apparate verursacht sei durch die Integration der Arbeiterschaft in das kapitalistische

System der Weimarer Republik. Historisch sind damit angesprochen die verantwortliche Trägerschaft der Sozialdemokratie des Weimarer Staatswesens sowie die in der Reichsverfassung auch dem Proletariat garantierte Koalitionsfreiheit, der Sozialstaatlichkeitscharakter der Republik etc. Horkheimer:

»Anpassung ist der Preis, den Individuen und Vereine zahlen müssen, um im Kapitalismus aufzublühen. Selbst jene Gewerkschaften, deren Programm im Gegensatz zu allem Parlamentieren stand, sind mit der Zunahme ihrer Mitgliedschaft von den Extravaganzen des Generalstreiks und der direkten Aktion weit abgekommen. Durch Übernahme eines Munitionsministeriums haben sie schon im ersten Weltkrieg ihre Bereitschaft zu friedlicher Kooperation dokumentiert. Sogar die Maximalisten blieben nach der Revolution nicht davor bewahrt, daß die schmähliche Soziologie des Parteienwesens am Ende noch recht behielt.« (1972:16)

Als Folge dieser Integration reproduzierten sich die kapitalistischen Herrschaftsstrukturen selbst in den antikapitalistischen Massenorganisationen. Horkheimer formuliert explizit die starke These einer Angleichung der Strukturen in den Organisationsspitzen von Kapital und Arbeit:

»Der führende Mann und seine Clique wird in der Arbeiterorganisation so unabhängig wie in dem anderen, dem Industriemonopol, das Direktoriat von der Generalversammlung. Die Machtmittel, hier die Reserven des Betriebs, dort die Kasse der Partei oder der Gewerkschaft, stehen der Leitung im Kampf gegen Störenfriede zur Verfügung... Im äußersten Fall wird die Fronde geköpft, die der Generalversammlung durch Bestechung, die des Parteitags durch Ausschluß.« (a.a.O. 15)

Die Trennung von juristischen Eigentumstiteln und faktischer Verfügungsgewalt, die für den monopolistischen Kapitalismus kennzeichnend ist, sowie die bürokratische Verselbständigung der Parteispitze von der Basis in den proletarischen Massenorganisationen sind jeweils Ausdruck eines identischen Phänomens: der Durchsetzung des Führerprinzips in allen gesellschaftlichen Großorganisationen, noch bevor es den »Führer« als historische Größe gab.

Adorno:

»Die Proletarier müssen, wenn sie leben wollen, sich angleichen. Allenthalben drängt Selbsterhaltung übers Kollektiv zur verschworenen Clique. Zwangshaft reproduziert unten sich die Spaltung in Führer und Gefolge, die an der herrschenden Klasse selber sich vollzieht.« (1972/380)

Und Horkheimer:

»Soweit die proletarische Opposition in der Weimarer Republik nicht als Sekte zugrunde ging, verfiel sie auch dem Geist der Administration. Die Institutionalisierung der Spitzen von Kapital und Arbeit hat denselben Grund: die Veränderung der Produktionsweise. Die monopolisierte Industrie, welche die Masse der Aktionäre zu Opfern und Parasiten macht, verweist die Masse der Arbeiter auf Warten und Unterstützung.« (1973:15)

Somit ist die radikale These nur konsequent, die mit Horkheimer und Adorno auch Marcuse und andere Mitglieder des Kreises verfochten haben, die These nämlich, daß der Faschismus über die Zustände vor seinem Machtantritt nicht negativ, sondern vielmehr positiv fortführend hinausgegangen ist. Diese These ist wegen ihres auf die Organisationsform proletarischer Massenorganisationen beschränkten Behauptungsumfangs nicht zu verwechseln mit der »Sozialfaschismus«-Formel, mit der die KPD die Weimarer Sozialdemokratie der Komplizenschaft mit den Faschisten bezichtigte.

In einem 1944 niedergeschriebenen Aphorismus der »Minima Moralia« qualifiziert Adorno die von Horkheimer genannte »Veränderung der Produktionsweise« genauer, die dem Führerprinzip vorgearbeitet habe: Der Fortschritt der Produktionstechnologien im Spätkapitalismus habe zu einer derartigen Dequalifizierung der einzelnen Arbeitsvollzüge geführt, daß die Selektion von Herrschaftspositionen im Produktionsprozeß nicht mehr nach Maßgabe produktionstechnischer Rationalitätskriterien vollzogen werden könne:

»Die Quantifizierung des technischen Prozesses aber, ihre Zerlegung in kleinste, von Bildung und Erfahrung weitgehend unabhängige Operationen, macht die Expertenschaft jener Leiter neuen Stils in erheblichem Maß zur Illusion ... Zugehörigkeit zur Elite scheint jedem erreichbar. Man wartet nur auf die Kooperation ... Experten sind sie nur als solche der Kontrolle. Daß jeder es könnte, hat nicht zu deren Ende geführt, sondern dazu, daß jeder berufen werden mag ... über den Sturz entscheidet nicht Untüchtigkeit, sondern ein undurchsichtiges hierarchisches Gefüge, in dem keiner, kaum die obersten Spitzen sich sicher fühlen dürfen: Egalität des Bedrohtseins.« (1964:257)

In einem Brief an Paul Tillich, in dem sich Horkheimer mit dessen Einwänden gegen den 1941 geschriebenen Aufsatz »Vernunft und Selbsterhaltung« auseinandersetzt, erklärt Horkheimer überdies die Integration des Proletariats in den kapitalistischen Herrschaftszusammenhang mit einer Variante der Max-Weber-These. Der Einfluß der protestantischen Religionskultur auf die kapitalistische Wirtschaftsethik habe sich nicht nur in der Mentalität des kapitalistischen Unternehmertypus niedergeschlagen, sondern offenbar auch in der der Arbeiterschaft:

»... so will es mir doch scheinen, als ob die religiösen Einflüsse auf die geistige Struktur des europäischen Industrieproletariats durch die Wirksamkeit der früh- und hochmittelalterlichen Kirche nicht genügend bezeichnet seien... Die europäischen Arbeiter sind durch die Hungerpeitsche und andere Schrecken in die Manufakturen und Fabriken getrieben worden. Das duldet keinen Zweifel. Daß sie aber nicht immer wieder wegliefen, sobald die Milderung der drakonischen Gesetze eine Chance dazu ließ, wie es noch am Anfang der bolschewistischen Industrialisierung in Rußland geschah, daran hat, wie ich meine, die neuere Religiösität ihren mächtigen Anteil. Durch sie ist, wie durch die kulturellen Maßnahmen der russischen Bürokratie, der Zweckrationalismus des modernen Arbeiters... mit entfesselt worden.« (Brief v. 19. 8. 1942, Pollock-Archiv)

Schließlich taucht die These der Integration des Proletariats noch im Argumentationszusammenhang der »Dialektik der Aufklärung« auf, nämlich als ein Beleg unter anderen für die darin entwickelte These, daß die technologische Herrschaft über die Natur keineswegs zu einer Emanzipation der Menschengattung führe, sondern sich vielmehr in der »zweiten Natur«, d. h. in den gesellschaftlichen Verkehrsformen reproduziere. Horkheimer und Adorno:

»Die Ohnmacht der Arbeiter ist nicht bloß eine Finte der Herrschenden, sondern die logische Konsequenz der Industriegesellschaft, in die das antike Fatum, unter der Anstrengung ihm zu entgehen, sich schließlich gewandelt hat.« (1971:36)

Diese Argumentationsfigur werden wir weiter unten noch ausführlicher darstellen.

Festgehalten werden muß für den vorliegenden Abschnitt, daß die These der Integration des Proletariats, bzw. der Transformation seiner Massenorganisationen in autoritäre Apparate, die eher Ausdruck des Führerprinzips sind als proletarischer Solidarität, nicht Resultat neuer Erfahrungen, neuer Informationen oder etwa einer veränderten historischen Quellenlage war. Sie ist vielmehr nur die radikale Zuspitzung der pessimistischen Einschätzung der Chancen des Sozialismus in Deutschland, welche für die politische

Orientierung des Kreises schon kennzeichnend war, als er sich in der Endphase der Weimarer Republik konstituierte.

3.1.2. Sowjetunion

Über die für die politisch-moralische Außenrepräsentanz der Sowjetunion entscheidenden Ereignisse der dreißiger Jahre, d. h. über die Schauprozesse, die Politik der Komintern im Spanischen Bürgerkrieg, über den Pakt Stalins mit Hitler, den russischen Einmarsch in Teilgebiete des von den Deutschen besiegten Polens hatte die amerikanische Presse ausführlich berichtet. Nach dem Angriff Hitlers auf die Sowjetunion jedoch begannen – Historikern zufolge – diese Eindrücke in der amerikanischen Öffentlichkeit wieder zu verblassen, und nicht zuletzt dank Roosevelts prosowjetischer Außenpolitik soll es in den USA der frühen vierziger Jahre keinen dezidierten, auf Rußland bezogenen Antikommunismus gegeben haben.[34] Diese eher wohlwollende Indifferenz besonders der liberalen amerikanischen Intelligenz gegenüber dem Bündnispartner Sowjetunion steht in scharfem Kontrast zur leidenschaftlichen Diskussion der sowjetischen Politik innerhalb der deutschen und europäischen sozialistischen Emigranten in den USA. Die literarische und theoretische Nachverarbeitung der Schauprozesse und des Pakts begann in den Emigrantenzirkeln zumeist erst in den vierziger Jahren. Ende 1939 war Franz Borkenaus »The Spanish Cockpit« erschienen, u. a. eine Abrechnung mit der Komintern-Politik in Spanien. 1940 erschien in London Arthur Koestlers »Darkness at Noon«, eine romanhafte Dokumentation der Vorgeschichte der Schauprozesse, welche 1941 in der deutschen Exil-Zeitung »Neue Volkszeitung« in New York in Auszügen zusammen mit antistalinistischen Artikeln Ignazio Silones wieder abgedruckt wurde. Koestlers und Silones damalige Schriften gelten bis heute als die seriösesten und fundiertesten Kritiken des sich entwickelnden Stalinismus. Auf diese Texte hat sich die stalinistische Apologetik am meisten bezogen, z. B. Maurice Merleau-Pontys »Humanismus und Terror«.

Den Mitgliedern des Frankfurter Kreises können diese literarischen und theoretisch-publizistischen Nachverarbeitungen der Schlüsselereignisse der politischen Entwicklung in der Sowjetunion nicht verborgen geblieben sein. Übrigens hatten die Institutsmitglieder in Paul Massing, der erst 1939 aus Moskau nach

New York kam, einen Augenzeugen des stalinistischen Terrors.[35] 1943 schrieb Arthur Koestler einen Artikel im »New York Times Magazine« über das Versagen des »Horizontalismus«, d. h. jener Ideenformationen und Organisationen, die im späten 19. und im frühen 20. Jahrhundert versprachen, dem politischen Chaos der nationalstaatlichen Egoismen ein Ende zu bereiten. Gemeint war damit primär die internationale Solidarität der Linken, als deren organisatorischer Ausdruck die sowjetisch gelenkte Komintern sich bis 1942 verstand. Koestler schreibt:

»Der hervorstechendste Zug ist der Zusammenbruch aller horizontalen Strukturen ... Unter dem melancholischen Gesichtswinkel eines Kontinentbewohners, (vielmehr jener Gesellschaft heimatloser Linker, zu denen auch ich gehöre und die von den Stalinisten Trotzkisten, von den Trotzkisten Imperialisten und von den Imperialisten dreckige Rote genannt werden) unter diesem Gesichtswinkel wird der Bankrott des linksradikalen Horizontalismus immer augenscheinlicher. Der in einem fortgeschrittenen Stadium der Verwesung befindliche Leichnam der Komintern ist zuletzt amtlich beerdigt worden, in Rußland dreht sich das Rad zurück zu den überlieferten Werten des Vaterlandes, der Kadettenschule und der orthodoxen Kirche ...« (Zit. nach der Übersetzung des Artikels, in: Koestler, Der Yogi und der Kommissar, Frankfurt/M. 1974:102f.)

Diesen Artikel schickt Pollock an Horkheimer im November 1943, worauf ihm dieser antwortet:

»Before I close this letter, your handwritten lines with the article of Koestler have arrived. I glanced through it and think it has some similarity with our own thoughts ... The article seems to be congenial and is welcome. Do you know Koestler personally? It might be most worthwhile to talk to him if he ever comes to this country for he could prove to be one of the few to understand what we are doing ...« (Brief vom 19. 11. 1943, Pollock-Archiv)

In den Schriften der frühen vierziger Jahre benutzt Horkheimer zur Kennzeichnung des sowjetischen Systems – noch immer ohne es selbst beim Namen zu nennen – den Begriff des »integralen Etatismus«. Dieser Begriff meint wohl die schon 1937 kritisierte Beschränkung der russischen Revolution auf die *Verstaatlichung* der Produktionsmittel, ohne daß dadurch bereits die emanzipatorischen Gehalte des Sozialismus eingelöst worden wären. In dem Aufsatz »Autoritärer Staat« von 1942 formuliert Horkheimer Sätze zur Beurteilung der politischen Verhältnisse in der Sowjetunion, deren kompromißlose Ablehnung des stalinistischen Systems nichts an Deutlichkeit zu wünschen übrig läßt. In Anspielung auf die autoritative Struktur der Gewerkschaften in den westlichen Demokratien bemerkt er:

»In den restlichen Demokratien befinden sich die Leiter der großen Arbeiterorganisationen heute schon in einem Verhältnis zu ihren Mitgliedern wie im integralen Etatismus die Exekutive zur Gesamtgesellschaft; sie halten die Masse, die sie versorgen, in strenger Zucht, schließen sie gegen unkontrollierten Zuzug hermetisch ab, dulden Spontaneität bloß als Ergebnis ihrer eigenen Mache.« (1973:16)

Und explizit dann zur Entwicklung des Stalinismus in der Sowjetunion:

»Solange die Avantgarde ohne politische Säuberungsaktionen zu handeln vermag, lebt mit ihr die Hoffnung auf den klassenlosen Zustand. Die zwei Phasen, in denen nach dem Wortlaut der Tradition er sich verwirklichen soll, haben mit der Ideologie, die heute der Verewigung des integralen Etatismus dient, nur wenig zu tun. Weil die unbegrenzte Menge der Konsum- und Luxusmittel noch als ein Traum erscheint, soll die Herrschaft, die bestimmt war, in der ersten Phase abzusterben, sich versteifen dürfen. Gesichert durch schlechte Ernten und Wohnungsnot verkündet man, die Regierung der Geheimpolizei werde verschwinden, wenn das Schlaraffenland verwirklicht sei...« (a.a.O. 29)

Horkheimer rückt sogar das sowjetische System in die Nähe des faschistischen:

»Ob Revolutionäre die Macht wie den Raub oder den Räuber ergreifen, zeigt sich erst im Verlauf. Anstatt am Ende in der Demokratie der Räte aufzugehen, kann die Gruppe sich als Obrigkeit festsetzen. Arbeit, Disziplin und Ordnung können die Republik retten und mit der Revolution aufräumen. Wenngleich die Abschaffung der Staaten auf ihrem Banner stand, hat jene Partei ihr industriell zurückgebliebenes Vaterland ins geheime Vorbild jener Industriemächte umgewandelt, die an ihrem Parlamentarismus kränkelten und ohne den Faschismus nicht mehr leben konnten.« (a.a.O. 17)

Solche Formulierungen gehören unverkennbar in den weiteren Umkreis der Totalitarismusthese, wie sie sich in zahlreichen zeitgenössischen Studien über den Nationalsozialismus andeutete, so in Franz Borkenaus »The Totalitarian Enemy« (1939), in Emil Lederers »State of the Masses« (1940), Sigmund Neumanns »Permanent Revolution« (1941) und besonders in Hannah Arendts damaligen Schriften. Dennoch haben weder Horkheimer noch Pollock noch Adorno die Totalitarismusthese jemals (damals nicht und später nicht) explizit formuliert bzw. der systematischen Ausarbeitung dieser These in der amerikanischen Politikwissenschaft (C. J. Friederich) ausdrücklich zugestimmt. In dem Aufsatz »Autoritärer Staat« subsumiert Horkheimer zwar sowohl das faschistische System Deutschlands wie das bolschewistische Rußlands unter die Kategorie »autoritär«, unterscheidet aber streng zwischen deren politisch-ökonomischer Struktur. Der »integrale Etatismus« der Sowjetunion und der »Staatskapitalismus« Hitlerdeutschlands sind bei aller Ähnlichkeit der Phänomenologie (Einheitspartei, Geheimpolizei, Zentralverwaltungswirtschaft) strukturverschiedene Versionen des »autoritären« Staats.

3.1.3. Faschismus

Die politisch-historische Erfahrung des Frankfurter Kreises stand zwischen 1939 und 1945 stark im Zeichen der Kriegsereignisse, auch wenn die Chronologie des II. Weltkrieges nur einen sehr vermittelten Ausdruck in der Theorieentwicklung selber gefunden hat. Für die wissenschaftliche Beschäftigung des Instituts mit dem nationalsozialistischen System, das in den frühen vierziger Jahren alle anderen Themen in den Hintergrund drängte, bildete der Krieg das Ensemble von historischen Rahmenbedingungen, das den Faschismus zu seiner reinsten und entwickeltsten Gestalt trieb.

Eine Identifikation mit den Kriegszielen der Alliierten und besonders der politischen Philosophie, die sich diesen Zielen unterstellte, hat es im Frankfurter Kreis nicht gegeben; auch bei denen nicht, die wie Marcuse, Löwenthal, Neumann und Pollock in den letzten Kriegsjahren voll oder »part-time« bei amerikanischen Behörden gearbeitet haben. Am 1. September 1939, am Tage des Kriegsbeginns, hatte Horkheimer in einem Brief geschrieben:

»Das Fürchterliche in dieser Situation ist, daß es unter den gegenwärtigen Konstellationen und Parolen auch nicht eine einzige gibt, für die man nur von fern her Sympathien haben könnte.« (Pollock-Archiv)

Diese bis 1945 dokumentierbare Distanz zu den ideologischen Kriegszielen der Alliierten war in den ersten beiden Kriegsjahren – besonders bei Horkheimer – noch erkennbarer Ausdruck einer sozialistischen Interpretation der gegebenen Gegnerschaftsstrukturen. So hatte Horkheimer schon die Appeasement-Politik Chamberlains auf dem Hintergrund der Sympathien der englischen Finanzaristokratie für die Politik Hitlers interpretiert. Auch Englands militärische Zurückhaltung während des Polenfeldzugs war ihm ein Argument für seine bis 1941 aufrechterhaltene These, daß die britische Großbourgeoisie nach einem Ausgleich mit Hitler strebe. Den endgültigen Beweis für diese Einschätzung glaubte Horkheimer in dem Versuch von Rudolf Heß gefunden zu haben, zwischen England und dem Dritten Reich auf Kosten der UdSSR zu vermitteln:

»Hess war der Leiter der gesamten fifth column Arbeit. Seine persönliche Anwesenheit in London zeigt, wie weit die Dinge schon gediehen waren. Seine wahrscheinlichste These gegenüber der dortigen Aristokratenfronde: Was habt ihr bestens im Krieg zu gewinnen: Liquidation der sozialen Rangordnung, Verwandlung Englands in eine amerikanische Provinz. ›Wir‹ sind nicht begeistert davon, Stalin das Gewicht zu geben, das Rußland gewinnt, wenn wir gegen Amerika kämpfen müssen. Daher bieten wir euch die Hand...« (Brief v. 21. 5. 1941, Pollock-Archiv)

Diese in den ersten Kriegsjahren auch bei anderen sozialistischen Emigranten verbreitete Neigung, die gegebene Gegnerschaftskonstellation von Nationalstaaten als Überlagerung und Folgeproblematik eines internationalisierten Klassenkampfes zu interpretieren[36] – ähnlich der linkssozialdemokratischen Deutung des ersten Weltkrieges – tritt bei Horkheimer im weiteren Verlauf des Krieges völlig zurück. Wie weit der Kreis in jener Einschätzung übereinstimmte, vermögen wir nicht zu sagen. Was aber bis zum Kriegsende bleibt, ist die bei aller radikalen Gegnerschaft gegen die faschistischen Kriegsmächte durchgehaltene Nichtidentifikation mit der politischen Philosophie der westlichen Kriegsmächte. Verändert hat sich indes der Komplex von Argumenten, mit denen sich jene Distanz begründet. Es war die in »Vernunft und Selbsterhaltung« skizzierte, in der »Dialektik der Aufklärung« dann ausgearbeitete technologiekritische Geschichtsphilosophie, nach welcher der faschistische Staatskapitalismus nur die historische Logik spätkapitalistischer Industriegesellschaften erfüllt. Das nationalsozialistische Deutschland galt Horkheimer und Adorno nur als der Vorreiter einer allen westlichen Industrienationen inhärenten Tendenz – was durch die militärische Gegnerschaft der Alliierten gegen Deutschland freilich verdeckt wird. 1944 schreiben sie:

»In Deutschland hat der Faschismus gesiegt... Jetzt, da er die Erde verwüstet, müssen die Völker gegen ihn kämpfen, es bleibt kein Ausweg. Aber wenn alles vorüber ist, braucht keine freiheitliche Gesinnung über Europa sich auszubreiten, seine Nationen können so xenophob, kulturfeindlich und pseudokollektivistisch werden, wie der Faschismus war, gegen den sie sich wehren mußten. Auch seine Niederlage bricht nicht notwendig die Bewegung der Lawine.« (1971:197)

Die hochtechnisierte Kriegführung bildet einen jener historischen Eindrücke, von denen in den vierziger Jahren ausgearbeitete technologiekritische Geschichtsphilosophie mit veranlaßt wurde. Die militärische Technologie galt Horkheimer und Adorno nicht als ein ideologieneutrales Instrument, das sich durch die politischen Zwecke legitimierte, für die es eingesetzt wurde, sondern war selbst Ausdruck einer gegenüber allen nicht-technologischen Zielen verselbständigten monströsen Apparatur. Adorno schreibt 1944 anläßlich eines Wochenschau-Berichts über den Krieg im Pazifik:

»... Der Eindruck ist nicht der von Kämpfen, sondern der mit unermeßlich gesteigerter Vehemenz vorgenommener Straßen- und Sprengarbeiten, auch von ›Ausräuchern‹. Insektenvertilgung in tellurischem Maßstab. Operationen werden durchgeführt, bis kein Gras mehr wächst. Der Feind fungiert als Patient und Leiche. Wie die Juden unterm Faschismus gibt er nur noch das Objekt technisch-administrativer Maßnahmen ab, und wenn er sich zur Wehr setzt, hat seine Gegenaktion sogleich denselben Charakter.« (1964:66)

Die Staats-, Rechts- und Wirtschaftsordnung sowie die Kulturpolitik des Nationalsozialismus bildeten zu Anfang der vierziger Jahre den eindeutigen Schwerpunkt der Forschungsarbeiten des Instituts. Zunächst waren da die Vorarbeiten zu einem Projekt über die »kulturellen Aspekte des Nationalsozialismus«, das nicht zustande kam, dann die Vorarbeiten zu verschiedenen Antisemitismusprojekten, die später in die »Studies in Prejudice« mündeten; sowie folgende locker koordinierte Einzelarbeiten:

Pollocks (»Staatskapitalismus«, »Ist der Nationalsozialismus eine neue Ordnung?«);
Kirchheimers (mehrere Aufsätze zur nationalsozialistischen Rechtsordnung);
Neumanns (»Behemoth«);
Gurlands (Arbeit über nationalsozialistische Technologie- und Mittelstandspolitik);
Marcuses (Staat und Individuum im Nationalsozialismus);
Adornos (»Spengler Today«);
Horkheimers (Programmaufsätze: »Die Juden und Europa« und »Autoritärer Staat«).

Diese Arbeiten sind als Ganzheit genommen sowohl in ihrem theoretischen Niveau als auch in ihrem empirischen Gehalt und in ihrer multidisziplinären Orientierung bis heute unerreicht geblieben. Daß sie dennoch – eben als Ganzheit – vergessen sind, ist nicht nur der Publikationslage geschuldet, sondern auch dem Umstand, daß diese Einzelarbeiten nicht als vorläufige Elemente einer umfassenden Faschismustheorie gelten können. Dies weniger ihrer methodischen und disziplinären Heterogenität wegen als vielmehr deshalb, weil in diese Arbeiten kontroverse Einschätzungen des kapitalistischen Charakters des Faschismus eingingen, welche die Institutsmitglieder in bezug auf dieses Thema ab 1940/41 in zwei Lager spalteten.

Die Fronten dieser kontroversen Einschätzung der faschistischen Gesellschaftsordnung wurden gebildet durch die Gruppe Franz Neumann, A. Gurland, Kirchheimer und Herbert Marcuse auf der einen und Pollock, Horkheimer, Adorno und Löwenthal auf der anderen Seite. Jene, d. h. besonders Neumann, Kirchheimer und Gurland, vertreten auf der Basis detaillierter empirischer Analysen die alte, schon 1933 formulierte Kontinuitätsthese, derzufolge das faschistische System – auch in seiner entwickeltsten kriegskapitalistischen Gestalt – die dem hochmonopolistischen Kapitalismus adäquate politische Organisationsform sei. Pollock hingegen und mit ihm Horkheimer und Adorno vertraten auf der Basis von Pollocks Theorie des Staatskapitalismus die These, daß ein voll entwickeltes faschistisches System – im konkreten historischen Fall das nationalsozialistische – den von den Marxisten behaupteten Primat der Ökonomie über die Politik tendenziell abschaffe. In Deutschland hätten die Faschisten bereits – in Perversion sozialistischer Ziele – die politische Lenkung des wirtschaftlichen Prozesses durchgesetzt.

Mit dem Konzept des »Staatskapitalismus« versucht Pollock eine theoretische Systematisierung von Trends, die er besonders im Nationalsozialismus, aber auch in den USA erkennen zu können glaubt.

Für die Beschreibung dieser Trends hält er den Begriff »Staatskapitalismus« für angemessener als die Begriffe »Staatssozialismus«, »gelenkte Wirtschaft«, »Neomerkantilismus« etc. Mit jenem Begriff soll zum Ausdruck gebracht werden, daß das staatskapitalistische System Nachfolger des privatkapitalistischen ist, daß der Staat zentrale Funktionen des Kapitalisten übernommen hat, daß

Profite noch eine (untergeordnete) Rolle spielen und daß das System kein sozialistisches ist. Das staatskapitalistische System wird grob wie folgt gekennzeichnet: der Markt als indirektes Ausgleichsinstrument zwischen Angebot und Nachfrage wird durch ein direktes Plansystem ersetzt. Dieses Plansystem liegt in den Händen einer machtvollen Bürokratie, die aus der Verschmelzung von Staatsbürokratie und Spitzenmanagement der Industrie hervorgegangen ist. Der gesamtwirtschaftliche Prozeß findet im Rahmen eines Generalplans statt, der Richtlinien enthält für Produktion, Verteilung, Konsum, Sparaufkommen und Kapitalanlagen. Die Durchführung dieses Plans wird von der staatlichen Exekutive erzwungen. Preise verlieren allmählich ihre Funktion als Knappheitsindices. Das Gewinnsystem ist zwar noch nicht abgeschafft, Gewinninteressen müssen sich aber dem Generalplan beugen. Die schon im Monopolkapitalismus sich abzeichnende Entwicklung der Trennung von Eigentum an Produktionsmitteln und konkreter Verfügungsgewalt ist vollendet, der traditionelle Kapitalist wird tendenziell auf die Rolle eines bloßen Rentenempfängers reduziert. Zwar verbleiben die meisten Produktionsbetriebe noch in Privatbesitz, unterstehen aber staatlicher Aufsicht. Die Spitzen der Industriemonopole sind zu nachgeordneten Regierungsagenturen geworden, ähnlich wie die ursprünglich privatrechtlich organisierten Institutionen der Innungen, Handels- und Arbeitskammern zu behördlichen Stellen umfunktioniert worden sind. Pollock nimmt an, daß ein staatskapitalistisches System durchaus imstande ist, die Imperative moderner Wirtschaftspolitik wie Wachstumsstetigkeit und Vollbeschäftigung zu sichern. Explizit hält Pollock einen autoritären und einen demokratischen Staatskapitalismus für möglich. Daß er dennoch dessen autoritäre Version für die wahrscheinlichere Alternative hält und daß er sich bei dem Entwurf der Theorie des Staatskapitalismus letztlich an der nationalsozialistischen Entwicklung orientiert, macht der Aufsatz »Is National Socialism a New Order?« (SPSS, 9, 1941) deutlich. Dieser Aufsatz ist nur die Anwendung der Theorie des Staatskapitalismus auf nationalsozialistische Verhältnisse.[37]

Franz Neumann hält schon auf der analytischen Ebene den Begriff des »Staatskapitalismus« für einen Widerspruch in sich. Unhaltbar sei die Theorie vor allem aber empirisch. In detaillierten rechts- und politiktheoretischen sowie ökonomischen Analysen weist er nach, daß die in Pollocks Theorie des Staatskapitalismu vorausgesetzte harmonische Koordinierbarkeit der Elemente des politisch-ökonomischen Gesamtprozesses in der nationalsozialistischen Wirklichkeit keine Entsprechungen finde. Die ›Widersprüche‹ des Monopolkapitalismus aus seiner präfaschistischen Ära seien nicht beseitigt, sie vollzögen sich vielmehr in einer politisch zugespitzten, d. h. totalitären Form. Gegen Pollocks Programmbegriff des »Staatskapitalismus« setzt er den des »totalitären Monopolkapitalismus«. Neumann konzediert zwar, daß die Nationalsozialisten die politischen Instrumente der Wirtschaftslenkung in der Weimarer Republik bis zu den Ansätzen einer »Kommandowirtschaft« ausgebaut hätten. Aber die Einflußchancen der industriellen Spitzenbürokratie, die Fortdauer des Profitmotivs und die seit 1933 noch gesteigerte Kapitalkonzentration hätten die privatkapitalistische Identität der nationalsozialistischen Wirtschaftsordnung nur auf einem neuen Niveau fixiert. Neumann analysiert zum Beleg seiner These die Zwangskartellgesetzgebung von 1933, das Reichsarbeitsgesetz von 1934, den Vierjahresplan von 1936, die Machtverteilung in den Selbstverwaltungskörperschaften der Kriegsindustrie sowie die Enteignungs- und Technologiepolitik des Dritten Reiches. Letztere wurde in einem Aufsatz in der Nr. 9 des SPSS von A. R. Gurland untersucht; die Aktienrechtsnovellierung von 1937 hat Kirchheimer detailliert analysiert. Das Fazit seiner Theorie formuliert Franz Neumann so:

»What, however, is the generating force of that economy: patriotism, power or profits? We believe that we have shown that it is the profit motive that holds the machinery together. But in a monopolistic system profits cannot be made and retained without totalitarian political power, and that is the distinctive feature of National Socialism.« (1944:354)

Der Punkt, auf den hin sich die Kontroverse zwischen den beiden ›Lagern‹ im allgemeinen und zwischen Pollock und Neumann im besonderen zuspitzte, war ein methodologischer: das Problem des Primats der Politik über die Ökonomie. So jedenfalls haben Horkheimer und Adorno Pollocks Theorie des »Staatskapitalismus« rezipiert und ihrer Argumentation in der »Dialektik der Aufklärung« adaptiert. Pollocks These lieferte die theoretische Beschreibung einer Gesellschaftsordnung, in welcher die *politische* Administration den gesamtwirtschaftlichen Prozeß so in den Griff bekommen hat, daß man von einem Primat der Politik gegenüber der Ökonomie unter nicht-sozialistischen Bedingungen sprechen kann. Für Adorno und Horkheimer bot Pollocks Theorie die von ihnen selbst nicht geleistete politökonomische Differenzierung ihrer These, daß Herrschaft in hochentwickelten Industriegesellschaften nicht mehr – wie im Liberalismus – ökonomische Form annimmt, sondern – wie in der vorbürgerlichen Ära – wieder unmittelbar politisch wird. Pollocks Theorie bot ihnen die ökonomische Rechtfertigung dafür, eine ökonomische Gesellschaftsanalyse nicht mehr für nötig und möglich zu halten.

3.2. Theorie des Verhältnisses von Theorie und Praxis 1940–1945

3.2.1. Subjekt und Adressat der Theorie

Nach der Einschätzung von Horkheimer und Adorno haben die spätkapitalistische Kulturindustrie und der Propagandaapparat der faschistischen Staaten die Chancen der politisch folgenreichen Ausbildung proletarischen Klassenbewußtseins so völlig unmöglich gemacht, daß sie das Proletariat als Subjekt einer seiner historischen Lage angemessene Gesellschaftstheorie kaum noch zum Thema machen. In seinen »Reflexionen zur Klassentheorie«, die er 1942 niederschrieb, bemerkt Adorno resigniert:

»Die totale Organisation der Gesellschaft durch big business und seine allgegenwärtige Technik hat Welt und Vorstellung so lückenlos besetzt, daß der Gedanke, es könnte überhaupt anders sein, zur fast hoffnungslosen Anstrengung geworden ist. Das teuflische Bild der Harmonie, die Unsichtbarkeit der Klassen in der Versteinerung ihres Verhältnisses gewinnt nur darum jene reale Gewalt übers Bewußtsein, weil die Vorstellung, es möchten die Unterdrückten, die Proletarier aller Länder als Klasse sich vereinen, angesichts der gegenwärtigen Verteilung von Ohnmacht und Macht aussichtslos erscheint.« (1972:376)

In der Programmschrift von 1937, dem Aufsatz »Traditionelle und kritische Theorie«, hatte Horkheimer ausgeführt, daß die soziale Form, in der eine der historischen Situation adäquate Gesellschaftstheorie einzig noch möglich wäre, die einer marginalen Gruppe sei – marginal gegenüber der Gesellschaft, marginal aber auch gegenüber den proletarischen Massen. Diese quasi wissenssoziologische Einschätzung der Bedingungen ihrer eigenen theoretischen Arbeit wird in den vierziger Jahren bis zur Selbstaufhebung radikalisiert. Nur noch politisch völlig isolierte, nicht-organisierte, »einsame« Individuen seien imstande, Kollektivinteressen theoretisch zu antizipieren. Besonders Adorno hat diese Einschätzung immer wieder artikuliert. Schon Ende 1938 hatte er in seinem Aufsatz über den »Fetischcharakter in der Musik« geschrieben:

»Die kollektiven Mächte liquidieren auch in der Musik die unrettbare Individualität, aber bloß Individuen sind fähig, ihnen gegenüber erkennend, das Anliegen von Kollektivität noch zu vertreten.« (ZfS 7, 1938:355)

1944 schreibt er:

»Für den Intellektuellen ist unverbrüchliche Einsamkeit die einzige Gestalt, in der er Solidarität etwa noch zu bewähren vermag. Alles Mitmachen... ist bloße Maske für stillschweigendes Akzeptieren des Unmenschlichen.« (1964:22)

Bezeichnend für die literarische Form dieser Einschätzungen, die ja eine implizite Kritik jedweder organisierter politischer Arbeit darstellen, ist, daß sie nicht als Resultat einer informierten Analyse zeitgenössischer politischer Organisationen präsentiert werden, sondern eher als Schlußfolgerungen aus einer als evident erlebten pessimistischen Anthropologie. An keiner Stelle wird deutlich, auf welche empirisch vorliegenden politischen Organisationen Adornos umfassender Pessimismus überhaupt Bezug nimmt, ob auf politische Emigrantenorganisationen, Parteien der Weimarer Republik, amerikanische Gewerkschaften oder Widerstandsgruppen im Dritten Reich etc.

Ähnliches gilt für die Präsentationsform einer Problematik, die für die politische Identität des Frankfurter Kreises von Anfang an bestimmend gewesen war: seine kognitive Distanz zum Klassenbewußtsein des Proletariats. In den frühen dreißiger Jahren hatte Horkheimer diese Distanz teils sozialpsychologisch begründet, teils mit dem minderen theoretischen Niveau sozialistischer Parteien in der Weimarer Republik; 1937 sah er die Begründung in der politischen Unterdrückung der Arbeiter durch den Faschismus. 1944 wird das Verhältnis von proletarischem Klassenbewußtsein und wissenschaftlich gebildeter Gesellschaftstheorie von Adorno noch einmal im Rahmen eines sprachsoziologischen Aphorismus erörtert. In diesem Rahmen stellt sich deren Verhältnis dar als eines von proletaroiden Dialekten zur geschriebenen Hochsprache – in moderner Diktion von »restringiertem« zu »elaboriertem« Code. Adornos Argumentation folgt der Kritik Horkheimers an »luxemburgistischer« Intelligenz. Die Orientierungen des Proletariats sind durch die Herrschaft verstümmelt, die ihnen widerfährt. Der Intellektuelle subsumiert sich selbst dieser Herrschaft, wenn er in seiner theoretisch-politischen Arbeit an die Orientierungen des Proletariats anknüpft. Adorno:

»Die Dialekte der Arbeiter gegen die Schriftsprache auszuspielen ist reaktionär. In der Sprache der Unterworfenen aber hat einzig Herrschaft ihren Ausdruck hinterlassen und sie noch der Gerechtigkeit beraubt, die das unverstümmelte, autonome Wort all denen verheißt, die frei genug sind, ohne Rancune es zu sagen... Wenn die Schriftsprache die Entfremdung der Klassen kodifiziert, dann läßt diese nicht durch Regression auf die gesprochene sich widerrufen, sondern nur in der Konsequenz der strengsten sprachlichen Objektivität.« (1964:129f.)

In den politischen Deutungsschemata des Frankfurter Kreises in den vierziger Jahren sind das Klassenbewußtsein des Proletariats und die wissenschaftliche Arbeit an einer kritischen Gesellschaftstheorie in keiner Weise mehr miteinander zu vermitteln. Die innergesellschaftlichen Machtverhältnisse im nationalsozialistischen Deutschland und im faschistisch beherrschten Kontinentaleuropa nötigten darüber hinaus zu Zweifeln, ob unter den gegebenen politisch-historischen Bedingungen das Proletariat überhaupt noch als *Adressat* revolutionärer Theoriebildung in Frage kommt. Dies vollends aus der Sicht von Emigranten, die ja überhaupt keine empirisch greifbare Chance hatten, ihre theoretische Arbeit mit dem Bewußtsein derer zu vermitteln, an die ihre Theorie ursprünglich adressiert war:

»Vollends naiv ist es, von draußen her den deutschen Arbeitern zum Umsturz gut zuzureden. Wer Politik nur spielen kann, sollte sich von ihr fernhalten.« (ZfS 8, 1939:135)

Das schrieb Horkheimer bereits 1939. 1944 dann, in der »Dialektik der Aufklärung«, bekennen Horkheimer und Adorno offen, daß ihre Theorie, die einmal in programmatischer Selbstdeutung als theoretische Unterstützung des proletarischen Kampfes begonnen hatte, ihren Adressaten vollends aus dem Blick verloren hat:

»Wenn die Rede heute an einen sich wenden kann, so sind es weder die sogenannten Massen, noch der einzelne, der ohnmächtig ist, sondern eher ein eingebildeter Zeuge, dem wir es hinterlassen, damit es doch nicht ganz mit uns untergeht.« (1971:228)

Schon 1942 hatte Horkheimer in einem Brief an Paul Tillich, der sich auf den Aufsatz Horkheimers »Vernunft und Selbsterhaltung« bezog, geschrieben:

»Wir dürfen nicht mehr hoffen, als daß, wenn der Tag einmal anbrechen sollte, das, was wir geschrieben haben, als ein sehr kleines Sternchen erkannt wird, das kaum wahrnehmbar in der grauenhaften Nacht der Gegenwart geschienen hat.« (Brief v. 12. 8. 1942, Pollock-Archiv)

In einer Bemerkung in der »Kritik der instrumentellen Vernunft«, welche wahrscheinlich in den letzten Kriegstagen niedergeschrieben wurde[38] und für die es in den Schriften der fünfziger Jahre weitere Belege gibt, deutet Horkheimer an, daß nicht mehr das Proletariat Adressat oder gar Subjekt ihrer theoretischen Arbeit sei. Diese deutet sich jetzt vielmehr als Versuch, dem Schweigen der Opfer des faschistischen Terrors zur Sprache zu verhelfen:

»Die namenlosen Märtyrer der Konzentrationslager sind die Symbole einer Menschheit, die danach strebt, geboren zu werden. Aufgabe der Philosophie ist es, was sie getan haben, in eine Sprache zu übersetzen, die gehört wird, wenn auch ihre vergänglichen Stimmen durch die Tyrannei zum Schweigen gebracht wurden.« (1974:152)

3.2.2. Theorie und Praxis

Nach Marx wird revolutionäre Theorie praktisch, indem sie die Massen ergreift. Eine solche Form der politischen Praxis von Theorie sehen Horkheimer und Adorno auf Dauer verstellt. Und zwar einerseits durch die kulturindustriell-propagandistische Zurichtung gesellschaftlicher Erfahrung im Faschismus wie in den USA und andererseits durch die Instrumentalisierung des Marxismus zur stalinistischen Legitimationswissenschaft. In der Vorrede zur »Dialektik der Aufklärung« formulieren sie programmatisch:

»Wenn die Öffentlichkeit einen Zustand erreicht hat, in dem unentwirrbar der Gedanke zur Ware und die Sprache zu deren Anpreisung wird, so muß der Versuch, solchen Depravationen auf die Spur zu kommen, den geltenden sprachlichen und gedanklichen Anforderungen Gefolgschaft versagen, ehe deren welthistorische Konsequenzen ihn vollends vereiteln. Wären es nur die Hindernisse, die sich aus der selbstvergessenen Instrumentalisierung der Wissenschaft ergeben, so könnte das Denken über gesellschaftliche Fragen wenigstens an die Richtungen anknüpfen, die zur offiziellen Wissenschaft sich oppositionell verhalten. Aber auch diese sind vom Gesamtprozeß der Produktion ergriffen. Sie haben sich nicht weniger verändert als die Ideologie, der sie galten. Es widerfährt ihnen, was dem triumphierenden Gedanken seit je geschehen ist. Tritt er willentlich aus seinem kritischen Element heraus als bloßes Mittel in den Dienst eines Bestehenden, treibt er wider Willen dazu, das Positive, das er sich erwählte, in ein Negatives, Zerstörerisches zu verwandeln.« (1971:1f.)

Trotz des mit geschichtsphilosophischem Pathos vorgetragenen politisch-historischen Anspruchs konnten Horkheimer und Adorno die praktisch-politische Rolle ihrer Theoriebildung – unter solchen Öffentlichkeitsbedingungen – nur noch negativ bestimmen. Schon 1939 hatte Horkheimer formuliert:

»Die Verwirrung ist so allgemein geworden, daß der Wahrheit um so größere praktische Würde zukommt, je weniger sie auf eine vermeintliche Praxis hinschielt. Es bedarf der theoretischen Einsicht und ihrer Übermittlung an solche, die schließlich einmal vorangehen können. Der Optimismus des politischen Aufrufs entspringt heute der Mutlosigkeit.« (ZfS 8, 1939:135)

Da aber ein solcher prospektiver Träger der Theorie nicht in Sicht ist, kann ihre Eignung zur Orientierung politischen Handelns nur noch negativ bestimmt werden, und zwar in der Form der Abwehr politischer Instrumentalisierung von Theorie überhaupt. Zur Einleitung der »Kritik der Instrumentellen Vernunft« schreibt Horkheimer 1945:

»Dabei versucht der Autor nicht, so etwas wie ein Aktionsprogramm zu erörtern. Im Gegenteil, er glaubt, daß die moderne Neigung, jeden Gedanken in Aktion zu übersetzen oder in aktive Abstinenz von der Aktion, eines der Symptome der gegenwärtigen Kulturkrise ist: die Aktion um der Aktion willen ist dem Denken um des Denkens willen keineswegs überlegen, sogar unterlegen.« (1974:14)

Diese Option für ein an politische Aktion nicht anknüpfbares, rein theoretisches Denken, diese eindeutige Präferenz für ein – gegenüber dem politischen Aktionismus – selbstgenügsames Denken ist Ausdruck einer Selbsthypostasierung theoretischer Arbeit, die, weil sie keinen politischen Adressaten mehr hat, nur noch auf sich selbst verwiesen ist. Wenn in den Texten der vierziger Jahre noch von einer (para-) politischen Praxis ihrer Theoriebildung die Rede ist, dann programmatisch nur in der Form philosophischer »Rede« oder des kulturkritischen »Worts«, das nur noch sich selbst als Echo hat.

Diese eher intelligible Form einer Praxis von Theorie ist von Horkheimer und Adorno explizit formuliert worden, und zwar in einer sprachphilosophischen Reflexion, genauer: einer Reflexion des Verhältnisses von Philosophie, Sprache und Wahrheit. Diese sehr unsystematischen Überlegungen bilden in der Immanenz der Theorie die positive Folie, vor der die kulturindustrielle Instrumentalisierung von Sprache kritisiert wird. Zugleich sind sie unmittelbar veranlaßt worden von der offenbar traumatischen Erfahrung faschistischer Propagandasendungen. Horkheimer schreibt in einem Brief vom 21. Juli 1940 an Pollock:

»Auf der Fahrt hierher habe ich Hitlers Rede gehört. Sein Wort dringt über die Ebenen und Meere der Welt, es dringt in die fernsten Gebirgstäler. Aber ich habe so stark gefühlt, daß es eben kein Wort ist, sondern eine Naturkraft. Das Wort hat mit Wahrheit zu tun, dies aber ist ein Kriegsmittel, es gehört zur glänzenden Rüstung von Marsmännern.« (Pollock-Archiv)

Aber, so der Gedankengang, gerade durch dessen massiven propagandistischen Mißbrauch gewinnt eine nicht für Herrschaftszwecke instrumentalisierte, rein theoretische Sprache wieder an politischem Gewicht, auch wenn die, die ihrer noch mächtig sind, vereinzelt, isoliert und einflußlos sind. In dem Aufsatz »Autoritärer Staat« (1942) schreibt Horkheimer:

»Der Vereinzelte aber, der von keiner Macht berufen und gedeckt ist, hat auch keinen Ruhm zu erwarten. Dennoch ist er eine Macht, weil alle vereinzelt sind. Sie haben keine Waffe als das Wort. Je mehr es von den Barbaren drinnen und den Kulturfreunden draußen verschachert wird, um so mehr kommt es wieder zu Ehren... Im Verrat der Sprache am Verkehr kündigt sich ihr Ernst aufs neue an.« (1972:30)

Die extreme Instrumentalisierung von Sprache in der faschistischen Propaganda verweise via negationis auf die Idee einer ›reinen‹ Sprache, eines nur bedeutenden, nicht aber handlungsmotivierenden Worts. Hinter dieser Vorstellung einer reinen Sprache, des nicht für Manipulationszwecke mißbrauchten Worts, steht die antike Auffassung von Wahrheit als der Identität von Namen und Sache, von Wort und Ding, die zu dechiffrieren Aufgabe von Philosophie sei. Horkheimer:

»Philosophie ist die bewußte Anstrengung, all unsere Erkenntnis und Einsicht zu einer sprachlichen Struktur zu verknüpfen, in der die Dinge bei ihrem rechten Namen genannt werden.« (1974:167)

Die Rationalisierung von Sprache im Zuge der Aufklärung und erst recht ihre massenkommunikative Zurichtung in Propaganda und Kulturindustrie habe Erfahrungsschichten verschüttet, die in der unmittelbaren Identität von Wort und Gehalt – z. B. in Worten wie »Wehmut«, »Geschichte«, »Geduld« – noch angelegt war (vgl. Adorno/Horkheimer 1971:147). Die Zeichentheorie von Sprache gilt ihnen als innertheoretischer Reflex für den Prozeß des Auseinandertretens von Wort undGehalt, der das Wort zum bloßen Zeichen, zur »Formel« fixiert. Für »das Wort, das nur noch bezeichnen, aber nichts mehr bedeuten darf« (a.a.O.), finden sich die schlagendsten Beispiele in Kulturindustrie und faschistischer Propaganda:

> »Der Linksaußen beim Fußball, das Schwarzhemd, der Hitlerjunge und ihresgleichen sind nichts mehr als das, was sie heißen. Hatte das Wort vor seiner Rationalisierung mit der Sehnsucht auch die Lüge entfesselt, so ist das rationalisierte zur Zwangsjacke geworden für die Sehnsucht mehr noch als für die Lüge.« (1971:148)

Auf die Nähe dieser sprachtheoretischen Überlegungen zu der Sprachtheorie Walter Benjamins, die dieser in dem Aufsatz »Die Aufgabe des Übersetzers« entwickelt hat, hat Jay hingewiesen (1976:306). Benjamin geht von der Differenz einer göttlichen und einer menschlichen Sprache aus. Die göttlichen Namen waren mit dem Wesen der bezeichneten Dinge identisch, während das Adäquatheitsverhältnis der menschlichen Worte gegenüber den Dingen ein unvollkommenes ist. »Aufgabe des Übersetzers« ist es, die Elemente der göttlichen Sprache in der menschlichen zu identifizieren und diese mit jener zu vermitteln. Analog ist es für Horkheimer und Adorno Aufgabe der Philosophie, die durch die Ablösung der Worte von ihrem Gehalt verschütteten Wahrheitspotentiale von Sprache zu dechiffrieren. Diese Hermeneutik der in Kulturindustrie und Propaganda verstümmelten Sprache betrachteten Horkheimer und Adorno als die politische Praxis ihrer Theorie – und zwar als die in der gegebenen historischen Situation einzig mögliche und adäquate.

3.3. Theoretische Position 1940–1945

3.3.1. Theoriepolitische und -geschichtliche Positionsbestimmung

Die Begriffe »Materialismus« und »kritische Theorie« waren zwischen 1932 und 1937 und dann von 1937 bis 1939/40 Namen für die theoriepolitische Gesamtorientierung des Frankfurter Kreises

Beide Entwicklungsabschnitte des Theoriebildungsprozesses waren eingeleitet worden durch Programmaufsätze Horkheimers, in welchen er jene Programmbegriffe entfaltete, die dann in zahlreichen Einzelarbeiten von Mitgliedern des Kreises wieder auftauchten. Eine so prägnant identifizierbare Theoriepolitik gibt es im folgenden, jetzt thematisierten Entwicklungsabschnitt nicht mehr.

Erstens gibt es keinen prägnanten Programmnamen mehr für die theoriepolitische Gesamtorientierung. Daher führen wir für diese in Anlehnung an den deutschen Titel von »Eclipse of Reason« die Bezeichnung »Kritik der instrumentellen Vernunft« ein. Zwar wird der Begriff der »kritischen Theorie« in den Schriften der frühen vierziger Jahre noch verwendet (bes. in Band 9 der SPSS), aber mit – gegenüber 1937 – gänzlich verschiedenen Konnotationen. Wenn der Begriff in der »Dialektik der Aufklärung« und in »Eclipse of Reason« überhaupt noch auftaucht, dann als weitgehend bedeutungsidentisch mit dem der »Philosophie«.

Zweitens gibt es keine diesen dritten Entwicklungsabschnitt einleitende Programmschrift Horkheimers und auch keine eindeutig identifizierbare Zäsur zwischen dieser und der vorhergehenden Phase. Die bündigste Ausformulierung der Theorieentwicklung in den vierziger Jahren findet sich 1944 in der »Dialektik der Aufklärung«; aber die dort entfalteten Motive deuten sich bei Horkheimer und Adorno schon 1939 an, am deutlichsten noch in Horkheimers »Vernunft und Selbsterhaltung« von 1942.

Drittens ist das Maß der kollektiven Zurechenbarkeit von einzelnen Texten aus der theoretischen Arbeit des Kreises in den vierziger Jahren ungleich geringer als in den dreißigern. Dennoch ist z. B. die »Dialektik der Aufklärung« nicht nur der Koautorschaft Horkheimers und Adornos entsprungen. Dieses Buch ist Dokument eines intensiven Arbeits- und Diskussionszusammenhangs, an dem anfänglich Marcuse und Löwenthal teilgenommen haben und dessen Resultate mit Pollocks staatstheoretischen Vorstellungen auffällig übereinstimmen.

Der »Materialismus« und die »kritische Theorie« hatten hinsichtlich ihrer Selbstzurechnung zu einer gegebenen theoriepolitischen Tradition und deren jeweils zeitgenössischer Gegnerschaftskonstellation eine prägnante geistespolitische Identität. In der von uns sogenannten Phase der »Kritik der instrumentellen Vernunft« gibt es in der Optik ihrer eigenen Position keine geistespolitische Tradition mehr, auf die sie sich noch positiv beziehen könnte. Unscharf wird ihre Identität weiterhin auch deshalb, weil ihr Feindbild umfassend und universal geworden ist. Feindbild, d. h. zentraler Kritikgegenstand ist nämlich nicht mehr und nicht weniger als die abendländische Vernunfttradition überhaupt von ihren frühgeschichtlichen, mythologischen Anfängen bis zur Gegenwart des von den Faschisten entfesselten Weltkrieges. Nach Horkheimer/Adorno bietet gerade die faschistische Ära die welthistorische Chance zur Einsicht in die Pathogenese abendländischer Vernunfttradition:

»Unter der gegebenen Geschichte Europas läuft eine unterirdische. Sie besteht im Schicksal der durch Zivilisation verdrängten und entstellten menschlichen Instinkte und Leidenschaften. Von der faschistischen Gegenwart aus, in der das Verborgene ans Licht tritt, erscheint auch die manifeste Geschichte in ihrem Zusammenhang mit jener Nachtseite.« (1971:207)

Diese Argumentation ist übrigens in der Struktur der von Marx analog, daß erst vom Zenit eines voll entwickelten Kapitalismus her auch die vorkapitalistischen Produktionsweisen theoretisch greifbar werden.

Die in den Texten sowohl des »materialistischen« Entwicklungsabschnitts als auch in dem der »kritischen Theorie« häufig entwikkelte Argumentation gegen eine Trennung von Natur und Geschichte, der gemäß Natur für die Menschengattung immer nur thematisch wird im Horizont gesellschaftsspezifisch organisierter Arbeit, wird nun radikalisiert und historisch entrelativiert. Radikalisiert derart, daß nicht mehr wie in der Marxschen Theorie die durch Produktionsweisen historisch ausgegrenzten Epochen den eigentlichen Gegenstand der Theorie bilden, sondern vielmehr der als Gesamtheit genommene welthistorische Prozeß menschlicher Naturauseinandersetzung überhaupt. Und historisch entrelativiert derart, daß über alle historisch ausmachbaren Organisationsformen menschlicher Arbeit hinaus die Natur selbst als Quasisubjekt, als alter ego der Menschengattung aufgefaßt wird, von der eben diese Gattung sich durch technische Ausbeutung zum Zweck ihrer Selbstreproduktion immer mehr entfremdet hat. Horkheimer und Adorno deuten den Anfang der Geschichte, die Konstitution der Gattung als Akt menschlicher Selbstermächtigung gegenüber der Natur, als gewaltsame Ausgrenzung eines Moments ihrer selbst aus dem bis dahin mit sich organisch identischen Naturzusammenhang. Technik und Technologie als systematisierte Form produktiver Selbstbehauptung der Gattung gegenüber der Natur gilt Horkheimer und Adorno keineswegs – wie in der gesamten neuzeitlichen Vernunfttradition – als Vehikel des Fortschritts, sondern als das einer welthistorischen Regression. Habermas hat auf den mystischen, altjüdischen Kontext verwiesen, in dem eine solche Naturauffassung steht und die Adorno/Horkheimer übrigens mit anderen spekulativen Marxisten wie Bloch oder Walter Benjamin teilen.[39] In der impliziten Anknüpfung an diesen Topos steckt die nicht explizit gemachte Resignation über die Marx/Engelssche Prognose, daß die Emanzipation der Menschengattung durch die Perfektionierung der Herrschaft über Natur zu erreichen sei. Der Anspruch der industriellen Epoche, sich durch das technologische Entwicklungsniveau von der Herrschaft der Natur emanzipiert zu haben, wird selbst als tiefste Natur*verfallenheit* interpretiert. Das Primat des Geistes über die Natur in der alteuropäischen Vernunfttradition wird damit dialektisch gegen sie selber gekehrt: eine Vernunft, die sich auf die bloße Perfektionierung von Selbsterhaltungstechniken beschränkt, gehöre noch selbst der Natur zu, welche die Vernunft lediglich für ihre eigene Summenkonstanz instrumentalisiert. Diese Kritik technischer Naturbeherrschung ist programmatisch-integrierendes Motiv aller Detailanalysen in der »Dialektik der Aufklärung« und anderer Schriften in den vierziger Jahren. Horkheimer:

»Eine philosophische Konstruktion der Weltgeschichte hätte zu zeigen, wie sich trotz aller Umwege und Widerstände die konsequente Naturherrschaft immer entschiedener durchsetzt und alles Innermenschliche integriert. Aus diesem Gesichtspunkt wären auch Formen der Wirtschaft, der Herrschaft, der Kultur abzuleiten.« (1971:200)

Die Entfaltung dieser Gesichtspunkte speziell in der »Dialektik der Aufklärung« und in der »Kritik der Instrumentellen Vernunft« ist nun weit weniger systematisch, als jene Formulierung erwarten läßt. Unentwirrbar wird in diesen Schriften als eines gedacht:

– die am Anfang aller Geschichte stehende Konstitution der Menschengattung als gewaltsame Ausgrenzung aus dem Naturzusammenhang und dessen produktive »Ausbeutung« zum Zweck der Selbstreproduktion;

– die Reproduktion dieser der »ersten Natur« zugefügten Herrschaft in der »zweiten Natur«, d. h. in den gesellschaftlichen Organisationsformen der Naturbeherrschung; die Perfektionierung technologischer Naturbeherrschung in der Neuzeit und im Industriezeitalter äußert sich politisch in der Totalisierung politischer Repression, deren extremste und fortgeschrittenste Form der Faschismus ist;

– die Konstitution des personalen Selbst über die Beherrschung seiner inwendigen Natur. Diese Denkfigur wird auf phylogenetischer und ontogenetischer Ebene entwickelt. Phylogenetisch hängt für Horkheimer und Adorno die Entwicklung neuzeitlicher Subjektivität mit der technischen Entfesselung bürgerlicher Produktionsweise zusammen; und ontogenetisch: das basale Kriterium gelungener Sozialisation in der abendländischen Erziehungstradition ist die Fähigkeit des Individuums, die Ansprüche seiner internen Biologie zu domestizieren;

– die Deformation jedweder kognitiver Weltorientierung. Die unterdrückte Natur reproduziert sich gerade in dem Medium, das der abendländischen Vernunfttradition als ihr äußerstes Gegenteil gilt, im Geist selber. Das zeigt sich für Adorno und Horkheimer nicht erst an der abendländischen Philosophie und Wissenschaft, sondern schon in den frühgeschichtlichen Formen menschlicher Weltorientierung, an der Magie, der Mythologie, Theogonie und Theologie. Zur Kennzeichnung der Pathogenese abendländischer Vernunftformen von ihren frühgeschichtlichen Anfängen bis hin zur Kulturindustrie verwenden sie in metaphorischer Generalisierung den Begriff der »Aufklärung«. Dieser Begriff steht Max Webers »Rationalisierung« nahe sowie Lukács' Verwendung des Begriffs »Verdinglichung«, mit dem er sich ja seinerseits auf Weber bezogen hatte. Alle geschichtlichen Formen kognitiver Weltorientierung hatten nach Horkheimer/Adorno die Funktion der politischen Integration von Gesellschaft. Als prägnantes Dokument dieser These gilt Horkheimer z. B. die Logik. Unter Bezugnahme auf Durkheims wissenssoziologische Analyse der Klassifikationsschemata von Primitiven legt er dar, daß sich in den Hierarchien logischer Ordnungssysteme gesellschaftliche Herrschaftsverhältnisse widerspiegeln (vgl. 1974:105).

Diese allen kognitiven Systemen abendländischer Geschichte inhärente Tendenz, Instrumente zu politischer Integration und Repression zu sein, wird greifbar in deren fortgeschrittensten Formen, der kulturindustriellen Massenkommunikation und der faschistischen Propaganda. In diesen – so die Beweisführung – ha die abendländische Vernunfttradition ihre zeitgemäße Gestalt gefunden.

In ihrer Kritik der Kulturindustrie formulieren sie die These, daß das Bewußtsein aller Gesellschaftsmitglieder so restlos durch die massenkommunikativ vorfabrizierte Realität besetzt sei, daß jede kognitive Leistung eines Individuums nur noch den Ratifikationsakt einer gesellschaftlich längst gefallenen Entscheidung vollziehe. Allen kognitiven Leistungen gegenüber sei die gesellschaftlich vorgängige Erfahrung so dominant, daß ihr Vollzug nur noch die Zugehörigkeit zum System abhake:

»Das Existieren im Spätkapitalismus ist ein dauernder Initiationsritus.« (1971:138)

Das ursprüngliche Verhältnis der Massenkommunikationsmittel zur sinnlich-produktiv erfahrbaren Realität habe sich ins Absurde verkehrt: boten Journale und Zeitungen im 19. Jahrhundert sowie Radio und Kino in den zwanziger Jahren unseres Jahrhunderts allenfalls Zusatzinformationen, Kommentare oder parodistische Verzerrungen der sinnlich greifbaren Realität, so ist nun im technologisch hochentwickelten Spätkapitalismus die kulturindustriell-massenkommunikative Reproduktion von Realität so umfassend, hermetisch und totalitär geworden, daß die sinnliche Erfahrung des Individuums die ihm vorgängige gesellschaftliche bloß noch illustriert.

Oben war bereits ausgeführt worden, daß Horkheimer und Adorno auch die Gesellschaftsordnungen der westlichen Alliierten für präfaschistisch gehalten haben. Ein deutliches Indiz für diese Einschätzung war ihnen die Nähe der allgegenwärtigen Werbung in den »restlichen Demokratien des Spätkapitalismus« zur faschistischen Propaganda:

»Die Anpreisung der immer gleichen Waren unter verschiedenen Markennamen, das wissenschaftlich fundierte Lob des Abführmittels in der geschleckten Stimme des Ansagers zwischen Traviata und Rienzi Ouvertüre ist allein schon wegen seiner Läppischkeit unhaltbar geworden. Endlich kann einmal das durch den Schein der Auswahlmöglichkeit verhüllte Diktat der Produktion, die spezifische Reklame, ins offene Kommando des Führers übergehen.« (1971:143)

3.3.2. Verhältnis zum Marxismus

Im Vorhergehenden ist schon deutlich geworden, daß Horkheimer und Adorno in den Schriften der vierziger Jahre aus der marxistischen Theorietradition ausscheren. Nicht mehr die gesellschaftlichen Verkehrsformen, in denen sich die Gattung in der Naturaneignung reproduziert, speziell die kapitalistische, bilden den eigentlichen Gegenstand der Theorie, sondern das welthistorische Drama der Auseinandersetzung von Gattung und Natur überhaupt. In den genannten Schriften wird auch jenes entscheidende utopische Motiv sozialistischer Philosophie aufgegeben, in der Emanzipation der Gattung von der Natur ein wesentliches Moment ihrer politischen Emanzipation zu sehen. Dagegen unterstellen Horkheimer/Adorno, daß die der »natura naturans« technisch zugefügte Herrschaft sich in den Institutionen und Bewußtseinsformen abendländischer Gesellschaften reproduziert. Das Ausscheren aus der marxistischen Theorietradition zeigt sich deutlich auch in der expliziten Abkehr von deren Methodik, der Ökonomiekritik. In der Darstellung der faschismustheoretischen Einschätzungen von Pollock, Horkheimer und Adorno ist deren Annahme entwickelt worden, daß politische Herrschaft im Faschismus bzw. im hochentwickelten Spätkapitalismus nicht mehr ökonomisch vermittelt sei und Gesellschaftsanalyse somit auch nicht mehr in ökonomiekritischer Methodik verfahren könne. Diese Abkehr von der Ökonomiekritik als dem orientierenden methodischen Paradigma von Gesellschaftstheorie ließe sich exemplarisch an Horkheimers Aufsatz »The Social Function of Philosophy« (SPSS 8), geschrieben Ende 1939, verfolgen. Der immer noch aufrechterhaltene Programmbegriff der Kritik und Dialektik wird nicht mehr – wie noch 1937 – am Paradigma der »Kritik der politischen Ökonomie« erläutert, sondern an den platonischen Dialogen. Daß so vielen Lesern der theoretischen Schriften der vierziger Jahre die dezidierte Abkehr von der marxistischen Theorietradition verborgen blieb, mag seine Ursache darin haben, daß die dargestellten Grundthesen nicht in einem expliziten Kritikzusammenhang an Marx entwickelt wurden. Die philologische Distanz zu seinen Schriften, die für alle Phasen der Theorieentwicklung des Frankfurter Kreises kennzeichnend war, verhinderte nach dem Ausscheren aus dieser Theorietradition noch einmal die Erkenntnis dieses Bruchs. Marx aus der Optik der »Kritik der instrumentellen Vernunft« zu kritisieren, blieb erst Schülern von Horkheimer und Adorno vorbehalten.[40] Unkenntlich blieb dieser Bruch weiterhin auch deshalb, weil Horkheimer und besonders Adorno marxianisierende Argumentationsformen beibehielten. Kurrent sind in der »Dialektik der Aufklärung« werttheoretische Argumentationsgänge. Nur ihr gänzlich verschobener Stellenwert in der Gesamtargumentation offenbart den Bruch mit Marxscher Theorie. Für Marx ist das Wertgesetz Elementarprinzip kapitalistischer Entwicklung, für Horkheimer und Adorno ist es *ein* – für die bürgerliche Gesellschaft in der Tat spezifisches – Integrationsprinzip instrumenteller Vernunft neben anderen, neben dem Prädikationsprinzip mathematisierter Wissenschaft, dem Totalitätsprinzip spätkapitalistischer Herrschaftsformen, dem Konformitätszwang der Kulturindustrie und dem biographischen Identitätszwang für Individuen.[41] Dieser synchronen Relativierung des Wertgesetzes entspricht auch noch eine diachrone, etwa wenn Horkheimer und Adorno in subtilen Analysen den modernen Tausch als Säkularisat des magischen Opfers darstellen (1971:44, 47) oder wenn Horkheimer in der Explikation des Begriffs »Verdinglichung« die in diesem Begriff angesprochene Formalisierung der Vernunft auf die Anfänge des organisierten Gebrauchs von Werkzeugen zurückführt und nicht mehr wie Marx als kognitives Folgeproblem der Wertabstraktion in der bürgerlichen Gesellschaft denkt.

3.3.3. Verhältnis von Philosophie und Wissenschaft

In den Schriften der vierziger Jahre identifizieren Horkheimer und Adorno die positiven Fachwissenschaften und ihre wissenschaftsphilosophische Legitimation – den Positivismus – unmittelbar mit ihrer – und sei's noch so vermittelten – produktionstechnologischen Anwendung. Das klassische Marxsche Argument, daß wissenschaftliche Arbeit Moment im Prozeß gesellschaftlich organisierter Naturaneignung ist – dessen Reflexion die »kritische« Theorie von der »traditionellen« unterschied –, wird nun kritisch gegen die positiven Wissenschaften selbst gewendet. Wissenschaftliche Theorie – im emphatischen Sinne des Wortes – hätte noch gar nicht stattgefunden, weil Theorie bis heute immer nur verlängerte technologische »Praxis«, Instrument der Naturaneignung gewesen sei. Wissenschaftliche Erkenntnisstrategien gelten

Horkheimer/Adorno als technische Werkzeuge in intelligibler Gestalt, sie sind Techniker der Naturbeherrschung in einem anderen Aggregatzustand. Die Zurichtung von Erkenntnisgegenständen für die Experimentiertechniken der Natur-, aber auch der Sozialwissenschaften sowie die Logifizierung und Mathematisierung des Kategorieninventars wiederhole nur im Bereich der Wissenschaft die instrumentelle Zurichtung der Naturobjekte zur Selbstreproduktion der Gattung.

Dies begründet ihr Mißtrauen gegen eine aus den Impulsen der Fachwissenschaften gespeiste Theorie – die der »Materialismus« der frühen dreißiger Jahre noch programmatisch gefordert hatte. Wie in Erinnerung daran wird die »Dialektik der Aufklärung« u. a. mit den Sätzen eingeleitet:

»Hatten wir auch seit Jahren bemerkt, daß im modernen Wissenschaftsbetrieb die großen Erfindungen mit wachsendem Zerfall theoretischer Bildung bezahlt werden, so glaubten wir immerhin dem Betrieb so weit folgen zu dürfen, daß sich unsere Leistung vornehmlich auf Kritik oder Fortführung fachlicher Lehren beschränkte. Sie sollte sich wenigstens thematisch an die traditionellen Disziplinen halten, an Soziologie, Psychologie, Erkenntnistheorie ... Die Fragmente, die wir hier vereinigt haben, zeigen jedoch, daß wir jenes Vertrauen aufgeben mußten.« (1971:1)

Das für die theoriereflexive Orientierung von Horkheimer und Adorno seit 1940 konstitutive Mißtrauen gegen alle fachwissenschaftlichen Disziplinen erzwang eine Redefinition des Verhältnisses von Philosophie und Wissenschaft. War im »Materialismus« Philosophie noch das integrierende Medium fachübergreifender Theoriebildung und die Vereinigung von Philosophie und Wissenschaft programmatisch gefordert, war in der »kritischen Theorie« Marx' Ökonomiekritik die orientierende paradigmatische Einheit von Philosophie und Fachwissenschaft, so ist Philosophie nun mentales Reservat, kritische Insel, resistente Verkapselung gegen den instrumentalistischen Zeitgeist. Philosophie definiert ihre Rolle als eine, die Widerstand leistet gegen den Geist der Fachwissenschaften:

»Im Gegensatz zu ihren Verwaltern bezeichnet Philosophie mit anderem das Denken, sofern es vor der herrschenden Arbeitsteilung nicht kapituliert und seine Aufgaben von ihr vorgeben läßt. Das Bestehende zwingt die Menschen nicht bloß durch physische Gewalt und materielle Interessen, sondern durch übermächtige Suggestion. Philosophie ist nicht Synthese, Grundwissenschaft oder Dachwissenschaft, sondern die Anstrengung, der

Suggestion zu widerstehen, die Entschlossenheit zur intellektuellen und wirklichen Freiheit.« (1971:217)

3.3.4. Utopie

Der »Materialismus« der frühen dreißiger Jahre hatte sich als theoretische Unterstützung des revolutionären Kampfes verstanden. Sein utopischer Bezugspunkt war die Vergesellschaftung der Produktionsmittel gewesen. In der »kritischen Theorie« wurde dieser Bezugsrahmen abstraktifiziert. Utopie wurde nicht mehr »ausgemalt«; so trat an die Stelle von Planwirtschaftsforschungen die transzendentale Reflexion utopisch-handlungsleitender Ziele.

In dem Theoriebildungsabschnitt, den wir »Kritik der instrumentellen Vernunft« nannten, ist der Glaube an die Möglichkeit revolutionärer Gesellschaftsveränderung völlig aufgegeben worden. Der Gegenstand der Theorie war auch nicht mehr die Entwicklung kapitalistischer Gesellschaften mit ihren kulturellen und politischen Folgeproblemen, sondern der Prozeß menschlicher Naturauseinandersetzung überhaupt. Utopische Reflexionen können sich also nicht mehr auf die revolutionäre Umgestaltung kapitalistischer Gesellschaften beziehen. Der Verlust, den Utopie als politische Handlungsorientierung schon 1937 durch ihre »Transzendentalisierung« erfuhr, wird in den vierziger Jahren explizit. Die Überlegungen, die man in den einschlägigen Schriften als utopiebezogen charakterisieren kann, sind nur noch Reflexionen der Möglichkeitsbedingungen eines nicht-technischen, nicht-instrumentalistischen Naturverhältnisses. Da es ein ›anderes‹ empirisch-historisch identifizierbares Naturverhältnis nicht gibt, können die utopischen Reflexionen in der »Dialektik der Aufklärung«, der »Kritik der instrumentellen Vernunft« und in den »Minima Moralia« nur die Form der Symbolisierung vorgeschichtlicher Imagines annehmen, d. h. bildhafter Imaginationen eines Naturverhältnisses, in dem Selbsterhaltung und Naturunterdrückung entkoppelt sind. Diese ins kollektive Unbewußte der Gattung verbannten Inhalte werden für Horkheimer/Adorno identifizierbar in Symbolisierungen wie denen der Lotosblumenesser in der Odyssee (1971:58), der Sitte des Blumenessens im Nahen Osten, im Früchtesammeln der Primitiven, in der blinden intentionslosen somatischen Lust (Adorno, 1964:72). Adorno hat in den »Minima

Moralia« selbst eine solche Imago entworfen und theoretisch reflektiert:

»Rien faire comme une bête, auf dem Wasser liegen und friedlich in den Himmel schauen, sein, ›sonst nichts, ohne alle weitere Bestimmung und Erfüllung‹, könnte an die Stelle von Prozeß, Tun, Erfüllen treten und so wahrhaft das Versprechen der dialektischen Logik einlösen, in ihren Ursprung zu münden.« (1971:208)

Neben diesen utopischen Reflexionen als Imaginationen eines nicht-ausbeutenden Naturverhältnisses gibt es besonders in den »Minima Moralia« Ansätze zu einer Theorie der Erkenntnis utopischer Gehalte. Deren Grundgedanke ist prägnant zu kennzeichnen durch das Zitat des Programmspruchs, den Adorno seinen Aufzeichnungen des Jahres 1945 in den »Minima Moralia« vorangestellt hat:

»When everything is bad
it must be good
to know the worst.« (1964:103)

Utopische Bilder entspringen dialektisch aus den negativsten Momenten einer als Verhängnis erfahrenen Wirklichkeit. Utopische Bilder sind zu gewinnen aus der dialektischen Verkehrung der negativsten Momente einer negativen historischen Realität. Diese paradoxe Reflexionsform von Utopie hat Adorno in dem Aphorismus »Zum Ende« der Philosophie als Aufgabe gestellt:

»Philosophie, wie sie im Angesicht der Verzweiflung einzig noch zu verantworten ist, wäre der Versuch, alle Dinge so zu betrachten, wie sie vom Standpunkt der Erlösung aus sich darstellten ... Perspektiven müßten hergestellt werden, in denen die Welt ähnlich sich versetzt, verfremdet, ihre Risse und Schründe offenbart, wie sie einmal als bedürftig und entstellt im Messianischen Lichte daliegen wird. Ohne Willkür und Gewalt, ganz aus der Fühlung mit den Gegenständen heraus solche Perspektiven zu gewinnen, darauf allein kommt es dem Denken an. Es ist das Allereinfachste, weil der Zustand unabweisbar nach solcher Erkenntnis ruft, ja weil die vollendete Negativität, einmal ganz ins Auge gefaßt, zur Spiegelschrift ihres Gegenteils zusammenschießt.« (1964:333 f.)

Utopisches Denken hätte nach Maßgabe dieses Postulats in den faschistischen Gesellschaftsverhältnissen die ›Spiegelschrift‹ der richtigen Gesellschaft zu dechiffrieren, hätte den Faschismus zu analysieren als die Negativfolie utopisch antizipierbarer Gesellschaft. Adorno/Horkheimer:

»Sein Grauen (des Faschismus, H. D.) ist das der offenkundigen und doch fortbestehenden Lüge. Während es keine Wahrheit zuläßt, an der es gemessen werden könnte, tritt im Unmaß seines Widersinns die Wahrheit negativ zum Greifen nahe, von der die Urteilslosen einzig durch die volle Einbuße des Denkens getrennt zu halten sind.« (1971:186)

4. Zusammenfassung

4.1. Historisch-politische Erfahrung

Innerhalb des historisch-politischen Erfahrungsraums des Frankfurter Kreises haben wir drei Bereiche unterschieden: (a) die deutsche Arbeiterbewegung, (b) die Entwicklung des Sozialismus in der UdSSR, (c) die Entwicklung des Faschismus in Deutschland und autoritärer Tendenzen in spätkapitalistischen Gesellschaften.

(a) Der Niedergang der Arbeiterbewegung am Ende der Weimarer Republik war die ›Urszene‹, auf welche die politisch-biographische Reflexion des Frankfurter Kreises bis 1945 immer wieder Bezug genommen hat. Die Form dieses Bezuges wurde indes im Verlauf der späten dreißiger und vierziger Jahre immer unspezifischer, pauschaler und generalisierender. Stand am Beginn der Theoriebildung des Kreises, also in den Schriften, die synchron waren mit dem historischen Kontext, auf den sie sich bezogen, eine noch relativ detaillierte Analyse der Politik von KPD und SPD, so werden in der apokalyptischen Optik von 1944 Politikorientierung und Organisationsstruktur aller deutschen und europäischen sozialistischen Parteien pauschal miteinander identifiziert.

(b) Diese Einschätzung der Bedingungen sozialistischer Politik war mitbeeinflußt von der Wertung der Entwicklung des Sozialismus in der Sowjetunion. In den frühen Schriften ist eine kritische Solidarität mit der sowjetischen Politik erkennbar. In den Programmschriften Horkheimers und Marcuses von 1937 tritt an die Stelle dieser abwartenden Skepsis eine kritisch ablehnende Haltung, die sich jedoch nicht eindeutig einzelnen zeitgenössischen Ereignissen sowjetischer Politik zurechnen ließ. Ohne den Namen »UdSSR« explizit zu nennen, wird am Verlauf der russischen Revolution demonstriert, daß die Verstaatlichung der Produktionsmittel nur eine negative Vorbedingung der Schaffung sozialistischer Verhältnisse ist. In den Schriften der vierziger Jahre wird der Stalinismus offen und in aller Schärfe kritisiert. Horkheimer rückt das bolschewistische Gesellschaftssystem in die Nähe des faschistischen, ohne indes die Totalitarismusthese explizit zu formulieren.

(c) Erst in den vierziger Jahren ist der Nationalsozialismus im Institut umfassend und systematisch koordiniert erforscht worden. Die These, daß der Faschismus die dem entwickelten Monopolkapitalismus angemessene politische Form sei, wurde von Marcuse und Pollock schon 1934 formuliert. Diese Theorie determinierte auch den Zeithorizont der Wahrnehmung der nationalsozialistischen Epoche. Der Januar 1933 galt dem Frankfurter Kreis nicht als die Zäsur, als die er uns heute erscheint. Die letzten Jahre der Weimarer Republik und die ersten des Nationalsozialismus waren aus der Perspektive jener Theorie ein Kontinuum. Bis ca. 1940 hat sich an dieser theoretischen Einschätzung nicht viel geändert; in »Die Juden in Europa« (1939) ist sie präzisiert und differenziert worden. Die Briefe aus den Jahren 1937 bis 1940 offenbaren die theoretisch noch nicht eingeholte Ahnung von einer im Faschismus sich durchsetzenden apokalyptischen Tendenz. In den philosophischen Schriften der vierziger Jahre wird dann das faschistische Zeitalter zum historischen Bezugshorizont einer umfassenden Kultur- und Geschichtstheorie. Relativ unvermittelt stehen daneben die zahlreichen eher empirisch orientierten Einzelarbeiten über kulturelle, politische, rechtliche und ökonomische Aspekte des nationalsozialistischen Systems, deren Stellenwert für eine umfassende Faschismustheorie innerhalb des Kreises allerdings kontrovers geblieben ist.

4.2.1. Subjekt und Adressat der Theorie

Es ist ein klassischer Topos sozialistischer Intelligenz, daß letztlich das Proletariat selbst Subjekt und Träger revolutionärer Theorie sei. Lukács' These von der spekulativen Identität von Marxscher Theorie und proletarischem Klassenbewußtsein hatte diesen Topos prägnant zugespitzt. Aus dieser politischen Selbstverständigungstradition sozialistischer Intelligenz bricht Horkheimer aus, zunächst durch eine Psychologisierung der Klassenbewußtseinstheorie. Doch auch diese war offenbar nicht haltbar, hatte doch nicht zuletzt die im eigenen Institut angestellte Arbeiter- und Angestelltenerhebung ergeben, daß nur ein kleiner Teil des deutschen Proletariats dem analytisch konstruierten »revolutionären« Typus zuzurechnen war.

Das politische Selbstverständnis des Frankfurter Kreises ist von nun an durch die – im Verlauf der dreißiger Jahre immer mehr radikalisierte – Grundauffassung gekennzeichnet, daß das Klassenbewußtsein des Proletariats und die theoretische Arbeit revolutionärer Intellektueller nicht mehr miteinander vermittelt sind. Der

Theoretiker kann sich dem Proletariat nicht mehr existentiell zugehörig fühlen, sondern nur noch kraft seiner eigenen moralischen Dezision. Das Proletariat bleibt freilich Adressat der Theorie. Die ihm unterstellten ›objektiven‹ Interessen bilden für den Intellektuellen die Relevanzvorlage für seine Arbeit. In den Schriften der späten dreißiger Jahre, die wir zu der Gruppe der »Kritischen Theorie« zusammengefaßt haben, wird die Tendenz zur Selbstmarginalisierung des Frankfurter Kreises gegenüber dem Proletariat noch radikalisiert. Horkheimer kritisiert scharf die Prinzipien ›luxemburgistischer‹ Intelligenz: die Weiterentwicklung der auf die aktuelle Lage des Proletariats zugeschnittenen materialistischen Theorie müßte notfalls auch gegen dessen empirisches Bewußtsein vorgenommen werden. Das Proletariat sei eben nicht mehr das Subjekt der ihrer historischen Lage adäquaten theoretischen Orientierung. Die Subjektstelle revolutionärer Theorie wird 1937 neu besetzt. An die Stelle des Proletariats treten die »Subjekte des kritischen Verhaltens«. Diese sind charakterisierbar durch ihre marginale Position nicht nur gegenüber den autoritären Gesellschaften, sondern auch gegenüber den proletarischen Massenorganisationen. Marginalität ist überhaupt die Bedingung der Möglichkeit für theoretisch-politische Arbeit. Die »Subjekte des kritischen Verhaltens« werden nicht eindeutig identifiziert. Einige sehr zugespitzte Äußerungen Horkheimers in Briefen und Aufsätzen legen die Deutung zumindest nahe, daß er sich selbst und seinen Mitarbeiterkreis mit dem potentiellen Subjekt historischer Wahrheit identifiziert hat.

In den Schriften der vierziger Jahre wird als evident unterstellt, daß die spätkapitalistische Kulturindustrie und der faschistische Propagandaapparat die Chancen der politisch folgenreichen Ausbildung von Klassenbewußtsein völlig unmöglich gemacht haben. Das Proletariat könne in keiner noch so vermittelten Weise Subjekt theoretischer Orientierung sein. Aber auch die marginalen Gruppen als die – unter den historischen Bedingungen der autoritären Staaten – authentischen Produzenten revolutionärer Theorie werden nicht mehr genannt. Jetzt seien nur noch politisch völlig isolierte, unorganisierte, einsame Individuen fähig, Kollektivinteressen theoretisch zu vertreten. Der Frankfurter Kreis oder wenigstens Adorno und Horkheimer haben nach ihrer eigenen Deutung jeden empirischen Adressaten ihrer theoretischen Arbeit aus dem Blick verloren.

4.2.2. Theorie und Praxis

In den frühen dreißiger Jahren hat Horkheimer immer wieder darauf insistiert, daß die mit den zeitgenössischen wissenschaftlichen Mitteln optimal erreichbare Gesellschaftstheorie unabdingbare Voraussetzung für den erfolgreichen politischen Kampf sei. Konsequent schrieb er nur solchen politischen Gruppen die Kraft für eine revolutionäre Veränderung zu, bei denen theoretische Orientierung zur primär handlungsbestimmenden geworden ist. Zugleich plädiert er für eine relative Entkoppelung von wissenschaftlicher Theoriebildung und praktischer Politik: die politische Praxis dürfe nicht die einzige Verifikationsinstanz der Theorie sein. Die Möglichkeitsbedingungen für die revolutionäre Veränderung einer historischen Situation könnten zwar nach Maßgabe wissenschaftlicher Kriterien entschieden werden; solche theoretischen Entscheidungen verbürgten indes nicht bereits den Erfolg einer darauf basierenden politischen Aktion. Eine Theorie könne wissenschaftlich ›richtig‹ sein, auch wenn die, die sich an ihr orientieren, im politischen Kampf unterlegen sind. Dies betonen Horkheimer und Marcuse vor dem Hintergrund der nationalsozialistischen Machtergreifung.

In der Programmschrift von 1937 findet sich die einzige organisationstheoretische Theorie/Praxis-Verknüpfung des gesamten Berichtszeitraums. In dieser Reflexion Horkheimers wird das Verhältnis von kritischer Intelligenz und proletarischer Klasse als das einer »dynamischen Einheit« dargestellt, die garantieren soll, daß auch eine radikale Selbstmarginalisierung der Intellektuellen gegenüber dem Proletariat in dessen objektivem Interesse geschieht.

Zentraler Gegenstand der Schriften zwischen 1937 und 1939/40 ist die Kritik der in der bürgerlichen Wissenschaft normativ festgehaltenen Indifferenzschwelle von Wissenschaft und Politik. Dagegen geht kritische Wissenschaft forschungsprogrammatisch wie ideologiekritisch davon aus, daß auch dem kognitiven Instrumentarium der Wissenschaften politische Dezisionen inhärent sind. Die normative Verpflichtung von Wissenschaft auf die Orientierung politischen Handelns wird begründet im Rahmen der theoretischen Annahme, daß Wissenschaft nur ein Moment im gesellschaftlichen Arbeitsprozeß sei. Weil sie diesem Prozeß zugehört, sei sie auch verpflichtet, über seine politische Organisation zu reflektieren. Von dieser bis ca. 1938 relativ kontinuierlich entwikkelten, viele Einzelmomente umgreifenden Theorie des Verhältnisses von wissenschaftlicher Theorie und revolutionärer Praxis rücken die Schriften der vierziger Jahre ab. In ihren programmatischen Schriften sehen Horkheimer und Adorno den politischen Erfolg einer Theorie, die ja ihre Praxis zunächst darin hätte, daß sie die Massen ergreift, durch die Integration des Proletariats in den spätkapitalistischen Herrschaftszusammenhang verhindert. Unter den Öffentlichkeitsbedingungen von Kulturindustrie und faschistischer Propaganda können Adorno und Horkheimer die politische Rolle von Theorie nur noch negativ formulieren; sie besteht darin, reflektierte Kritik kurzschlüssiger politischer Instrumentalisierungen von Theorie zu sein.

4.3.1. Definition der theoretischen Position

Der Name für die theoriepolitische Orientierung des Kreises in den frühen dreißiger Jahren war der des »Materialismus«. Die Verwendung dieses Programmnamens ist kein bloßes Zugehörigkeitssignal zur antiidealistischen Theorietradition. Die Selbstzurechnung zu dieser Tradition geschieht ineins mit ihrer spezifischen interpretativen Stilisierung in der ausgeführten Theorie selber. Die Stilisierung der alteuropäischen »materialistischen« Tradition ist durch die Unterstellung gekennzeichnet, daß es schon seit der Antike eine in ihren Inhalten variierende, aber in ihrer jeweiligen kritisch-aufklärerischen Funktion identische »materialistische« Position gibt. Ihre aktuelle Erscheinungsform sei die (freilich ›richtig‹ interpretierte) Marxsche ökonomische »Theorie der Gesellschaft«. Doch auch diese könne angesichts veränderter historisch-gesellschaftlicher Umstände obsolet werden. Dieser forcierte, auf die Inhalte von Theorien – nicht ihre politischen Funktionen – bezogene Relativismus richtet sich gegen die Hegelsche Identitätsphilosophie. Mehr noch als deren erkenntnistheoretische Problematik wird die geschichtsphilosophische Subjekt/Objekt-Identifikation kritisiert, der die ideologische Tendenz implizit sei, dem historischen Prozeß ein Supersubjekt zu substituieren. Diese Kritik richtete sich nicht nur gegen Lukács, sondern auch gegen die Hypostasierung kollektiver Identitäten in der bürgerlichen und im engeren Sinne präfaschistischen Philosophie der Weimarer Republik.

Der Begriff der »kritischen Theorie« ist erst 1937 in der Programmschrift »traditionelle und kritische Theorie« eingeführt worden. »Kritische Theorie« ist zunächst nur ein von Horkheimer und Marcuse neu eingeführter Name für die marxistische Theorietradition; zugleich aber auch der Name für die theoriepolitische Orientierung des Kreises selbst und schließlich Demonstration des Anspruchs, in der marxistischen Tradition deren authentische Intentionen zu vertreten. Der Gegenbegriff der »kritischen Theorie« ist der der »traditionellen Theorie«. Mit diesem Begriff kennzeichnet Horkheimer die Theoriebildung in der gesamten neuzeitlichen naturwissenschaftlich orientierten Wissenschaft. Ihr kennzeichnendes Merkmal sei die starre Trennung des wissenschaftlichen Objekts vom betrachtenden Subjekt. Dagegen geht die kritische Theorie davon aus, daß Subjekt und Objekt wissenschaftlicher Handlungen gesellschaftlich konstituiert sind. Gegenstände und Relevanzstrukturen wissenschaftlicher Arbeit könnten nur im Zusammenhang des gesellschaftlichen Reproduktionsprozesses zureichend verstanden werden. Aus dieser Selbstverortung der kritischen Theorie leitet sich auch ihre Verpflichtung zu politischer Reflexivität ab. Ihre politische Aufgabe sei es, die »vernünftige Organisation des gesellschaftlichen Arbeitsprozesses« theoretisch vorzubereiten.

In den vierziger Jahren gibt es keinen prägnanten Programmnamen mehr für die Gesamtorientierung des Kreises. Deren theoriepolitische Identität wird undeutlich, weil sie sich auf keine theoriepolitische Tradition mehr positiv bezieht, weder auf den alteuropäischen Materialismus noch auf die Tradition des Marxismus. Das Feindbild der Orientierung in den vierziger Jahren hat sich universalisiert: Gegenstand der Kritik ist die abendländische Vernunfttradition überhaupt, von ihren frühgeschichtlichen Anfängen bis zur faschistischen Gegenwart. Gegenstand der Schriften Horkheimers und Adornos in den vierziger Jahren ist der universalgeschichtliche, nur global geschichtsphilosophisch thematisierte Prozeß menschlicher Naturauseinandersetzung überhaupt. Die Kritik technisch instrumenteller Naturbeherrschung ist der integrierende Kern aller Detailanalysen und Teilargumentationen: Die Totalisierung politischer Herrschaft im Faschismus, die Verstümmelung von Individualität, die autoritäre Disziplinierung aller Formen kognitiver Weltorientierung in Kulturindustrie und Propaganda sind zeitgenössisch beobachtbare Folgeprobleme der für Herrschaftszwecke unmittelbar instrumentalisierten Vernunft.

4.3.2. Verhältnis zum Marxismus

In der theoretischen Orientierung der frühen dreißiger Jahre gilt die Marxsche »ökonomische Theorie der Gesellschaft« im Frankfurter Kreis als zeitgenössische Erscheinungsform der von Horkheimer konstruierten alteuropäischen Materialismustradition. Diese Identifikation mit und in der Marxschen Theorie meint jedoch nicht dessen 1932 philologisch vorliegendes Werk und auch nicht dessen dogmengeschichtliche Wirkungsgeschichte in der zweiten und dritten Internationale, sondern vielmehr die in den Texten allenfalls angedeutete, aber als durchführbar unterstellte Anpassung der Marxschen Theorie an spätkapitalistische Verhältnisse. Die sinnfälligste Revision Marxscher Theorie war die vom gesamten Kreis getragene und von Erich Fromm formulierte Rekonzeptualisierung des Basis/Überbau-Schemas durch eine Integration psychoanalytischer Theoriestücke in den historischen Materialismus.

In den Schriften von 1937 bis ca. 1939 wird die Theoriebildung des Kreises mit der Marxschen Theorietradition fast unmittelbar identifiziert. »Kritische Theorie« ist ein Kunstname für diese Theorietradition und zugleich ein Signal für die kritische Verselbständigung ihr gegenüber. Horkheimer und Marcuse unterscheiden die »Kritische Theorie« von ihren Verzerrungen in der Sozialdemokratie und im Bolschewismus als die im historischen Prozeß sich durchhaltende, rein an der zeitgenössischen Situationsadäquanz Marxscher Theorie interessierte Instanz. Doch wiederum ist es kennzeichnend, daß dieser starke Anspruch, auf die historisch adäquate Reformulierung Marxscher Theorie bedacht zu sein, Programm geblieben ist. Die Andeutungen über die nötigen Revisionen beschränken sich auf eine Explikation des Kritikbegriffs sowie auf Andeutungen eines veränderten Verhältnisses von Basis und Überbau im Spätkapitalismus.

In den Schriften der vierziger Jahre scheren Horkheimer, Adorno, Pollock und Löwenthal aus der marxistischen Theorietradition aus. Nicht mehr der Kapitalismus als die zeitgenössische politische Form gesellschaftlicher Produktion ist Gegenstand der Theorie. Gesellschaftstheorie wird zur Geschichtsphilosophie. Ihr Gegenstand ist das welthistorische Drama menschlicher Naturauseinandersetzung überhaupt. In der Faschismustheorie Pollocks und Horkheimers werden die marxistischen Interpretationsschemata der dreißiger Jahre aufgegeben. Der Kritikbegriff orientiert sich nicht mehr am Paradigma Marxscher Ökonomiekritik. Horkheimer und Adorno machen diesen Bruch jedoch nicht explizit, sondern behalten marxianisierende (z. B. werttheoretische) Formulierungen und Argumentationen bei.

4.3.3. Philosophie und Wissenschaft

Der »Materialismus« der frühen dreißiger Jahre zielte programmatisch auf eine »Vereinigung von Philosophie und Wissenschaft«. Seinen forschungspraktischen Niederschlag fand dieses Programm in einer interdisziplinären Forschungsorganisation, in der Philosophie die Rolle eines problemsensitiven, integrierenden Mediums der Einzelwissenschaften hatte. Den Einzelwissenschaften war in bezug auf die Philosophie die Funktion des empirischen Korrektivs zugedacht. Die Prägnanz dieser wechselseitigen Funktionsbestimmung, die theoretisch auf der Marxschen Differenzierung von »Forschung« und »Darstellung« begründet war, verlor sich aber in den Schriften Horkheimers ab etwa 1935. In der Programmschrift von 1937 sowie in den darauf bezogenen Beiträgen Horkheimers und Marcuses wird das intendierte Verhältnis von Philosophie und Fachwissenschaft mit dem Verhältnis unmittelbar identifiziert, wie es in der Marxschen Ökonomiekritik selbst angelegt ist. Dieses Verhältnis wird von Horkheimer so dargestellt, als hätte Marx die klassische bürgerliche politische Ökonomie als ein Inventar »abstrakten« fachwissenschaftlichen Wissens interpretiert, das erst durch seine philosophische, d. h. hier kritisch-dialektische Darstellung wissenschaftlichen Rang gewinnt. Die von Horkheimer und Marcuse vorgenommene philosophische Interpretation der Marxschen Ökonomiekritik ist Reaktion auf den »Neueren Ökonomismus«, wobei unklar bleibt, ob damit sozialdemokratische Theorietradition oder bolschewistische Wirtschaftspolitik angesprochen ist.

Diese Tendenz zur »Rephilosophisierung« der gesamten Theorieorientierung des Kreises wird dann in den Schriften der späten dreißiger und vierziger Jahre immer weiter radikalisiert. In der »Dialektik der Aufklärung« schließlich wird jedwede fachwissenschaftliche Arbeit mit ihrer produktionstechnischen und sozialtechnischen Anwendung identifiziert und als »positivistisch«, »instrumentalistisch« etc. diskreditiert. Gegen diesen in den

Fachwissenschaften exemplarisch greifbaren »instrumentalistischen« Zeitgeist soll Philosophie sich verkapseln als mentales Reservat einer verschütteten intellektuellen Kultur. Symptomatisch für diese (implizite) Verhältnisbestimmung von Philosophie und Fachwissenschaft ist die Forschungspraxis des Instituts selber. In den umfangreichen Faschismusforschungen und an den »studies in prejudice« wurde ja in der Tat noch weiter empirisch und einzelwissenschaftlich gearbeitet. Doch diese empirischen Studien zum Beispiel Adornos und seine zeitlich parallelen philosophischen Reflexionen stehen in verblüffender Unvermitteltheit nebeneinander.

4.3.4. Utopie

Der utopische Bezugspunkt des Frankfurter Kreises in den frühen dreißiger Jahren war noch identisch mit der empirischen Zieldefinition ihrer politischen Handlungsorientierung und somit konkrete Utopie. Sie zielte auf die revolutionäre Aufhebung der privaten Verfügungsgewalt über Produktionsmittel und auf die planwirtschaftliche Reorganisation des gesamtwirtschaftlichen Prozesses. Die umfangreichen Planwirtschaftsforschungen des Instituts in den Jahren 1930 bis 1934, die ausdrücklich für dieses Ziel wissenschaftliche Handlungsorientierung anbieten wollten, verweisen noch einmal darauf, wie konkret Utopie verstanden wurde.

Offensichtlich unter dem Eindruck der politischen und ökonomischen Entwicklung in der Sowjetunion verschiebt sich ab etwa 1935 und deutlich dann in den Programmschriften zur »kritischen Theorie« das utopische Bezugsinteresse zu einer philosophischen Problematisierung der Interessen, die eine Revolution kapitalistischer Wirtschaftsorganisation anleiten könnten. Jetzt weigern sich Marcuse und Horkheimer, ›Utopie‹ auszumalen, d. h. die utopisch antizipierte Gesellschaft inhaltlich zu bestimmen. Das utopische Ziel wird »transzendentalisiert«. Paradigma einer revolutionär zu erstrebenden Gesellschaftsform ist nun die moralische Qualifikation des transzendentalen bürgerlichen Subjekts. Somit kann – anders als noch in den frühen dreißiger Jahren – keine empirisch identifizierbare gesellschaftliche Gruppe mehr Träger utopischer Ziele sein. Utopische Imaginationen sind vielmehr Erzeugnisse des transzendental gedachten bürgerlichen Individuums: die »Einbildungskraft«, die »Phantasie«.

In den Schriften der vierziger Jahre wird der (selbst noch transzendental stilisierte) Bezug auf die revolutionäre Umorganisation kapitalistischer Verhältnisse aufgegeben. Auf dem Hintergrund der in der »Dialektik der Aufklärung« entfalteten technologiekritischen Geschichtsphilosophie nehmen utopische Reflexionen die Form bildhafter Imaginationen eines Verhältnisses der Gattung zur Natur an, in welchem Selbstreproduktion der Gattung und Naturunterdrückung entkoppelt wären. Der Konnex von utopischer Imagination und politischer Handlungsorientierung ist zerrissen.

5. Der Strukturwandel politisch-historischer Erfahrung

»Das Wahre ist das Ganze.«
»Das Ganze ist das Unwahre.«

Bei der systematischen Sichtung des gesamten Theoriebildungsprozesses zwischen 1930 und 1945 fällt zunächst ein Wandel in der Erfahrungsstruktur auf. An seinem Beginn stand das Erkenntnisideal einer wissenschaftlich methodisierten, transsubjektiven Erfahrung in der Gestalt einer forschungsorganisatorisch realisierten Analyse der Gesellschaft als Totalität. Diesem Programm einer auf der operativen Maxime der »konkreten Totalität« beruhenden Gesellschaftstheorie unterstellten ihre Produzenten eine problemlose Offenheit, d. h. Rezeptivität für die »objektiven« Interessen des Proletariats. Zwar wurde nicht mehr wie in Lukács' »Geschichte und Klassenbewußtsein« eine spekulative Einheit von forschungsmethodisch realisierter Totalitätsanalyse und einer idealistisch stilisierten proletarischen Erfahrung einfach unterstellt. Gleichwohl steht die frühe kritische Theorie noch unter dem gebrochenen Bann der Einheit proletarischer Erfahrung und marxistischer Wissenschaftsmethodik. Die Adressierung der Theorie an das revolutionär sich emanzipierende Proletariat und das methodische Programm der Analyse der Gesellschaft als Totalität traten zusammen auf und das eine verschwand mit dem anderen.

Dieser wissenschaftlich methodisierten, transsubjektiven Erfahrungsform steht in den vierziger Jahren ein wissenschaftskritisch auftretender intuitiv-individualistischer Erfahrungstypus gegenüber. »Totalität« meint nun nicht mehr eine methodisch reflektierte Rekonstruktion gesellschaftlicher Realität. Der spätere Begriff der »negativen Totalität« (Adorno) steht für den im Faschismus real gewordenen hermetischen Zwangszusammenhang der Geschichte. Angesichts dieser Einschätzung der historischen Situation kann die Geltung von Erfahrungssätzen nicht mehr verbürgt sein durch ihre wissenschaftliche Organisation, sodern allein durch die reflektierte Subjektivität des gegenüber der autoritären Gesellschaft völlig marginalisierten, »einsamen« Intellektuellen.

Aus wissenssoziologischer Sicht ist in der Selbstreflexion des Kreises der Veränderungsprozeß seiner Theoriebildung gekennzeichnet durch eine bis zur Selbstaufhebung radikalisierte Selbstmarginalisierung der Theorie gegenüber potentiellen politisch-praktischen Agenten. Bezog sich am Anfang der dreißiger Jahre die Theorie noch in kritischer Rezeptivität auf eine objektivistisch stilisierte proletarische Erfahrung, so war kennzeichnendes Merkmal der »kritischen Theorie« von 1937 an die kleingruppenhafte Marginalität der Intellektuellen gegenüber dem Proletariat. In den vierziger Jahren dann war designierter Träger der Theorie nur noch das »einsame« Individuum. Dieser Prozeß der Selbstmarginalisierung kann auf der Ebene der wissenssoziologischen Selbstreflexion des Kreises als das reaktive Zurückweichen vor der integrationistischen Tendenz der historisch gegenständlich gewordenen Totalität interpretiert werden.

Medium der theoretischen Erfassung dieser im Faschismus real gewordenen ›negativen‹ Totalität ist nicht mehr die fachwissenschaftliche Arbeit, ist doch deren Erkenntnisprozeß nach Maßgabe von politischen Interessen organisiert, die selbst schon in den autoritären Herrschaftszusammenhang integriert sind. Die Fachwissenschaften enthalten kein kritisches Potential mehr. Die Träger der »kritischen Theorie« haben sich somit in ihrer Selbstreflexion nicht nur der autoritären Gesellschaft und dem Proletariat gegenüber marginalisiert, welches längst von jener integriert wurde, sondern auch noch gegenüber der gesellschaftlich lizensierten Wissenschaft. Diese über nichts mehr zu vermittelnde Distanz zur akademisch institutionalisierten Wissenschaft wird noch einmal deutlich an der prägnanten Aufstufung des jeweiligen theoriepolitischen Feindbildes. Am Beginn der Theorieentwicklung des Kreises stand die (Ideologie-)Kritik der präfaschistischen Ideologien der Weimarer Republik. 1937 galt die Kritik der »Kritischen Theorie« der »traditionellen«, d. h. dem Theorieideal der gesamten bürgerlichen Wissenschaft, und 1944 dann nicht mehr und nicht weniger als der abendländischen Vernunfttradition überhaupt.

Kognitives Medium für die Kritik der historisch real gewordenen »negativen« Totalität ist nun ausschließlich die Philosophie, jedoch nicht im Sinne akademischer Fachphilosophie. Philosophie wird vielmehr emphatisch stilisiert zu einem – nur noch »einsamen« intellektuellen Individuen möglichen – rhetorisch-moralischen Vermögen, dessen Artikulation die herrschaftliche verstümmelte Sprache aufzubrechen vermag. Daher wird Philosophie selbst zu einer Art moralisch-politischer »Praxis«; Philosophie ist ein »Verhalten«, nicht eine wissenschaftliche Disziplin.

Diese moralische Pragmatisierung der Philosophie steht komplementär zur entschiedenen politischen Entpragmatisierung der gesamten Theoriebildung, und zwar in Gestalt ihrer bis zur Selbstaufhebung des politischen Anspruchs radikalisierten Distanz zu möglichen praktischen Agenten der Theorie, sowie der scharfen Kritik aller Versuche, theoretische Reflexion für politische Aktion zu instrumentalisieren. Diese politische Entpragmatisierung der Theorie wird noch einmal greifbar u. a. an dem Schwund handlungsorientierender Kraft der utopischen Bilder der Theorie. Nach der konkretistischen utopischen Orientierung an planwirtschaftlicher Reorganisation in den frühen dreißiger Jahren folgt 1937 die transzendentale Reflexion auf die Interessen, in denen der Sozialismus realisiert werden soll. Im Kontext der »Kritik der instrumentellen Vernunft« der vierziger Jahre steht nur noch die gegen-wirkliche archaische Imagination eines alternativen Verhältnisses der Menschengattung zur Natur.

Ob die oben beschriebenen Momente im materialen und reflexiven Veränderungsprozeß der Theoriebildung des Frankfurter Kreises:

– die Veränderung der Erfahrungsstruktur selber
– die Selbstmarginalisierung der Träger der Theorie
– die Distanzierung von akademischer Fachwissenschaft
– die moralische Pragmatisierung individueller philosophischer Reflexion
– die politische Entpragmatisierung der Theorie als ganzer –

symptomatisch genannt werden können für die theoretische Verarbeitung der Erfahrungen sozialistischer Intelligenz in der faschistischen Ära, wagen wir hier nicht zu entscheiden. Dem Maß der Verallgemeinerbarkeit der theorieförmigen Verarbeitung historischer Erfahrung durch den Frankfurter Kreis ließe sich u. E. nur näher kommen durch eine breit angelegte und wissenssoziologisch reflektierte politische Ideengeschichte, die das methodische und materiale Niveau der vorliegenden Studie nicht unterschreiten dürfte. Erst ein dicht besetztes Feld komparativer Fallstudien, in die elaborierte wissenssoziologische Konzepte und detailliertes Quellenstudium eingegangen sein müßten, vermöchte zu leisten, was sonst nur feuilletonistisch möglich wäre: auf die theoretische Adäquanz der theoretischen Verarbeitung historischer Erfahrung durch den Frankfurter Kreis selbst noch einmal zu reflektieren.

Anmerkungen

1 Vgl. dazu sehr prägnant Karl Mannheims Begriff der »Soziologischen Zurechnung« in dem Artikel »Wissenssoziologie« in: A. Vierkandt, *Handwörterbuch der Soziologie*, S. 677.

2 Diese Begriffe stammen von Berger/Luckmann, *Die gesellschaftliche Konstruktion der Wirklichkeit*, Frankfurt/M. 1969, S. 121 ff.

3 Diese Argumentation ist angeregt durch Hans Blumenbergs Theorie des Epochenwandels. Vgl. *Die Legitimität der Neuzeit*, Frankfurt/M. 1966, S. 29–35.

4 Vgl. Max Horkheimer, Die Lage der Sozialphilosophie und die Aufgaben eines Instituts für Sozialforschung, in: *Sozialphilosophische Studien*, Frankfurt/Main 1972, S. 44.

5 Die Vorbereitung der Veröffentlichung wird auf Initiative Erich Fromms hin von meinem Freund Wolfgang Bonß (München) vorgenommen, der mir auch Einblick in das Manuskript gewährte.

6 In: *Parteien der Weimarer Republik*, Stuttgart 1970, S. 94.

7 *Die Stalinisierung der KPD in der Weimarer Republik*, Neuwied 1970. – Diese forcierte Interpretation wird bestritten von Wolfgang Abendroth, in: *Ein Leben in der Arbeiterbewegung*, Frankfurt/Main 1976.

8 Gut dargestellt in Ruth Fischer, *Stalin und der deutsche Kommunismus*, Frankfurt/Main 1947.

9 Gespräch mit Max Horkheimer in Nürnberg, März 1973.

10 Diesen Eindruck gewinnt man schlagartig, wenn man Horkheimers Aphorismen in der *Dämmerung* mit den oben zitierten Erinnerungen Abendroths vergleicht.

11 Vgl. dazu Jurinetz' Stellungnahme zur Psychoanalyse in: *Unter dem Banner des Marxismus*, 1, 1925.

12 Vgl. seinen Aufsatz »Die gegenwärtige Lage des Kapitalismus...«, in *ZfS* 1 (1932:27, Anm.).

13 Gespräch mit Horkheimer, März 1973.

14 Vgl. dazu Arthur Rosenberg, *Geschichte der Weimarer Republik*, Frankfurt/Main 1972.

15 Vgl. dazu ausgezeichnet Walter Holzheuer, *Karl Kautskys Werk als Weltanschauung*, München 1972, S. 101 ff.

16 Vgl. dazu als prägnantes Dokument den Brief Walter Benjamins an A. Cohn vom 6. 2. 1935, in: W. B., *Briefe*, Frankfurt/Main 1966, S. 645.

17 Vgl. dazu Karl-Dieter Bracher, *Stufen der Machtergreifung*, Frankfurt/Main 1974, S. 114 f.

18 Daß Zeile 2 des folgenden Zitats auf 1933 anspielt, geht aus einem Brief Marcuses an Horkheimer vom 26. 11. 1935 eindeutig hervor (Pollock-Archiv).

19 Vgl. Löwenthals Programm einer materialistischen Ästhetik in *ZfS* 3,

1934; 342; vgl. P. L. Landsbergs »materialistische Soziologie«, in: *ZfS* 2, 1933:402, Fromms Programm einer »materialistischen« Sozialpsychologie, in: *ZfS* 1, 1933:28–54.

20 Vgl. dazu Marx' kurze Skizze der Geschichte des neuzeitlichen Materialismus, in: *MEW* II, 132–141.

21 Vgl. dazu als einschlägiges Dokument Josef Revais Rezension von Lukács *Geschichte und Klassenbewußtsein,* in: Furio, Cerutti et al., *Geschichte und Klassenbewußtsein heute,* Amsterdam 1971, S. 180–190.

22 Vgl. ihre emphatische Charakterisierung in: *ZfS* 4, 1935: 7f.

23 In der anderen Studie dieser Arbeit wird auf diesen Zusammenhang ausführlich eingegangen.

24 Vgl. Lukács, Was ist orthodoxer Marxismus, in: Geschichte und Klassenbewußtsein, *Ges. Werke,* Bd. 2.

25 Sehr prägnant dazu Max Horkheimer, Wissenschaft und Krise, in: *ZfS* 1, 1933.

26 Diese Andeutungen werden in der anderen Studie detailliert ausgeführt.

27 Vgl. dazu Karl-Dietrich Bracher, *Die nationalsozialistische Machtergreifung. Stufen der Machtergreifung,* Frankfurt/Main–Berlin–Wien 1974, S. 251.

28 Die informativsten Renegatentexte sind: Arthur Koestler, *Der Pfeil ins Blaue,* München 1953; Hede Massing, *Die große Täuschung,* Freiburg 1967; Alfred Kantorowicz, *Deutsches Tagebuch,* 2 Bde., München 1971, und Franz Borkenau, *The Spanish Cockpit,* Ann Arbor 1961.

29 Vgl. Joachim Radkau, *Die deutschen Emigranten in den USA und ihr Einfluß auf die amerikanische Europapolitik,* Düsseldorf 1971.

30 Vgl. dazu Walter Benjamins *Briefe,* S. 747 u. S. 776.

31 Etwa der Brief Pollocks an Horkheimer vom 7. 9. 1937 (Pollock-Archiv).

32 Zitiert nach Joachim Fest, *Hitler,* S. 150.

33 Vgl. dazu ausgezeichnet Kurt Kliem, *Der sozialistische Widerstand gegen das Dritte Reich, dargestellt an der Gruppe Neu Beginnen,* Diss. Marburg 1957.

34 Vgl. J. Radkau, a.a.O., S. 157–163.

35 Vgl. dazu die Erinnerungen seiner damaligen Gattin Hede Massing, *Die große Täuschung,* Freiburg 1967.

36 Vgl. dazu Karl Korsch, The Fight for Britain, the Fight for Democracy and the War Aims of the Working Class (1941), in: *Argument* 1965, April-Heft.

37 Die deutsche Übersetzung dieses Artikels findet sich in F. Pollock, *Die Stadien des Kapitalismus,* hg. von Helmut Dubiel, München 1975.

38 Dem Text von *Eclipse of Reason* (deutscher Titel: *Kritik der instrumentellen Vernunft*) lag der Text einer Vorlesung zugrunde, die Horkheimer im Winter 1944/45 an der Columbia-University gehalten hat.

39 Jürgen Habermas, *Philosophisch-politische Profile*, Frankfurt/Main 1974.

40 Vor allen Dingen Jürgen Habermas und Albrecht Wellmer.

41 Vgl. Helmut Dubiel, *Identität und Institution*, Düsseldorf 1973, S. 53ff.

B.
Theorie dialektischer Darstellung und interdisziplinäre Sozialforschung

Theoriebildungsform und Forschungsorganisation des Frankfurter Instituts für Sozialforschung seit 1930

0. Einleitung: Zur Methodologie interdisziplinärer Forschung

In der vorliegenden Studie stellen wir die Analyse der Forschungsorganisation des Frankfurter Instituts für Sozialforschung in den frühen dreißiger Jahren in den Rahmen von Überlegungen zur Methodologie interdisziplinärer Forschung. Wir tragen damit dem – bislang weitgehend übersehenen – Umstand Rechnung, daß die frühe kritische Theorie einen der wenigen wissenschaftstheoretisch, methodologisch und forschungsorganisatorisch reflektierten Fälle interdisziplinärer Forschung repräsentiert.

Die »disziplinäre Krise der Wissenschaften«, d. h. die Folgeprobleme und Kosten der extremen Spezialisierung, Ausdifferenzierung und Abschottung wissenschaftlicher Disziplinen voneinander und die darauf bezogenen Postulate ihrer interdisziplinären Reorganisation sind zwar geläufige Topoi akademischer Festreden und wissenschaftsmoralisch auftretender Kulturkritik. Aber in der innerwissenschaftlichen Diskussion sind sie eigentlich nie Gegenstand der Reflexion. Dies mag prima vista als Widerspruch erscheinen, ist es aber nicht. Denn wenn die dem Therapievorschlag der Interdisziplinarität zugrunde liegende Diagnose stimmt, dann ist die Krise der disziplinären Strukturierungen des Wissenschaftsbetriebes im Ensemble der diversifizierten Fachrichtungen da selbst immer weniger thematisierungsfähig.

Das macht den Zugang zum Problem schwierig, und auch wir können die Spezifik unseres Zugangs kaum systematisch ausweisen. Der Unübersichtlichkeit des gesamten Problemzusammenhangs, der Beschränkung des Raums und der Eigentümlichkeit unseres Interesses wegen haben wir uns für drei – zunächst willkürlich gewählte – Problemperspektiven entschlossen:

1) die der Wandlung des Verhältnisses von Philosophie und positiver Wissenschaft,
2) die der Dialektik von interner und externer Problemgenerierung,
3) die der Wandlung des Verhältnisses von Wissenschaft und Gesellschaft.

1) Aus der Vogelperspektive einer säkularen geistesgeschichtli-

chen Betrachtung stellt sich die Krise der disziplinären Strukturen von Wissenschaft dar als Spannungsverhältnis zwischen dem extremen Spezialisierungsgrad einzelwissenschaftlicher Arbeit und den noch präsenten Säkularisaten mittelalterlicher Einheitsvorstellungen. Ein guter Indikator für das spätneuzeitliche Phänomen der Überlagerung metaphysisch-ganzheitlicher und fachwissenschaftlich diversifizierter Erkenntnisformen ist der Schwund des wissenschaftsintegrativen Anspruchs der Philosophie. Ihre prägnanteste Gestalt als Dachwissenschaft hatte sie in der Hegelschen Philosophie, die sich als Organon der Vernunft begriff, welche in der Rekonstruktion des Erkenntnisgegenstandes den Einzelbestimmungen des ›Verstandes‹, d. i. den fachwissenschaftlichen Einzelresultaten erst ihren Platz zuwies. Außer einer spezifischen Rezeption in der materialistischen Theorietradition ist der Charakter der Philosophie als Dachwissenschaft mit der Hegelschen faktisch zerfallen, auch wenn die innerakademische Reputation der Philosophie bis heute von dem Schein ihrer integrativen Leistung zehrt. Dabei hatte sich die bürgerliche Philosophie schon im Neukantianismus auf transzendentale Erkenntniskritik reduziert und im logischen Positivismus auf die sprachlogische Reflexion der Bedingungen wissenschaftlicher Begriffsbildung. Die innerphilosophischen Gegenbewegungen in der Lebensphilosophie, Phänomenologie und Existentialontologie bewahrten sich zwar noch den Hegelschen Anspruch einer Wissenschaft vom Ganzen, doch nur um den Preis einer ›metaphysischen‹ Ignoranz und Arroganz gegenüber dem fachwissenschaftlichen Betrieb. Heute stehen wir vor der Tatsache, daß alle ›philosophischen‹ Anregungen zu fachwissenschaftlicher Theoriekonstruktion von den Fachwissenschaften selbst integriert worden sind und sich gegenüber der systematischen Philosophie stark verselbständigt haben. An den Arbeiten von Foucault, Lévi-Strauss, Chomsky und Piaget könnte man exemplarisch aufweisen, daß sich das Anregungsverhältnis von Philosophie und Fachwissenschaft bereits umzukehren begonnen hat.

In der materialistischen Theorietradition nahm diese Entwicklung einen anderen Gang. Marx hatte sich Hegels Kritik der Beschränktheit fachwissenschaftlicher Erkenntnis in seinen fragmentarischen Ansätzen zu einer Theorie dialektischer Darstellung zu eigen gemacht. Programm war ihm eine materialistische Einheitswissenschaft, in der der »Philosophie nur noch die Verarbeitung der allgemeinsten Resultate« übrig bleiben sollte. In der Tat sind auch seine ökonomiekritischen Schriften mit keinem der gegenwärtig gegebenen disziplinären Etiketten zu kennzeichnen; dies ist nicht nur Ausdruck seiner dialektischen Methodologie, sondern darüber hinaus der disziplinären Struktur, innerhalb derer die wissenschaftliche Arbeit von Marx sich bewegte: der einer breiten, noch nicht ausdifferenzierten staatswissenschaftlichen Einheitsdisziplin, in der Philosophie, Jurisprudenz, Ökonomie, Soziologie und z. T. auch Kulturwissenschaften eine weitgehend ungeschiedene Einheit bildeten.

In der Fortschreibung Marxscher Theorie zum wissenschaftlichen Sozialismus der frühen Sozialdemokratie wurde die Marxsche Kritik der idealistischen Philosophie verkürzt zu einem antiphilosophischen Materialismus, der in Anlehnung an den naturwissenschaftlichen Materialismus des späten 19. Jahrhunderts den Fortschritt der Wissenschaft einzig in der Anhäufung positivistischer Einzelerkenntnisse garantiert sah.

Die Rezeption und Transformation der Marxschen Wissenschaftskonzeption in der bolschewistischen Theorietradition ist im Gegensatz dazu durch eine philosophische Bevormundung der Einzelwissenschaften gekennzeichnet. Der »dialektische Materialismus« stellt als umgreifende Theorie der Geschichte und der Natur eine materialistische Metaphysik dar, die allen fachwissenschaftlichen Resultaten den philosophisch-dogmatischen Rahmen vorgibt. Deshalb ist die Einheit der Wissenschaft dem »dialektischen Materialismus« [zwar] faktisch ein Problem, nicht aber seiner offiziellen theoriepolitischen Selbstreflexion.

Die immanent marxistische Kritik an den Gewichtsverschiebungen von Philosophie und Fachwissenschaft in den Dogmengeschichten der institutionalisierten Marxismen wurde von Intellektuellen geübt, die politisch völlig einflußlos geblieben sind: nämlich (in Ansätzen) beim Lukács von »Geschichte und Klassenbewußtsein«, am ausgeprägtesten bei Karl Korsch, am reflektiertesten, aber auch am unsystematischsten beim Horkheimer der frühen dreißiger Jahre.

(2) Wer sich heute aus der Sicht der Wissenschaftsforschung nach den Krisenursachen der gegebenen disziplinären Organisation des Wissenschaftsbetriebes fragt, sieht sich einem verwickelten Komplex wissenschaftsexterner und -interner Faktoren gegenüber. Zunächst ist die Wissenschaft in den letzten Jahrzehnten aus rein

quantitativer Sicht exponentiell gewachsen.[1] In ihren kognitiven Strukturen stellt sich dieses exponentielle Wachstum dar als eine nicht minder beeindruckende Binnendifferenzierung, als Ausdifferenzierung von Stamm- zu Teildisziplinen und innerhalb dieser zu eigenständigen Forschungskomplexen, als synchrone wie diachrone Erweiterungen des paradigmatischen Konkurrenzraums, als Aufstufung reflexiver Ebenen, als innerdisziplinäre Differenzierung didaktischer, grundlagentheoretischer und anwendungsorientierter Literatur etc. Diese mit dem äußeren Wachstum – in der Regel kausal verschränkte – ihrerseits exponentielle Binnendifferenzierung hat schon innerhalb fast aller Disziplinen zu einer von niemandem mehr durchschauten Pluralisierung von Relevanzhorizonten geführt. Es ist nachgerade unmöglich geworden, das Verhältnis zweier oder mehrerer Disziplinen zueinander – und sei es auch in bezug auf einen identischen Gegenstand – noch mit den Plausibilitätsniveaus zu bestimmen, wie sie in der Kommunikation der Einzelwissenschaftler standardisiert sind. Dies indes stellt sich bei den Wissenschaften nicht als Problem, die – wie etwa die theoretische Physik, die grundlagenorientierte Mathematik etc. – durch eine interne Problemgenerierung gekennzeichnet sind, deren Relevanzkriterien für Probleme also aus den eigenen kognitiven Strukturen abgeleitet werden. Es ist eine in der Wissenschaftsforschung inzwischen weithin akzeptierte Annahme, daß naturwissenschaftliche Disziplinen zwar überhaupt erst entstehen durch eine externe (meist technische) Problemstimulation, dann aber im Zuge ihrer theoretischen Entwicklung sehr rasch die Ebene einer kognitiven Eigenlenkung erreichen und erst auf einer sehr elaborierten Stufe ihrer Entwicklung unter Umständen für extern induzierte Problemstellungen wieder offen sind.[2] Dagegen sind die Sozialwissenschaften in allen Stadien ihrer theoretischen Entwicklung offen für extern definierte Probleme. Unsere These ist nun, daß die disziplinäre Zersplitterung der Wissenschaften sowie die orientierungslose intradisziplinäre Spezialisierung den Wissenschaftlern nur dann zum Problem wird, wenn im Zuge zunehmender gesellschaftlicher Verwertung wissenschaftlicher Informationen die externe Problemstimulation gegenüber der internen zu dominieren beginnt. Die Ursache für die Aktualität des Postulats interdisziplinärer Reorganisation liegt letztlich in dem Mißverhältnis zwischen den disziplinären Strukturen der Universitäten und Forschungsanstalten und den Problemstrukturen, die an jene von außen herangetragen werden, kurz: in dem Spannungsverhältnis zwischen dem Vergesellschaftungsprozeß von Wissenschaft und den institutionellen Strukturen ihres Betriebes.[3]

(3) Diese Ursache der Interdisziplinaritätsforderung läßt sich an ihren äußeren Anlässen gut festmachen. Problemkonstellationen von gesellschaftlicher Relevanz und politischer Dringlichkeit – wie solche der Gesundheitsversorgung, der Stadt- und Regionalentwicklung, der »Humanisierung« der Arbeitswelt etc. – fallen ja selten bruchlos in den Zuständigkeitsbezirk einer einzigen Disziplin und häufig eben auch in »interdisziplinäres« Niemandsland.[4] Ob es sich um die staatliche Sanktionierung der Professionalisierung von Disziplinen handelt, um die technologische Entwicklung und Verwertung wissenschaftlicher Grundlagenkenntnisse, um die Tätigkeit von Wissenschaftlern in kommunalen Planungsprozessen und besonders um systematische wissenschaftliche Politikberatung – immer wieder läßt sich beobachten, daß die direkte Vermittlung des disziplinär zersplitterten Wissenschaftsbetriebes mit der ›Problemlogik‹ der gesellschaftlichen Handlungswirklichkeit jenen zur Veränderung seiner kognitiven und institutionellen Organisationsmuster nötigt. Es kann nicht zufällig gewesen sein, daß Harold Lasswell in einer der ersten systematischen Reflexionen über die immanent wissenschaftlichen Folgeprobleme wissenschaftlicher Politikberatung die Reform der akademischen Disziplinstrukturen zum Thema machte.[5]

Wir meinen, daß sich die meisten der beobachtbaren Ansätze interdisziplinärer Forschung – grob typologisierend – zu zwei Gruppen zusammenfassen lassen, und zwar (a) zu einer theoretisch voraussetzungslosen, extern stimulierten »Multidisziplinarität« und (b) zu einer innerwissenschaftlich induzierten, kognitiv integrierten Interdisziplinarität.

(a) Der erste Typus, den wir »Multidisziplinarität« nennen, deckt jenen großen Teil der gegenwärtig unter dem Etikett »interdisziplinär« betriebenen Forschungsunternehmen ab, welche in der Regel weniger von wissenschaftlichen Institutionen selbst initiiert wurden als durch ein außerwissenschaftliches Problemangebot. Theoretisch voraussetzungslos ist dieser Forschungstypus in dem Sinne, daß eine den realen Problemstrukturen sich anmessende Integration der disziplinären Ansätze gar nicht erst versucht wird. Anhand einer disziplinübergreifenden Problemvorgabe werden Theorien, Methodologien und Forschungstechniken vielmehr additiv arrangiert. Schon im ersten Ansatz wird die wissenschaftsexterne kompakte Problemformulierung im Zuge ihrer wissenschaftlichen Rekonstruktion zerlegt und diversifiziert nach Maßgabe der als zuständig definierten Disziplinen und innerhalb dieser wiederum nach Maßgabe der in ihnen jeweils gültigen Paradigmen, Modellen und Forschungsmethoden. Das kompakte Problem »Schizophrenie« z. B. zerfällt im Prozeß seiner wissenschaftlichen Rekonstitution in ein loses Gemenge von Partialproblematisierungen wie das ihrer demographischen Häufigkeitsverteilungen (Epidemiologie), schizophrenogener familiärer Sozialisationsmuster (Mikrosoziologie, Familiensoziologie, psychoanalytische Theorie), ihrer hereditären Bedingungsfaktoren (Genetik) sowie vermuteter biochemischer und endokrinologischer Prozesse. Der Abschlußbericht eines einmal fingierten »multidisziplinären« Forschungsunternehmens zum Problem »Schizophrenie« sähe gewiß so aus, daß die Resultate der angedeuteten Partialproblematisierungen unverbunden nebeneinander gestellt würden. Der praktisch politische Orientierungswert einer solchen Studie etwa für die präventive Umorientierung psychiatrischer Versorgung wäre äußerst gering. Denn in diesem multidisziplinären Forschungstyp wird systematisch davon abgesehen, daß die innerwissenschaftliche, disziplinär diversifizierte Problemkonstitution keineswegs die außerwissenschaftliche Problemkonstitution bruchlos abbildet. Das extern vorgegebene Problem, dem die wissenschaftliche Thematisierung nur durch die Integration ihrer disziplinär diversifizierten Ansätze gerecht werden könnte, wird in einem Arrangement intradisziplinärer Optiken spektral zerlegt.

Der beschriebene Typus »multidisziplinärer« Forschung bietet somit kaum Lösungschancen für die Krise der gegebenen disziplinären Strukturen der Wissenschaft. Dadurch freilich, daß er auf identische Probleme zugespitzt die Dissoziation des akademischen Fächerkanons demonstriert, bringt er sie sinnfällig zum Bewußtsein.

Bei multidisziplinären Forschungsunternehmen beschränken sich die Integrationsansätze weitgehend auf die Einrichtung forschungstechnischer Hilfsinstrumente, wie Dokumentationszentren, Datenbanken und Kommunikationssysteme. Zukunftsweisend sind sicher jene didaktischen Konzepte, bei denen die Partizipation an multidisziplinären Forschungsprozessen in die Curricula von Graduierten eingebaut wird.[6] Die organisierte Partizipation junger Wissenschaftler an multidisziplinären Projekten in didaktischer Absicht setzt darauf, daß sich transdisziplinäre Sichtweisen mehr oder weniger planlos in den wissenschaftlichen Bildungsprozessen kreativer Individuen vollziehen. Die Präsenz interdisziplinärer Kompetenzen in einer Person (wie sie in der Soziologie etwa bei Max Weber, Scheler und auch Adorno repräsentiert gewesen sind) soll in Form interdisziplinärer Reorganisation des wissenschaftlichen Sozialisationsprozesses systematisiert werden.

(b) Der Anstoß zu dem Typus von Interdisziplinarität, den wir den innerwissenschaftlich induzierten, kognitiv integrierten nennen, entwickelte sich nicht wie bei (a) im Sog der gesellschaftlichen Nachfrage wissenschaftlicher Dienstleistungen, sondern mehr oder weniger planlos und allenfalls ex post strategisch aus einer Einzeldisziplin selbst. Diese intradisziplinär induzierte Interdisziplinarität ist mehr oder weniger ›fall out‹ des erfolgreichen Versuchs, die in einer Disziplin paradigmatisch durchgesetzten Modelltheorien, Methodologien und forschungstechnischen Standards auf Nachbardisziplinen zu übertragen. Der Fluchtpunkt solcher interdisziplinären Homogenisierungsprozesse wäre der, die Pluralität von Disziplinen nicht mehr über die Varietät ihrer Verfahren zu organisieren, sondern nur noch über die Verschiedenheit ihrer Gegenstandsbereiche. Solche Versuche der »metaphysischen«, modelltheoretischen oder methodologischen Reunifizierung wissenschaftlicher Disziplinen, die etwa seit dem späten 19. Jahrhundert die disziplinären Differenzierungsprozesse konterkarieren, sind aus wissenschaftsgeschichtlicher Sicht enorm verwickelte Prozesse und wären deshalb angemessen auch nur in einem detaillierten wissenschaftshistorischen Material darstellbar.

Den prominentesten Versuch einer »metaphysischen« Reunifizierung der Wissenschaften stellt der »dialektische Materialismus« dar als ein die Gesetze der Natur und der Geschichte umgreifender Theorierahmen, in den alle Resultate der Einzelwissenschaften – zumindest theoriepolitisch – eingepaßt werden. Der wissenschaftsgeschichtlich bekannteste, wenn dann auch folgenlos gebliebene Versuch einer Reunifizierung wissenschaftlicher Disziplinen auf methodologischer Grundlage war die neopositivistische »international encyclopedia of unified science«, deren wissenschaftsuniversalistischer Anspruch u. a. durch die ausdrückliche

Anknüpfung an die französischen Enzyklopädisten signalisiert wurde. Als modelltheoretische Reunifizierungsansätze lassen sich alle Versuche des Funktionalismus, des Strukturalismus, der Spieltheorie und zumal der kybernetischen Systemtheorie beschreiben, die in der jüngeren Vergangenheit versucht haben, übergreifende theoretische Konzeptionen zu entwickeln. Gegenwärtig beobachtbare Tendenzen modelltheoretischer Reunifizierung lassen sich festmachen an Versuchen, im Medium der Theorieform eines ›genetischen Strukturalismus‹ die allgemeine Evolutionstheorie, die generative Grammatik, die Entwicklungspsychologie Piagets und eine Reinterpretation des historischen Materialismus gegenseitig aufeinander anzuwenden.

Dieser innerwissenschaftlich induzierte Typus von Interdisziplinarität hat nun den entscheidenden Nachteil einer mangelnden Rezeptivität gegenüber extern erzeugten Problemstellungen. Entscheidend deshalb, weil – wie wir gezeigt haben – der Bedarf an interdisziplinärer Forschung und die Produktion von Problemen, die nur interdisziplinär lösbar wären, von außen an die wissenschaftlichen Institutionen herangetragen werden. Innerwissenschaftlich induzierte Interdisziplinarität in Gestalt einer überdisziplinären Homogenisierung intradisziplinär erfolgreicher Modelle und Methoden schreibt die Tendenz kognitiv gesteuerter Wissenschaften fort, die Relevanz von Problemstellungen ausschließlich nach Kriterien der Applikabilität ihrer kognitiven Instrumentarien zu bemessen. Dabei käme es gegenwärtig darauf an, disziplinäre Organisationsformen zu entwickeln, deren kognitive und institutionelle Strukturen auf externe Problemgenerierungen adäquat reagieren können.

Wir meinen, daß die systematischen Defizienzen der geschilderten Typen interdisziplinärer Forschung – die lediglich additive Reihung fachwissenschaftlicher Resultate anhand eines identischen, extern vorgegebenen Problems bei (a) und die mangelnde kognitive Rezeptivität gegenüber externen Problemdefinitionen bei (b) – überwunden werden könnten durch eine von den theoretischen, terminologischen, methodologischen etc. fachwissenschaftlichen Vorgaben ausgehende, diese dann aber systematisch integrierende überdisziplinäre Organisation.

Die äußerst fragmentarischen Paradigmen eines inter- oder transdisziplinären Programms, das sich mit dem additiven Arrangement fachwissenschaftlicher Resultate nicht begnügt, sondern deren

Synthese zum Gegenstand einer zwar von den Fachwissenschaften ausgehenden, sich dann aber autonomisierenden disziplinären Organisation macht, liegt methodologisch vor in den schwer systematisierbaren Ansätzen von Hegel und Marx zu einer Theorie dialektischer Darstellung und liegt organisatorisch vor in der mehr implizit gebliebenen Organisationsform des Frankfurter Instituts für Sozialforschung in den ersten Jahren von Horkheimers Direktorat, welche an jene Theorie dialektischer Darstellung anknüpfte.

Das Programm des Frankfurter Instituts für Sozialforschung bestand in den frühen dreißiger Jahren in einer fächerübergreifenden, »interdisziplinären«[7] Sozialforschung. Die forschungsmethodische Maxime disziplinübergreifender wissenschaftlicher Orientierung beruhte auf Horkheimers (an Hegel und Marx entwickelten) Ansätzen zu einer Theorie »dialektischer Darstellung«. In dieser wird davon ausgegangen, daß die Erklärungsreichweite rein fachwissenschaftlicher Erkenntnis a priori begrenzt sei; in fachwissenschaftlicher Analyse würden historische und gesellschaftliche Erkenntnisobjekte lediglich nach der Maßgabe von Fächergrenzen und fachspezifischen Thematisierungsformen analytisch zerlegt. Dagegen besteht die Methode »dialektischer Darstellung« zentral in der Aufhebung, d. h. in der Rezeption, Integration und Überwindung fachwissenschaftlicher Analyse. Die »dialektische Darstellung« knüpft zwar an deren analytische, modelltheoretische, methodische, forschungstechnische und datenhafte Vorgaben an, synthetisiert diese dann aber in einem Verfahren, das nach Marx »Darstellung« heißt (im Unterschied zur einzelwissenschaftlichen »Forschung«), dergestalt, daß in der ausgeführten Theorie ein integrales Bild der »konkreten« Wirklichkeit zustande kommt.

Ohne großen interpretativen Aufwand werden wir zeigen können, daß die »interdisziplinäre« Forschungsmethodik, die Horkheimer in seiner Antrittsrede als Direktor des Instituts für Sozialforschung programmatisch darstellte, auf der basalen Unterscheidung von »Forschung« und »Darstellung« beruht. In dieser Forschungsmethodik war der Philosophie die Rolle eines problemsensitiven, integrierenden Mediums der Fachwissenschaften zugedacht, während diese für jene die empirische Spezifikations-, Korrektur- und Verifikationsinstanz darstellten. Die Unterscheidung von »Forschung« und »Darstellung«, die Horkheimer mit der Unterscheidung von fachwissenschaftlicher Analyse und philosophischer Konstruktion identifizierte, bildete die forschungsorganisatorische Substruktur der wissenschaftlichen Arbeit seines Mitarbeiterkreises. Die Substruktur bestand in der Differenzierung von kognitiven Rollen nach Maßgabe der Funktion von »Forschung« und »Darstellung« und einer spezifischen Verkettung dieser Funktionen im Forschungsprozeß selbst. Diese forschungsorganisatorische Struktur läßt sich in der Struktur des Kreises leicht identifizieren: Horkheimer beanspruchte die Funktion der »Darstellung« systematisch für sich, während seine Mitarbeiter auf die Funktion fachwissenschaftlicher Dienstleistungen verpflichtet wurden.

Unser Erkenntnisinteresse an der Rekonstruktion dieses Zusammenhangs ist kein gruppenbiographisches oder historiographisches, auch wenn unser Anspruch einer exemplarischen Tiefenanalyse sich nur einlösen ließ durch die beim Literatur- und Dokumentationsstand optimal mögliche historische und philologische Intimität mit dem untersuchten Fall selber. Diese vorliegende Untersuchung versteht sich vielmehr als eine Fallstudie, die exemplarisch an wissenschaftsgeschichtlichem Material Überlegungen anstellen will zu methodologischen und forschungsorganisatorischen Möglichkeitsbedingungen für interdisziplinäre Forschung.

Die aufgrund dieses systematischen Erkenntnisinteresses vorgenommene Stilisierung des historischen Materials sei deshalb gekennzeichnet. Wir unterstellen systematisch, daß Horkheimer die in seinen frühen Aufsätzen verstreuten Reflexionen zu einer Theorie »dialektischer Darstellung« verstanden hat als theoretisch-methodologische Reflexion der im Mitarbeiterkreis forschungspraktisch versuchten interdisziplinären Sozialforschung. Diese unmittelbare Zuordnung der forschungspraktischen, gruppen- und organisationsstrukturellen Realität zu Horkheimers Ansätzen einer Theorie »dialektischer Darstellung« ist – gemessen an rein historiographischen Standards – sicher überzogen. Die von Horkheimer postulierte »dialektische« Theoriebildungsform und die Forschungspraxis der Gruppe um Horkheimer waren – den Erinnerungen von Leo Löwenthal, Herbert Marcuse und Erich Fromm zufolge – in der historischen Realität weniger vermittelt, als es in unserer forcierten Interpretation zum Ausdruck kommt.[8]

Weil unser Interesse kein historiographisches ist, haben wir auch darauf verzichtet, exakt an Veröffentlichungsterminen anzugeben, wann und wie lange sich jene Korrespondenz von organisatorischer Forschungspraxis und Theoriebildungsform eindeutig beobachten ließ und wann sie diffus wurde. Im voranstehenden Abschnitt dieser Arbeit (A.) wurde dies genauer ausgeführt. Grob läßt sich sagen, daß das interdisziplinäre Programm nur in den ersten Jahren von Horkheimers Direktorat Geltung hatte. Erst in der Mitte der dreißiger Jahre beginnt allmählich jene philosophische Diskreditierung jedweder Form fachwissenschaftlicher Erkenntnis, welche weithin mit der kritischen Theorie überhaupt identifiziert wird.

Die Disposition unserer Darstellung ist folgende:

Zunächst (1.) rekonstruieren wir aus programmatischen Erklärungen Horkheimers das Projekt einer fachübergreifenden Sozialforschung bzw. Sozialwissenschaft. Daran schließt an die Darstellung des zeitgenössischen Verhältnisses philosophisch-theoretischer zu fachwissenschaftlicher Orientierung in der Philosophie (2.1) und Soziologie (2.2) der Weimarer Republik. In (3.) wird anhand von Horkheimers an Hegel und Marx orientierten Reflexionen zur Theorie dialektischer Darstellung das Schema der Theoriebildungsform entwickelt (4.), das der Forschungspraxis des Kreises zugrunde lag. Im Anschluß daran wird versucht, durch eine Analyse der kognitiven (5.) und sozialen (6.) Struktur der Forschungsorganisation jenes Grundschema in der Forschungspraxis des Kreises selber zu identifizieren. Im Resumée (7.) werden dann die abstrahierten Resultate auf unsere leitende Fragestellung – Methodologie interdisziplinärer Forschung – bezogen.

1. Darstellung des Programms einer interdisziplinären Sozialforschung

Im Januar des Jahres 1931 tritt Horkheimer das Direktorat des Frankfurter Instituts für Sozialforschung an. Zu diesem Anlaß hält er die Rede »Die gegenwärtige Lage der Sozialphilosophie und die Aufgaben eines Instituts für Sozialforschung«. Die Darlegung der Forschungsprogrammatik des Instituts unter seinem Direktorat leitet er ein durch eine Kritik der zu seiner Zeit einflußreichen Sozialphilosophien. Nach einem knappen Überblick über die einschlägigen Lehren des Neukantianismus, Othmar Spanns, Max Schelers, Nikolai Hartmanns u. a. glaubt Horkheimer pauschal feststellen zu können, daß all diesen Sozialphilosophien ein zentraler Mangel anhaftet, nämlich der ihrer bloßen Thesen- und Bekenntnishaftigkeit, ihrer unzulänglichen methodisch-fachwissenschaftlichen Fundierung:

> »Nun eben in dieser Verlegenheit der Sozialphilosophie, von ihrem Gegenstand, dem Kulturleben der Menschen bloß weltanschaulich, thesenhaft, bekenntnishaft zu reden und zwischen den Soziallehren von Auguste Comte, Karl Marx, Max Weber und Max Scheler eher den Unterschied von Glaubensakten als von wahren, falschen oder vorerst noch problematischen Theorien zu machen, in dieser Verlegenheit sehen wir den Mangel, der überwunden werden muß.« (1972:39)

Dagegen hält Horkheimer vergleichend die Physik und die sich an ihrem Paradigma orientierenden Naturwissenschaften. Trotz unterschiedlicher theoretischer Konzepte neige sie nicht dazu, unvereinbare, bloß durch Bekenntnisse abgestützte Wirklichkeitsbegriffe auszubilden. »Denn hier bildet die konkrete Forschungsarbeit am Gegenstand das Korrektiv.« (1972:39) Dem könnte entgegengehalten werden, daß diesem Doppelpostulat von theoretischer Spekulation einerseits und empirischer Detailarbeit andererseits in der Sozialforschung die Arbeitsteilung von Sozialphilosophie bzw. theoretischer Soziologie und empirisch orientierter Teilsoziologie ja schon entspricht. Dagegen meint Horkheimer, daß dieser schon praktizierten Arbeitsteilung eine theoretisch unzulängliche Verhältnisbestimmung von Fachsoziologie und Sozialphilosophie zugrunde liege:

> »Das Verhältnis zwischen philosophischen und entsprechenden einzelwis-

senschaftlichen Disziplinen darf nicht in dem Sinne gefaßt werden, als ob die Philosophie die entscheidenden Probleme behandle und dabei von Erfahrungswissenschaft unangreifbare Theorien, eigene Wirklichkeitsbegriffe, die Totalität umspannende Systeme konstruiere, während im Gegensatz dazu die Tatsachenforschung ihre langen, langweiligen, sich in tausend Einzelfragen aufsplitternden Einzelerhebungen anstelle, um schließlich im Chaos des Spezialistentums zu enden.« (1972:40)

Für den entscheidenden Mangel des zeitgenössischen Wissenschaftsbetriebes hält Horkheimer also das unvermittelte Nebeneinander von einzelwissenschaftlicher Empirie und philosophierender Theorie. Und er postuliert eine Forschungsform, die durch die systematische Verschränkung philosophisch-theoretischer und fachwissenschaftlich-empirischer Arbeit gekennzeichnet wäre:

»Diese Auffassung, nach welcher der Einzelforscher die Philosophie als eine vielleicht schöne, aber wissenschaftlich fruchtlose, weil unkontrollierbare Übung ansehen muß, der Philosoph sich dagegen vom Einzelforscher emanzipiert, weil er auf ihn bei seinen weittragenden Entschlüssen nicht warten zu können glaubt, wird gegenwärtig durch den Gedanken einer fortwährenden dialektischen Durchdringung und Entwicklung von philosophischer Theorie und einzelwissenschaftlicher Praxis überwunden... Nicht dadurch wird die chaotische Spezialisierung überwunden, daß man schlechte Synthesen spezialistischer Forschungsergebnisse unternimmt, und nicht dadurch kommt andererseits unbefangene Empirie zustande, daß versucht wird, das theoretische Element darin auf nichts zu reduzieren: sondern indem die Philosophie als aufs Allgemeine, ›Wesentliche‹ gerichtete theoretische Intention den besonderen Forschungen beseelende Impulse zu geben vermag und zugleich weltoffen genug ist, um sich selbst von dem Fortgang der konkreten Studien beeindrucken und verändern zu lassen.« (1972:41)

Dieses Plädoyer findet dann seinen Niederschlag in einer Programmformulierung, welche die interdisziplinären, Theorie und Empirie integrierenden Themen, Interessen und Orientierungen des Frankfurter Kreises prägnant umreißt:

»Vielmehr kommt es heute darauf an, und ich stehe mit dieser Ansicht gewiß nicht allein, aufgrund aktueller philosophischer Fragestellungen Untersuchungen zu organisieren, zu denen Philosophen, Soziologen, Nationalökonomen, Historiker, Psychologen in dauernder Arbeitsgemeinschaft sich vereinigen und das gemeinsam tun, was auf anderen Gebieten im Laboratorium einer allein tun kann, was alle echten Forscher immer getan haben: nämlich ihre aufs Große zielenden Fragen anhand der feinsten wissenschaftlichen Methoden zu verfolgen, die Fragen im Verlauf der Arbeit am

Zitat

Gegenstand umzuformen, zu präzisieren, neue Methoden zu ersinnen und doch das Allgemeine nicht aus den Augen zu verlieren.« (1972:40)

Horkheimer geht es nicht um die modellhafte Reorganisation der *gesamten* Wissenschaftskultur. Wenn bei ihm von der Integration von Philosophie und Empirie und von fachübergreifender Orientierung die Rede ist, handelt es sich um »Sozialforschung«, d. h. um die wissenschaftliche Thematisierung von Gesellschaft. Im programmatischen Verständnis Horkheimers, das sich mit der gegenwärtigen Verwendung des Begriffs nicht immer deckt, ist »Sozialforschung« nicht wie die »Soziologie« eine Fachdisziplin unter anderen. In die Zuständigkeit von »Sozialforschung« fällt jedwede Beschäftigung mit Problemen von – sei's auch sehr vermittelter – gesellschaftlicher Relevanz. Deshalb fallen für Horkheimer »Soziologie« und »Sozialforschung« nicht zusammen:

»Mit der Soziologie als Fachwissenschaft fällt die Sozialforschung deshalb nicht zusammen, weil sie zwar wie diese auf das Problem der Gesellschaft abzielt, aber ihre Forschungsgegenstände auch auf nichtsoziologischen Gebieten findet. Doch entspricht das, was die Soziologen im Interesse ihrer Wissenschaft auf ökonomischem, psychologischem, historischem Gebiet selbst geleistet oder angeregt haben, durchaus dem hier gemeinten Begriff.« (ZfS 1, 1932:11)

Horkheimers programmatische Verwendung von »Sozialforschung« ist verwandt dem heutigen Begriff der »Sozialwissenschaften«, der, wenn man ihn nur weit genug faßt, alle Disziplinen umgreift, die im Frankfurter Kreis personell repräsentiert gewesen sind: Soziologie, Sozialphilosophie, Psychologie, Ökonomie, Jurisprudenz, Literaturwissenschaft, Kulturwissenschaft, Politologie. Horkheimer intendiert mit dem Konzept der »Sozialforschung« mehr als nur den innerakademischen Aufbau einer sozialwissenschaftlichen Großdisziplin. Die Arbeit des Instituts zielte vielmehr auf eine »Theorie der gegenwärtigen Gesellschaft als ganzer«:

»Das Wort ›Sozialforschung‹ beansprucht nicht, auf der Landkarte der Wissenschaften, die heute ohnehin sehr fragwürdig erscheint, neue Grenzlinien einzuzeichnen. Die Untersuchungen auf den verschiedensten Sachgebieten und Abstraktionsebenen, die es hier bedeutet, werden durch die Absicht zusammengehalten, daß sie die Theorie der gegenwärtigen Gesellschaft als ganzer fördern sollen.« (ZfS 1, 1932:I)

Wie sehr die geschilderte Forschungsprogrammatik für das Selbstverständnis des Kreises bestimmend gewesen ist, selbst noch zu einer Zeit, als sie nicht mehr in dieser Dezidiertheit praktiziert wurde, mag man aus einem Anzeigentext Walter Benjamins ersehen, der aus der Retrospektive von 1938 das kognitive Integrationsprinzip der Gruppe beschreibt. In einem Artikel der Zeitschrift »Maß und Wert« stellt Benjamin den Frankfurter Kreis so vor:

»Die Gruppe, von der hier die Rede ist, hat sich in der Deutschen Republik um das Frankfurter Institut für Sozialforschung zusammengefunden. Man kann nicht sagen, daß sie von Haus aus eine Fachschaft gebildet hätte. Der Leiter des Instituts, Max Horkheimer, ist ein Philosoph, ein Ökonom, Friedrich Pollock sein nächster Mitarbeiter. Neben ihm stehen als Psychoanalytiker Fromm, als Volkswirt Grossmann, als Philosoph Rottweiler (d. i. Adorno, H. D.), der letztere zugleich als Musikästhetiker, als Literaturhistoriker Löwenthal und einige andere. Der Gedanke, in dem sich diese Gruppierung vollzogen hatte, ist, ›daß die Lehre von der Gesellschaft sich heute nur in engstem Zusammenhang mit einer Reihe von Disziplinen, vor allem mit Nationalökonomie, Psychologie, Geschichte und Philosophie entwickeln kann‹.« (1938:519)

2. Wissenschaftsgeschichtlicher Kontext des Forschungsprogramms

2.1. Philosophische Wissenschaftskritik und neopositivistische Philosophiekritik in der Weimarer Republik

Das unvermittelte Nebeneinander von philosophischer Spekulation und theorieblindem Empirismus, das Horkheimer in seiner Antrittsrede beklagt und das er als symptomatisch für die Lage der zeitgenössischen Soziologie unterstellt, ist für ihn nur ein Fall der allgemeinen Dissoziation von Philosophie und Einzelwissenschaft. Das beweist sich für Horkheimer an der philosophischen Wissenschaftskritik der zwanziger Jahre und an der Gestalt der Einzelwissenschaften bzw. ihrer wissenschaftsphilosophischen Rechtfertigung. Für ihn präsentiert sich die philosophiegeschichtliche Situation der ausgehenden Weimarer Republik als eine, die durch ihr Verhältnis zur empirisch-analytischen Einzelwissenschaft gekennzeichnet ist und dabei in zwei extreme, sich einander ausschließende Positionen auseinanderfällt: die erste besteht in der philosophischen Diskreditierung jedweder fachwissenschaftlichen Erkenntnis seitens der Lebensphilosophie, des romantischen Spiritualismus, der materialen und existentialen Phänomenologie. Die andere, dieser Position extrem entgegengesetzte ist die des Neopositivismus, der die je präsente Gestalt einzelwissenschaftlicher Erkenntnis als einzige Wahrheitsquelle zugelassen wissen will.

(a) Die Arbeiten von Ludwig Klages, Oswald Spengler, Max Scheler, Martin Heidegger und anderer Philosophen der zwanziger Jahre eint der Zweifel an dem Anspruch empirisch-analytischer Fachwissenschaft, in der gesellschaftlichen oder biographisch-existenziellen Wirklichkeit irgendeine orientierende Kraft zu haben. Klages' Buch mit dem bezeichnenden Titel »Der Geist als Widersacher der Seele« (1931) will die niederen Wissensformen der Magie und des Aberglaubens wieder in ihr Recht gesetzt wissen, weil er ihnen eine höhere Orientierungsmächtigkeit zutraut als wissenschaftlichem Wissen. In Spenglers Buch »Untergang des Abendlandes« (1918), das bis zum Dritten Reich einer der zentralen Selbstverständigungstexte der konservativen geisteswissenschaftlichen Intelligenz war, wird dem Verstand attestiert, daß er »tötet, indem er erkennt«. Gegenüber wissenschaftlichem Wissen empfiehlt Spengler die vorwissenschaftliche Intuition. Die kulturelle Hochbewertung von Wissenschaft sei signifikant für absteigende, ›überzüchtete‹ Kulturen. Weltanschauungen, die ein Interesse an wissenschaftlicher Fundierung haben, finden sich nach Spengler immer in der Spätphase eines Kulturzusammenhangs; der Sozialismus »als wissenschaftliche Weltanschauung« läute das Ende des Abendlandes ein. Max Scheler hat in seinen Kriegsschriften die angelsächsische Wissenschaftskultur aus der Sicht der Lebensphilosophie kritisiert. Zwar haben seine philosophischen Nachkriegsschriften die Fachwissenschaften durchaus bereichert, so die psychologische Erlebnistheorie, die Wissenssoziologie und Anthropologie; doch auch seine Nachkriegsmetaphysik blieb dem »Leben« als einziger ontologischer Realität verhaftet. Dieses »Leben« entzog sich a priori fachwissenschaftlichem Zugriff. Bezeichnend ist, daß Max Scheler 1929 in seiner Schrift »Der Mensch im Zeitalter des Ausgleichs« die irrationalen Tendenzen der Zeit interpretrierte als Reaktion »gegen die übersteigerte Intellektualität unserer Väter« (1929:45). Auch Heideggers existenziale Daseinsanalytik in »Sein und Zeit« (1927) ist geprägt von der Geringschätzung wissenschaftlichen Wissens. Es ist die Prämisse seiner (wie auch der Jaspersschen) Existenzphilosophie, daß die fundamentalen ontologischen Strukturen, die er als seinen philosophischen Gegenstand bestimmt, den empirischen Kompetenzen der Einzelwissenschaften vorgängig sind. Auch für Heidegger hat fachwissenschaftliches Wissen (vom technischen abgesehen) weder für die Gesellschaft noch für das Individuum irgendeinen orientierenden Wert.

In Horkheimers »Bemerkungen über Wissenschaft und Krise« (1932), in welchen er die politisch entscheidende Identitätskrise der Weimarer Republik zum Thema macht, fließen die oben bezeichneten wissenschaftsfeindlichen Positionen zu einem kulturellen Syndrom zusammen:

»Zur Verschleierung der Ursachen der gegenwärtigen Krise gehört es, gerade diejenigen Kräfte für sie verantwortlich zu machen, die auf eine bessere Gestaltung der menschlichen Verhältnisse hintreiben, vor allem das rationale wissenschaftliche Denken selbst. Es wird versucht, seine Steigerung und Kultivierung beim einzelnen hinter die Ausbildung des »Seelischen« zurücktreten zu lassen und den kritischen Verstand, soweit er nicht beruflich in der Industrie benötigt wird, als die entscheidende Instanz zu diskreditieren. Durch die Lehre, daß der Verstand nur ein für die Zwecke des täglichen Lebens brauchbares Instrument sei, aber vor den großen Problemen zu verstummen und substantielleren Mächten der Seele das Feld zu räumen habe, wird von einer theoretischen Beschäftigung mit der Gesellschaft als ganzer abgelenkt. Ein Teil des Kampfes der modernen Metaphysik gegen den Scientivismus ist ein Reflex dieser breiten gesellschaftlichen Strömungen.« (ZfS 1, 1932:2)

(b) Das strikte Gegenbild zur beschriebenen lebensphilosophischen Kritik fachwissenschaftlicher Erkenntnis bildet die Tradition des sogenannten »Positivismus« oder »Empirismus«. Diese Etiketten bezeichnen in der Regel nicht mehr und nicht weniger als die erkenntnistheoretische Generalisierung des neuzeitlichen, naturwissenschaftlichen Wissensideals, wie sie besonders in der Philosophie Humes und der der französischen Enzyklopädisten vorgenommen worden ist. Die kennzeichnenden Merkmale dieses neuzeitlichen Erkenntnisideals, dessen Aufkommen mit dem Entstehen der bürgerlichen Gesellschaft zusammenfällt, ist die Stützung aller Urteile auf methodisch kontrollierte Sinneserfahrung und die scharfe Ablehnung aller Metaphysik. Nicht »wahrheitsfähig« sind nach Maßgabe dieses Erkenntnisideals auch die Sätze der Theologie, der Ästhetik, der Moral und Politik. In Auseinandersetzung mit den metaphysischen Prätentionen der scholastischen Theologie ist die moderne Naturwissenschaft überhaupt erst auf den Weg gekommen. Horkheimers These ist, daß die wissenschaftsphilosophische Selbstreflexion der neuzeitlichen Naturwissenschaft bestimmt ist durch das ahistorische Festhalten an dieser Frontstellung gegenüber der Theologie des Mittelalters:

»Die Aufgabe, unbekümmert um außerwissenschaftliche Rücksichten Tatsachen zu verzeichnen und die zwischen ihnen obwaltenden Regelmäßigkeiten festzustellen, war ursprünglich als ein Teilziel des bürgerlichen Emanzipationsprozesses in kritischer Auseinandersetzung mit scholastischen Hindernissen der Forschung formuliert worden. Aber in der zweiten Hälfte des 19. Jahrhunderts hatte diese Definition bereits ihren fortschrittlichen Sinn verloren und erwies sich im Gegenteil als Beschränkung des Wissenschaftsbetriebes auf eine um die Unterscheidung des Gleichgültigen vom Wesentlichen unbekümmerte Aufzeichnung, Klassifikation und Verallgemeinerung von Entscheidungen.« (ZfS 1, 1932:3)

Nun erfuhr das »positivistische« Erkenntnisideal, welches er kurzerhand als ideologisches Selbstbewußtsein des disziplinär zersplitterten, naturwissenschaftlich orientierten Wissenschaftsbetriebes identifizierte, in den Theorien des »Wiener Kreises« und des Logischen Empirismus eine bezeichnende Aktualisierung und Pointierung. Diese auch als »neopositivistisch« bezeichnete erkenntnistheoretische Richtung unterscheidet sich vom älteren Positivismus besonders durch die Reflexion auf die sprachlogischen und sprachanalytischen Bedingungen der Beobachtung und Beschreibung von Naturvorgängen. In dieser Neubestimmung konkretisierte und verschärfte sich die Metaphysikkritik des älteren Positivismus: als »metaphysisch« werden alle Sätze diskreditiert, die nicht den restriktiven Kontrollbedingungen physikalistischer Beobachtungssprachen genügen. Es gebe keine Human*wissenschaft*, und Philosophie könne nur noch als Sprachlogik auftreten; sie ist nur noch die reflexive Form naturwissenschaftlicher Begriffsbildung. In einer nach Maßgabe physikalistischer Fachwissenschaft vereinigten Wissenschaft[9] gibt es für Philosophie keinen selbständigen Platz. Es gibt in den Theorien des frühen Wittgenstein, Carnaps, Russells, Reichenbachs, Schlicks etc. keine die physikalistische Fachwissenschaft übersteigende theoretische Instanz. Dazu Horkheimer:

»Dem Denken wird hier die Funktion abgesprochen, die Beobachtungen sowie die Art, in der Wissenschaft sie zusammenfaßt, aufgrund einer auch die Wissenschaft selbst und ihre Formen noch einbeziehenden Theorie zu beurteilen. Der Empirismus setzt die je anerkannte Wissenschaft in ihrer gegebenen, mit dem Bestehenden versöhnten Struktur und Betriebsweise als höchste geistige Autorität überhaupt. Sie gilt ihm als bloßer Ordnungs- und Umordnungsapparat von Fakten, gleichviel welche Fakten sie aus der Unendlichkeit von Fakten aufnimmt; gerade als ob die Auswahl, Beschreibung, Anerkennung und Zusammenstellung in dieser Gesellschaft keinen Akzent und keine Richtung hätte.« (ZfS 6, 1937:15)

2.2. Das Verhältnis von Theorie und Empirie in der zeitgenössischen Soziologie

Der oben behandelte Anti-Rationalismus der Philosophie der Weimarer Republik hatte auch in den philosophischen Randbezirken der zeitgenössischen akademischen Soziologie sein Pendant. Zahlreiche Rezensionen in den letzten Nummern des »Grünberg-Archivs« und in den ersten beiden Nummern der »Zeitschrift für Sozialforschung« beziehen sich kritisch auf Repräsentanten dieser sozialphilosophisch argumentierenden Rationalismuskritik wie Weber, Troeltsch, Sombart, Freyer u. a.

Mit der fachwissenschaftlichen Soziologie der Weimarer Republik im engeren Sinne waren offenbar weder Horkheimer noch andere Mitarbeiter seines Kreises besonders vertraut. Dies gibt uns die Rechtfertigung, das Verhältnis von Theorie und Empirie in der zeitgenössischen Soziologie nur sehr gerafft darzustellen.

Das Verhältnis von theoretischer und empirischer Orientierung in der Soziologie der zwanziger Jahre würde stark verzerrt, würde man es betrachten aus der Perspektive des heutigen Verhältnisses von soziologischer Theorie und empirischer Sozialforschung, von »Bindestrich«-Soziologie und Allgemeiner Soziologie.

Zwar wurde schon in den zwanziger Jahren systematisch statistisch-empirisch gearbeitet. Das Niveau der verwendeten Techniken jedoch lag weit unter dem der vergleichbaren zeitgenössischen amerikanischen und englischen Studien.[10] Besonders aber wurde das Gewicht statistisch-empirisch gewonnener Erkenntnisse gering veranschlagt gegenüber historischer Empirie, Sozialphilosophie und der wissenschaftlichen Beschäftigung mit Sozialpolitik. Symptomatisch ist in diesem Zusammenhang Leopold von Wieses Kritik an Lazarsfelds bekannter Studie »Die Arbeitslosen von Marienthal«[11], in der jener Anstoß nimmt an Lazarsfelds programmatischer Absicht, nur solche Resultate aus der Studie zu berücksichtigen, die er statistisch belegen kann.[12]

Auch von einer Differenzierung von Teilsoziologie und Allgemeiner Soziologie kann gegen Ende der zwanziger Jahre noch nicht die Rede sein. Betrachtet man die Kongreßberichte der Soziologentage von 1926, 1928 und 1930, so fällt auf, daß die großen Namen der zeitgenössischen Soziologie (von Wiese, Vierkandt, Spann, Tönnies, Oppenheimer etc.) unsystematisch über fast alle Sektionsveranstaltungen streuen. Zwar haben sich bereits Interessenschwerpunkte herausgebildet wie Ethnologie, Kunstsoziologie, Politische Soziologie und Methodologie. Doch fast alle der erwähnten Namen arbeiten zugleich in vielen disparaten Sondergebieten. Diese unsystematische Interessenverteilung bietet nicht einmal Ansätze zu einer arbeitsteilig-spezialisierten Struktur bereichsspezifischer Soziologien.

Die Diskussion um das Verhältnis von theoretischer und empirischer Soziologie hat sich in der soziologischen »community« der Weimarer Republik primär entzündet am Konzept der sogenannten »Soziographie«. »Soziographie«, gelegentlich auch »Empirische Soziologie« genannt, bezeichnete das Programm eines induktiv verfahrenden, empirisch-analytisch ausgerichteten Typs von Sozialforschung, welcher die bereits breit praktizierten Erhebungstechniken der Demographie und Epidemiologie auf alle möglichen Gegenstände der Soziologie angewandt wissen wollte. Schon der Schöpfer des Begriffs »Soziographie«, der Holländer R. Steinmetz, hat eine »soziographische« Soziologie in Opposition zu einer »reinen«, oder »theoretischen« entwickelt.[13] Auf dem V. deutschen Soziologentag in Wien 1926 hat R. Steinmetz das Programm einer induktiv verfahrenden und empirisch-analytisch ausgerichteten Sozialforschung vorgetragen. Daran knüpft Tönnies in seinem Buch »Statistik und Soziographie« (1929) an, und auf seine Initiative hin wurde auf dem Soziologentag in Berlin 1930 eine eigene Untergruppe für »Soziographie« begründet. Im Mittelpunkt ihrer Diskussion stand der Steinmetzsche Dualismus von »theoretischer« Soziologie einerseits und »Soziographie« andererseits. Von fast allen Teilnehmern wurde die von Steinmetz geforderte Verselbständigung der empirischen »soziographischen« Soziologie kritisiert. Deren Anhänger konnten indes darauf verweisen, daß auch er mit der Metapher »Mutterland vs. Kolonie« ein wechselseitiges Befruchtungsverhältnis von Theorie und Empirie nahegelegt hatte. So, wie die Kolonie dem Mutterland die Rohstoffe liefere und deren veredelte Resultate dann in der Kolonie wieder abgesetzt würden, so liefere die »Soziographie« den Rohstoff, der nach seiner theoretischen Veredelung wiederum die Fragestellungen der Soziographie forme.[14] Daß diese prägnante Metapher, die ja einen imperialistischen Machtanspruch der Theorie gegenüber der Empirie impliziert, nicht nur ein rhetorisches Element war, mag man daraus ersehen, daß selbst im Lager der »Soziographen« der theorielose Empirismus der zeitgenössischen amerikanischen Sozialforschung scharf kritisiert wurde.[15]

Zu erwähnen sind noch die programmatischen wissenschaftstheoretischen Bestimmungen des Verhältnisses von theoretischer und empirischer Orientierung in der damaligen Soziologie. Die Frontlinien, die an diesen (scheinbaren) Alternativen entlangliefen, waren in der Weimarer Soziologie weitaus verschwommener und uneindeutiger als in der gegenwärtigen. Eine dezidiert »positivistische« Soziologie existierte – von Otto Neurath einmal abgesehen – eigentlich nur in den Feindbildern ihrer Gegner, d. h.

der Soziologen und Sozialphilosophen, die aus der Sicht ganz heterogener Theorierichtungen eine geisteswissenschaftliche Soziologie begründen wollten. Nur von diesen sind uns prägnante Stilisierungen der zeitgenössischen methodologischen Positionskonstellation überliefert. Vierkandt schrieb 1926 den Aufsatz »Die Überwindung des Positivismus in der deutschen Soziologie der Gegenwart«.[16] Darin kritisiert er die Anwendung aller induktiven, empirisch-analytischen Methoden in der Soziologie und empfiehlt als Alternative die phänomenologische Schau. Als Anhänger dieser Richtung nennt er Spann, Freyer, Spranger und Troeltsch. Im selben Jahr kam es auf dem V. Deutschen Soziologentag in Wien zu einer Kontroverse. Diese entwickelte sich, als Othmar Spann Leopold von Wiese unterstellte, seine Soziologie sei in der Begriffsbildungsform naturwissenschaftlich orientiert. Diese Kontroverse ist dann – wie schief es im Detail auch immer sein mag – als eine zwischen theoretischer und empirisch-analytischer Soziologie rezipiert worden.[17] Erst Otto Neurath hat 1931 mit seiner »Empirischen Soziologie« diesem von Vierkandt und Spann antizipierten Feindbild einer »positivistischen« Soziologie entsprochen. Neurath versteht die Soziologie als Teildisziplin einer physikalistischen Einheitswissenschaft und postuliert konsequent eine naturwissenschaftliche Methodologie.

Einer vorwiegend empiristisch orientierten Sozialforschung begegnete der Frankfurter Kreis dann ab 1934 in der amerikanischen Emigration. Explizite Kritik an dem in den USA verbreiteten Typus von Sozialforschung findet sich in der »Zeitschrift für Sozialforschung« selten. Die deutschen Autoren der »Zeitschrift« bezogen sich bis zum Kriegsbeginn weiterhin auf die politische und wissenschaftliche Kultur der Weimarer Republik; als Folge davon waren sie in der Wissenschaftsöffentlichkeit der USA bis zum Ende der dreißiger Jahre sehr isoliert. Die bekannte Kontroverse zwischen Lazarsfeld und Adorno, die durchaus als Kontroverse zwischen amerikanischer und deutscher Wissenschaftskultur interpretiert werden kann, fällt bezeichnenderweise auch erst in die späten dreißiger Jahre.[18]

In der »Zeitschrift« gibt es nur einen einzigen Aufsatz, der sich mit der empiristischen Orientierung der zeitgenössischen amerikanischen Sozialforschung offen und kritisch auseinandersetzt. Dieser Aufsatz, verfaßt von dem amerikanischen Historiker Charles Beard, kommt den vermutbaren Einschätzungen des Frankfurter Kreises sehr nahe. In »The Social Sciences in the United States« (ZfS f 4, 1935) bezeichnet Beard das Desiderat einer theoretischen Synthese der empirisch bereits geleisteten Detailarbeit als das Kernproblem der amerikanischen Sozialforschung:

»For the moment American scholarship runs in its historical course. Its statistical and factual studies have produced materials and work of immense value to future thought und use... But efforts of American scholars to bring to pass a social synthesis by the application of the empirical methods have come to a dead end...« (1935:64)

Als eine zwar mittelbare, aber ähnlich prägnante Kritik amerikanischer Sozialforschung wäre Gumperz' Kritik des sogenannten »Hoover-Reports« zu nennen. In einer Kritik der vom Präsidenten der USA, Hoover, 1932 initiierten, in Aufwand und Absicht gigantischen sozialwissenschaftlichen Standortbestimmung der nordamerikanischen Gesellschaft, dem Report über »Recent Social Trends in USA«, bemerkt Julian Gumperz in der ZfS 2, 1933, daß die Unfähigkeit der amerikanischen Sozialforschung zu einer theoretisch-interpretativen Synthese des gesammelten empirisch-statistischen Materials gerade auf dem Hintergrund des Anspruchs, gesamtgesellschaftliche Analyse zu leisten, deutlich wird:

»Der Bericht jedoch reißt die amerikanische Gesellschaft aus der geschichtlichen Bewegung und Umwelt, aus dem heraus sie allein verständlich wird, heraus und ersetzt die geschichtlich-gerichtete Bewegung durch ein Nebeneinander von statistischen Größenbeziehungen... Indem der soziologische Begriff des Trends die qualitativen Bestimmungen in einem homogenen Meer von Größenbeziehungen untergehen läßt, löst er tendenziell Soziologie in Statistik auf... (228) Es erweist sich hierbei wieder, daß die qualitative Analyse nicht durch die rein quantitative zu ersetzen ist...« (ZfS 2, 1933:225)

Die Gumperz-Kritik am »Hoover-Report« ist ein gutes Dokument des Eindrucks, den der Kreis der Emigranten um Horkheimer von der amerikanischen Sozialforschung hatte, deren theorieblinder Empirismus mit der Philosophielastigkeit der deutschen Soziologie der Weimarer Republik prägnant kontrastierte.

Festhalten läßt sich, daß der nach der Emigration erfolgte Kontakt zur amerikanischen sozialwissenschaftlichen Wissenschaftskultur, die das radikale Gegenstück zur Philosophielastigkeit der deutschen Soziologie darstellte, nur den Eindruck der Notwendigkeit der in Horkheimers Antrittsrede 1931 postulierten

Neubestimmung des Verhältnisses von Philosophie und Einzelwissenschaft, theoretischer Synthese und empirischer Detailarbeit verstärkte. Dieser Kontakt mit der amerikanischen Sozialforschung betonte also noch einmal die Dringlichkeit des schon 1931 formulierten Postulats nach einer »dialektischen Durchdringung und Entwicklung von philosophischer Theorie und einzelwissenschaftlicher Praxis«. (1972:40)

3. Theoriegeschichtlicher Hintergrund des Forschungsprogramms: Die Theorie dialektischer Darstellung

Im folgenden rekonstruieren wir lediglich die Horkheimersche Stilisierung der Hegelschen und Marxschen Ansätze zu einer Theorie dialektischer Darstellung. Für eine differentielle Einordnung der Interpretation Horkheimers in den – stark durch Lukács bestimmten – zeitgenössischen Rezeptionskontext von Dialektik ist hier nicht der Raum.

Das in dem Projekt einer interdisziplinär angelegten Sozialforschung forschungspraktisch realisierte Konzept einer Integration von philosophischer Theorie und einzelwissenschaftlicher Forschungspraxis ging hervor aus Horkheimers Rekonstruktion von Intentionen Marxscher und Hegelscher Dialektik. In dem Aufsatz »Zum Rationalismusstreit in der gegenwärtigen Philosophie« (ZfS 3, 1934) erinnert er an die im Kontext Hegelscher Kant-Kritik entwickelte »Dialektische Methode«, die »der Inbegriff aller intellektuellen Mittel ist, um die vom trennenden Verstand gewonnenen abstrakten Momente für das Bild des lebendigen Gegenstands fruchtbar zu machen«. (1934:20)

Der Hegelschen Logik liegt der Gedanke zugrunde, daß jeder Erkenntnisgegenstand im Denkakt nicht formal mit sich identisch bleibt, sondern wegen einer ihm unterstellten immanenten »Widersprüchlichkeit« über sich »hinaustreibt«, seine Identität, seine Grenzen transformiert. Dieser unterstellten Selbstbewegung des Gegenstandes wäre somit eine Erkenntnisform unangemessen, die sich in der Anwendung eines statisch gedachten, additiv organisierten Kategorienpotentials formaler Logik erschöpfte. Erkenntnis hat vielmehr selber prozessual zu sein; in diesem Prozeß haben Einzelurteile nur noch Geltung als vorläufige, als Durchgangsstadien des Erkenntnisprozesses. Kriterium für die »Wahrheit« von Urteilen ist nicht mehr die Adäquanz des Einzelurteils an einen ausgegrenzten Objektbereich, sondern der über alle vorläufigen Urteilsakte hindurchgezogene, Abgeschlossenheit beanspruchende Erkenntnisprozeß selber: »Das Wahre ist das Ganze.« Dieser Erkenntnisprozeß wird von Hegel metaphysisch aufgefaßt als der Selbstreflexionsprozeß eines theologisch konzipierten Supersubjekts, das die Gegenständlichkeit aus sich entläßt und erst durch die Reflexion, welche diese einholt, zu sich selber findet.

Die Hegelsche Identität von Gegenstand und Begriff ist indes eine metaphysische Voraussetzung. Im wissenschaftlichen Erkenntnisprozeß geht Hegel von einer empirisch vorfindlichen Differenz von Begriff und Sache, von denkendem Subjekt und Gegenstand aus. Diese Differenz zu überwinden, die spekulative Einheit von Ding und Begriff herzustellen, ist Aufgabe der Philosophie. Im kreisförmigen Prozeß der Selbstreflexion des Geistes ist die spekulative Philosophie die Funktionsstelle, wo logischer Begriff und Gegenstand »versöhnt« werden, der Gegenstand »auf den Begriff gebracht« wird. Bei der Erfüllung dieser ihrer Aufgabe bedient sich die spekulative Philosophie in einer spezifischen Weise der »vorläufigen Bestimmungen« der Einzelwissenschaften.

Die Bedeutung Hegelscher »Dialektik« für die Wissenschaften hängt ab von der ihrer Gegenstände, die, anders als in Theologie oder Ästhetik, die spekulative Identität von reflektierendem Subjekt und wissenschaftlichem Gegenstand von sich aus noch nicht mitbringen. Diese Identität muß vielmehr vom reflektierenden Subjekt erst hergestellt werden. Das ist für Hegel prägnant der Fall bei der »Philosophie der Geschichte«, deren Gegenstand zunächst durch die narrative Arbeit des Historiographen und dann durch die synthetisierende des Philosophen »auf den Begriff gebracht werden muß«. Die in diesem Zusammenhang von Horkheimer immer wieder zitierte Textstelle lautet:

»Die Empirie präpariert den empirischen Stoff für den dialektischen Begriff, damit dieser ihn so recht aufnehmen kann. Der Gang der Entstehung der Wissenschaft ist verschieden von ihrem Gang in sich, wenn sie fertig, wie der Gang der Geschichte der Philosophie und der Gang der Philosophie... Die Ausbildung der empirischen Seite ist... wesentliche Bedingung der Idee gewesen, damit sie zu ihrer Entwicklung, Bestimmung kommen könne.« (1959:284)

Die für die Hegelsche Dialektik grundlegende Annahme einer Angewiesenheit der fachwissenschaftlichen Forschungsresultate auf die sie »aufhebende« philosophische Reflexion exemplifiziert Hegel nicht nur am Verhältnis von Historiographie und Geschichtsphilosophie. Auch die Naturphilosophie hat nach Hegel gegenüber der fachwissenschaftlich verfahrenden Physik die Rolle, deren analytische und empirische Vorgaben »auf den Begriff« zu bringen.

»Die Naturphilosophie nimmt den Stoff, den die Physik ihr aus der Erfahrung herleitet, an dem Punkt auf, bis wohin ihn die Physik gebracht hat und bildet ihn wieder um, ohne die Erfahrung als die letzte Bewährung zugrunde zu legen; die Physik muß so der Philosophie in die Hände arbeiten, damit diese das ihr überlieferte verständige Allgemeine in den Begriff übersetze, indem sie zeigt, wie es als ein in sich selbst notwendiges Ganze aus dem Begriff hervorgeht.« (1958:44)

Zwar befinden sich nach Hegel die positiven Einzelwissenschaften gelegentlich schon »auf dem Boden des Begriffs«, aber die Vollendung der Wissenschaft als solcher – als »Idee«, als »System« – kann von diesen nicht geleistet werden. Wie die Historiographie der Geschichtsphilosophie, so liefert die Physik der Naturphilosophie das Material. Aber den Gang des Geistes selber vermag dieses einzelwissenschaftliche Material nicht zu affizieren. Nach Horkheimer haben zwar nicht im Selbstverständnis Hegels, aber in der literarischen Ausformung seiner Philosophie die Resultate der empirischen Einzelwissenschaften allenfalls einen exemplifikatorischen Stellenwert. Sie figurieren in der Darstellung als Anwendungsfall für den Gang der Idee. Diese Autonomie der Idee, des Geistes, die Unabhängigkeit der spekulativen Philosophie von der in empirischer Orientierung thematisierten Wirklichkeit, findet ihren Ausdruck in der von der idealistischen Dialektik postulierten spekulativen Identität von Begriff und Sache. Hegel billigte ja dem Akt der Reflexion über einen historischen Prozeß oder eine empirische Gegenständlichkeit selbst Subjektcharakter zu und substituierte dann dieses fingierte Subjekt jener Empirie in Form der »Idee«. Hegels Philosophie terminiert konsequent in der Identifikation von Reflexionsprozeß und empirischem Prozeß und subsumiert den letzteren restlos unter jenen. Marx hat diese basale Denkfigur Hegels in einer prägnanten Formulierung umrissen:

»Für Hegel ist der Denkprozeß, den er sogar unter dem Namen Idee in ein selbständiges Subjekt verwandelt, der Demiurg des Wirklichen, das nur seine äußere Erscheinung bildet.« (MEW 23, S. 27)

Marx hat sich in seiner Kritik dieser Identifikation im Nachwort zum »Kapital« beschränkt auf deren politische Implikation – die Implikation nämlich, gesellschaftliche Verhältnisse als historisch gewordene reflexiv zu verklären. Nach Horkheimer benennt die Kritik der Hegelschen Identifikation von Reflexionsprozeß und empirischem Prozeß bzw. die materialistische Behauptung ihrer

Nichtidentität exakt den Differenzpunkt von idealistischer und materialistischer Dialektik. Horkheimer bestimmt diesen Differenzpunkt wie folgt:

»Diese Ansicht hat den Grundsatz des Idealismus zur Voraussetzung, daß Begriff und Sein in Wahrheit dasselbe seien und daher alle Vollendung im reinen Medium des Geistes vor sich gehen könne... Der Materialismus behauptet dagegen, daß die objektive Realität nicht mit dem Denken identisch ist und niemals in ihm aufgehen kann. So sehr das Denken in seinem eigenen Element das Leben des Gegenstandes nachzubilden und insofern sich ihm anzuschmiegen sucht, so wenig ist doch der Gedanke zugleich der gedachte Gegenstand, es sei denn in der Selbstbeobachtung und Reflexion – und nicht einmal da.« (ZfS 4, 334)

In wissenschaftsmethodischer Hinsicht indes sind idealistische und materialistische Dialektik strukturell identisch. Identisch sind sie in der Differenzierung von analytischer und synthetischer Ebene im wissenschaftlichen Prozeß. Hegels »Empirie«, die »den empirischen Stoff... präpariert«, korrespondiert dem, was Marx »Forschung« nennt; Hegels »dialektischer Begriff«, der jene Empirie »aufnimmt«, entspricht Marxens »Darstellung«. Marx bestimmt den Zusammenhang der beiden Ebenen so:

»Die Forschung hat den Stoff sich im Detail anzueignen, seine verschiedenen Entwicklungsformen zu analysieren und deren inneres Band aufzuspüren. Erst nachdem diese Arbeit vollbracht ist, kann die wirkliche Bewegung entsprechend dargestellt werden. Gelingt dies und spiegelt sich nun das Leben des Stoffs ideell wider, so mag es aussehen, als habe man es mit einer Konstruktion apriori zu tun.« (MEW 23, S. 22)

Für Hegel war der Erkenntnisakt abgeschlossen, wenn der Philosoph den »empirischen Stoff« so präpariert hat, »daß er schließlich der Idee gemäß ist, damit sie zu ihrer Entwicklung, Bestimmung kommen könne« (Hegel 1959 a.a.O.). Die Form der Wissenschaftsentwicklung, die Hegel vorschwebt, ist eine der unilinearen Bewegung von der fachwissenschaftlichen Besonderung hin zur spekulativen Verallgemeinerung. Die »Idee« subsumiert die fachwissenschaftlichen Vorgaben unter sich. Horkheimer:

»Die materialistische Dialektik ist... von der Hegelschen grundsätzlich geschieden. Hegel hat durch die Entwicklung der dialektischen Grundsätze und mehr noch durch Ausführung dialektischer Darstellungen im einzelnen gezeigt, wie analytisch gewonnene Begriffe für die gedankliche Rekonstruktion lebendiger Prozesse fruchtbar zu machen sind. Aber bei ihm gibt es in Wahrheit nur einen einzigen großen Prozeß, der alle Begriffe als seine Momente in sich enthält, und dieser Prozeß, dieses ›Konkrete, Eine‹ kann der Philosoph ein für allemal erfassen und darstellen.« (ZfS 3, 1924:24)

Dagegen sei das Verfahren einer materialistischen Dialektik gekennzeichnet durch die wechselseitige Determination von philosophischer Spekulation und fachwissenschaftlicher Arbeit. In der Marxschen Ökonomiekritik wurden sowohl im Programm wie in der Durchführung Philosophie und Einzelwissenschaften zu einer Einheit, während in Hegels idealistischer Dialektik die spekulative Philosophie die einzelwissenschaftlichen Resultate unter sich subsumiere.

Explizite methodenreflexive Äußerungen von Marx zu der ihm von Horkheimer unterstellten Korrektur- und Spezifikationsfunktion empirisch-analytischer, fachwissenschaftlicher »Forschung« gegenüber der synthetisierenden »Darstellung« sind selten, zumindest in den ökonomiekritischen Schriften. Durchgängig sowohl in den frühen als auch in den ökonomiekritischen Schriften finden sich kritische Verweise auf die hegelianisierende Neigung (z. B. Bruno Bauers), »die empirischen Verhältnisse aus dem Begriff zu entwickeln«, die Neigung zu »Begriffsanknüpfungsmethoden«.[19]

Die erkenntnistheoretische Maxime, die sowohl der idealistischen wie der materialistischen Dialektik zugrunde liegt, wird gekennzeichnet im erkenntnistheoretischen Prinzip der »konkreten Totalität«. Ihm zufolge wird ein Erkenntnisobjekt niemals als isoliertes, aus seinem weiteren Zusammenhang ausgegrenztes wahrgenommen, sondern immer nur im Horizont eines zumindest latent mitgegebenen Ganzen. Die Identität des Erkenntnisobjekts ist doppelt bestimmt durch den Interdependenzzusammenhang, dem es zugehört, und zugleich durch den Ort, den es in diesem Zusammenhang einnimmt. Für Hegel wie für Marx bezeichnete der Begriff »konkret« die Beziehung von Erkenntnisobjekt und Interdependenzzusammenhang. Die theoretische Rekonstruktion eines Sinnesobjekts, eines historischen Ereignisses, eines wissenschaftlichen Faktums oder eines juristischen Tatbestands können nach Hegels Terminologie als »konkret« nur in dem Maße bezeichnet werden, wie sie auf die Totalität des Phänomenzusammenhangs rückbezogen werden, ähnlich wie für Marx die Untersuchung eines Elements kapitalistischer Produktionsweise – wie z. B. die Konkurrenz von Einzelkapitalen – »Konkretheit« nur dadurch gewinnt, daß es methodisch auf die Totalität des kapitalistischen Reproduktionsprozesses bezogen wird.

Das erkenntnistheoretische Prinzip der »konkreten Totalität« unterläuft jene scholastische Debatte zwischen Nominalismus und Begriffsrealismus. Die Totalität hat keine Existenz ohne das auf sie bezogene Einzelne, und das Einzelne wiederum ist nur bestimmbar durch den Ort in einem Totalitätszusammenhang. Die kreisende Bewegung dialektischer Erkenntnis von den Teilen zum Ganzen, von der Individualität zur Totalität, vom Wesen zur Erscheinung und vice versa ist keine zirkulär in sich geschlossene.[20] Der erste Schritt im dialektischen Erkenntnisprozeß besteht in der begrifflichen Antizipation der zunächst noch ganz leeren und chaotischen Totalität. Dialektische Theoriebildung beginnt nach Horkheimer zunächst mit leeren Globaldefinitionen, z. B. mit der Bezeichnung des kapitalistischen Reichtums als einer »ungeheuren Warensammlung«. Im zweiten Schritt folgt dann eine zunächst ortlose Definition eines Elements in diesem Totalitätszusammenhang, welche dann aber im dritten Schritt sogleich wieder auf die Totalität bezogen wird, die ihrerseits durch diese differentielle Ausformung ihrer inneren Struktur immer schärfer und präziser bestimmt wird. Zugleich werden wiederum durch die Ausdifferenzierung der internen Struktur die Kontextstellen der analytischen Detailbestimmungen immer genauer angebbar. Im Zuge des dialektischen Erkenntnisprozesses kommentieren sich also Totalitätsbezug und Detailbestimmung wechselseitig so lange, bis eine komplexe theoretische Struktur entwickelt ist.

Dialektische Theoriebildung unterscheidet sich somit der Idee nach sowohl von analytischen Theoriebildungsformen, die schon auf der Ebene der Methodologie unterstellen, daß komplexe Phänomene nur reihenmäßig organisierte Zusammenhänge von Details sind, als auch von synthetisch-spekulativen Theorieformen, die aus allgemeinen Begriffen Einzelbestimmungen »ableiten«. Die »Eigentümlichkeiten des dialektischen Denkens« bestimmt Horkheimer als

> »... das Bestreben, nicht Merkmale nebeneinander zu stellen, sondern durch Analyse jeder allgemeinen Eigenschaft im Hinblick auf das bestimmte Objekt darzutun, daß diese Allgemeinheit ausschließlich genommen dem Objekt zugleich widerspricht, das vielmehr, um richtig erfaßt zu werden, auch zur gegensätzlichen Eigenschaft, ja in letzter Linie zum Gesamtsystem der Erkenntnis in Beziehung gebracht werden muß; das hier

aus folgende Prinzip, jede Einsicht erst im Zusammenhang mit der gesamten theoretischen Erkenntnis als wahr zu nehmen...« (ZfS 4, 1935:350).

Horkheimer hat nun – das ist der Kern unserer These – diese quasi grundlagentheoretischen Reflexionen über Probleme dialektischer Erkenntnistheorie immer verstanden im methodologischen Selbstverständigungskontext der im Kreis praktizierten interdisziplinären Sozialforschung. So liest er Hegels kritisch gegen Kant gemünztes Diktum vom »trennenden Verstand« konsequent als Aufforderung an die Einzelwissenschaften, zur Einsicht in die Beschränktheit ihrer Darstellungskompetenz zu gelangen:

»Die Einzelwissenschaften liefern nur die Elemente zur theoretischen Konstruktion des geschichtlichen Ablaufs... Die Begriffsbildungen der Physik, die Definition von Lebensvorgängen in der Biologie, die allgemeine Beschreibung einer Triebregung, die Darstellung des typischen Inflationsmechanismus oder der Kapitalakkumulation und anderer Ergebnisse der einzelnen Wissenschaften (bilden) nicht schon die Darstellung menschlichen Geschehens in der toten und lebendigen Natur, sondern bloß ihre Voraussetzung...« (ZfS 3, 1934:22)

Für die Praxis der Forschung heißt das, daß die empirisch-analytisch verfahrenden Fachwissenschaften – ganz entgegen ihrem Selbstverständnis – gerade nicht dazu angelegt sind, die Struktur der Realität angemessen abzubilden. Gerade ihre Ergebnisse sind »abstrakt« – im alltagssprachlichen und philosophischen Sprachgebrauch dieses Begriffs. Denn sie präsentieren das disziplinär zersplitterte Kaleidoskop einzelwissenschaftlicher Forschungsresultate, die allenfalls additiv, also theorielos synthetisierbar sind, als scheinbar verläßliches und handlungsorientierendes Abbild der Realität. Horkheimer hat immer darauf verwiesen, daß die Orientierungsschwäche der Einzelwissenschaften im bürgerlichen Bewußtsein kompensiert wird durch unwissenschaftliche Metaphysik. Szientismus und metaphysische Sinnstiftung seien komplementäre Symptome einer identischen Pathologie.

Ein wissenschaftliches Unternehmen jedoch wie die von Horkheimer programmatisch avisierte »materialistische« Gesellschaftstheorie, welche an die analytischen und empirischen Vorgaben der Fachwissenschaften ausdrücklich anknüpft und diese dann in der beschriebenen dialektischen Theoriebildungsform zu einer komplexen theoretischen Struktur zusammensetzt, kann gewiß eher die Struktur einer historisch prozessierenden Realität abbilden. Die dialektische Theoriebildungsform, die »die analytisch gewonnenen Begriffe zueinander in Beziehung (setzt) und die Wirklichkeit durch sie rekonstruiert« (ZfS 4, 1935:351), verleiht den analytischen Konzepten der Einzelwissenschaften sowie deren empirischen Befunden erst den Darstellungs- und Orientierungswert, den sie von sich aus und bei ihrem bloß additiven Arrangement nicht haben.

Das bestimmende Paradigma einer solchen Methodologie ist für Horkheimer Marx' Methode im »Kapital«, die er so beschrieben hat:

»Indem ein Begriff in der dialektischen Konstruktion eines Geschehens eine bestimmte Rolle spielt, wird er zum unselbständigen Moment eines gedanklichen Ganzen, das andere Eigenschaften hat als die Summe aller in es aufgenommenen Begriffe; dieses Ganze, die Konstruktion des bestimmten Gegenstands, kann freilich nur dann in einer der jeweiligen Erkenntnis angemessenen Weise zustande kommen, wenn die Begriffe in dem Sinn in dieses aufgenommen sind, der ihnen in den Systemen der Einzelwissenschaften, in den systematischen Inventaren wissenschaftlich fundierter Definitionen zukommt – soweit es sich überhaupt um Begriffe handelt, für welche Fachwissenschaften zuständig sind. Im ›Kapital‹ führt Marx die Grundbegriffe der klassischen englischen Nationalökonomie: Tauschwert, Preis, Arbeitszeit usf., nach ihren exakten Bestimmungen ein. Alle aufgrund der wissenschaftlichen Erfahrung damals fortgeschrittensten Definitionen werden herangezogen. Im Zusammenhang der Darstellung gewinnen jedoch diese Kategorien neue Funktionen, sie tragen zu einem theoretischen Ganzen bei, dessen Charakter den statischen Anschauungen, innerhalb deren sie entstanden sind, und vor allem ihrer unkritischen isolierten Anwendung widerspricht. Das Ganze der materialistischen Ökonomik ist dem System der klassischen entgegengesetzt, und doch sind ihre einzelnen Begriffe übernommen.« (ZfS 4, 1935:355f.)

Alfred Schmidt vertritt die These, daß Horkheimer einer der ersten war, der die Methodik der Kritik der politischen Ökonomie, insbesondere deren Differenzierung von »Forschung« und »Darstellung«, als Aufbauprinzip des »Kapitals« richtig einzuschätzen wußte.[21] Das mag so sein. Sicher ist aber – das belegt allein schon die geringe Zahl einschlägiger Textstellen –, daß Horkheimer kein ausgeprägtes Interesse an Marx-Philologie hatte. Neben unausgeführten Andeutungen gibt es außer der zitierten nur noch in dem Aufsatz »Traditionelle und kritische Theorie« Ausführungen, die man in forcierter Interpretation als Marx-philologische würde kennzeichnen können. Unsere Auffassung ist die, daß Horkheimers Interesse an der Wissenschaftslogik der Kritik der politischen Ökonomie ein Interesse an der in ihr repräsentierten Wissenschaftsform gewesen ist.

»Anknüpfen an die analytischen Vorgaben der Einzelwissenschaften« konnte unter den wissenschaftshistorischen Bedingungen von 1930 nicht mehr heißen, kritisch anzuknüpfen an die Konzepte der klassischen bürgerlichen Ökonomie des 18. Jahrhunderts. Wenn Horkheimer von der »materialistischen Vereinigung von Philosophie und Fachwissenschaft« sprach, dann tat er dies in einer wissenschaftshistorischen Situation, in welcher sich aus der breiten staatswissenschaftlichen Einheitsdisziplin des 18. und 19. Jahrhunderts Ökonomie, Jurisprudenz, Soziologie und Politologie ausdifferenziert hatten, eine psychoanalytisch orientierte Psychologie hinzugekommen war, die Geisteswissenschaften sich konstituiert hatten und mit dem naturwissenschaftlichen Erkenntnisideal in Konflikt geraten waren.

Doch auf die zentrale Frage, wie jene Wissenschaftsform unter den genannten Bedingungen noch zu realisieren sei, insbesondere auf die Frage nach dem »Wie« der dialektischen Konstruktion, der »Darstellung« der fachwissenschaftlichen »Forschungs«-Resultate, gibt es in den einschlägigen Texten Horkheimers keine präzise Antwort.[22] Gelegentlich erinnert er in diesen Zusammenhängen an das alte, wohl aristotelische Argument, daß der Historiograph über die bloße Kenntnis der Ereignisse hinaus der poetischen Imagination und der dichterischen Phantasie bedürfe – Kompetenzen also, die sich wissenschaftlicher Kontrolle entziehen. Die Antwort auf die Frage nach dem »Wie« der dialektischen Konstruktion liegt noch vor den Theorietexten Horkheimers: in der Idee nämlich, den für zeitgenössische Bedingungen vorzüglich ausgestatteten Forschungsapparat des Frankfurter Instituts für Sozialforschung in den Dienst einer wissenschaftlichen Unternehmung zu stellen, der die Wissenschaftsform der Kritik der politischen Ökonomie (in Horkheimerscher Deutung) als organisatorische Maxime zugrunde gelegen hat.

4. Theorie dialektischer Darstellung und Forschungsorganisation

In der von uns aus systematischem Interesse idealisierten und stilisierten Retrospektive sah das forschungsorganisatorische Grundprinzip des Frankfurter Instituts unter Horkheimers Leitung wie folgt aus:

Die für die dialektische Methode kennzeichnende Ebenendifferenzierung von »Forschung« und »Darstellung« wurde forschungspraktisch realisiert. »Forschung« und »Darstellung« waren Funktionen im Forschungsprozeß, die – obwohl als Stadien eines Prozesses aufeinander bezogen – dennoch arbeitstechnisch separiert waren. »Forschung« und »Darstellung« wurden als Inhalte für soziale Rollen in einem arbeitsteilig verfaßten Forschungszusammenhang definiert.

Die Inhaber der Rolle »Darstellung« hatten in bezug auf die Inhaber der Rolle »Forschung« die Funktion

(a) der allgemeinen, ›philosophischen‹ Problemdefinition,
(c) der fachübergreifenden Integration der noch disziplinär gebundenen Theoriekonzepte,
(e) der Integration empirisch bewährter Hypothesen in interdisziplinär generierte Supertheorien,
(g) evtl. der abschlußhaften Formulierung von Resultaten.

Die Inhaber der Rolle »Forschung« hatten in bezug auf die Inhaber der Rolle »Darstellung« die Funktion

(b) der fachwissenschaftlichen Spezifikation der philosophisch-allgemeinen Problemvorgabe,
(d) der Operationalisierung fachübergreifender Theoriekonzepte, der Konzeption und Durchführung empirischer Untersuchungen,
(f) der Prüfung der zur Supertheorie integrierten Hypothesen vor den analytischen, methodischen und meßtechnischen Standards der Fachwissenschaften.

Im folgenden Schaubild wird die Ebenentrennung von »Forschung« und »Darstellung« deutlich; die von (a) bis (g) durchgezogene Zickzacklinie zeichnet die Sukzession der einzelnen Arbeitsschritte nach und macht die Interaktion der Rollengefüge sichtbar:

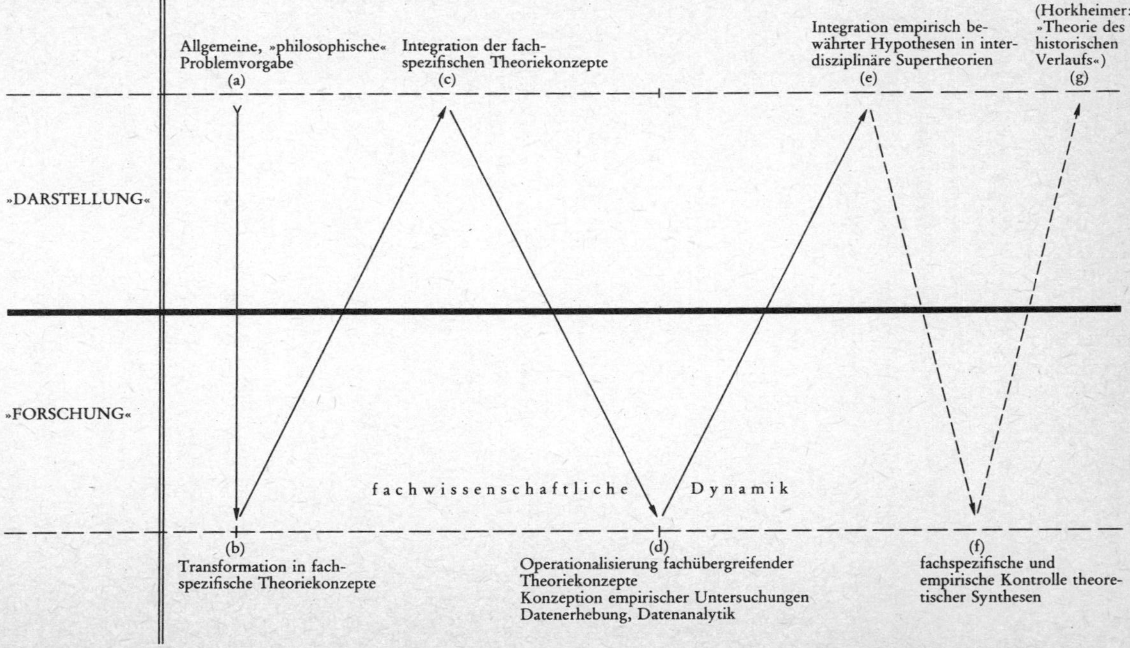
Allgemeine, »philosophische« Problemvorgabe
(a)
Integration der fachspezifischen Theoriekonzepte
(c)
Integration empirisch bewährter Hypothesen in interdisziplinäre Supertheorien
(e)
(Horkheimer: »Theorie des historischen Verlaufs«)
(g)
»DARSTELLUNG«
»FORSCHUNG«
fachwissenschaftliche Dynamik
(b)
Transformation in fachspezifische Theoriekonzepte
(d)
Operationalisierung fachübergreifender Theoriekonzepte
Konzeption empirischer Untersuchungen
Datenerhebung, Datenanalytik
(f)
fachspezifische und empirische Kontrolle theoretischer Synthesen

Um diesen idealtypisch stilisierten Prozeßablauf deutlich zu machen, sollen im folgenden Bruchstücke der Theorieentwicklung des Frankfurter Kreises als illustrierendes und exemplifizierendes »Spielmaterial« verwendet werden. Die lateinischen Kleinbuchstaben bezeichnen wie im Schaubild die Etappen des Forschungsprozesses:

(a) Der Philosoph beklagt in der ihm eigenen Begrifflichkeit, daß die Menschheit unter den Bedingungen einer kapitalistisch verfaßten Gesellschaft ihre Geschichte nicht mit Willen und Bewußtsein macht.

(b) Der Ökonom transformiert dann im Rahmen seiner Fachwissenschaft diese philosophische Klage in die Form krisen- und planwirtschaftstheoretischer Studien.

(a) Weiterhin kritisiert der Philosoph an der bürgerlichen Geschichtsphilosophie, daß ihr als Erklärungsfundament geschichtlicher Prozesse ein konstant gedachtes anthropologisches Menschenbild dient. Seine dagegen gesetzte – sozialphilosophisch formulierte – These von der sozioökonomischen Varianz psychischer Strukturen spezifiziert dann der Sozialpsychologe (b) in eine auf der Begrifflichkeit der Psychoanalyse basierende materialistische Sozialpsychologie.

(c) Wenn sich der Philosoph nach dieser erfolgten Spezifizierung seiner allgemeinen Problemdefinition z. B. zum bekannten historischen Phänomen der Depossedierung der Mittelschichten in der Weimarer Republik äußert und den damit zusammenhängenden Veränderungen familialer Sozialisationsstile, dann tut er dies in klarer Orientierung am analytischen Niveau des Sozialpsychologen und des Ökonomen. Der Philosoph hat also – und das ist in allen Stadien die entscheidende Funktion der Rolle »Darstellung« – die Begriffs- und Hypothesenbildung organisatorisch und kognitiv separierter Einzelwissenschaften in bezug auf ein identisches Thema aneinander anschließbar gemacht.

(d) Aus diesen auf der Ebene der Darstellung integrierten Theoriekonzepten werden Hypothesen abgeleitet, in die alle bereits vorliegenden analytischen und empirischen Resultate der Fachwissenschaften eingegangen sind. In der Form eines Ensembles von Untersuchungen werden diese Hypothesen dann empirisch geprüft.

(e) Diese fachübergreifend generierten und empirisch bewährten Hypothesen werden auf der Ebene der Darstellung wiederum zu einer umfassenden Theorie integriert, die sich (f) immer wieder rechtfertigen muß vor den analytischen, methodischen und meßtechnischen Standards der Einzeldisziplinen...

Im folgenden wollen wir versuchen, das von uns aus programmatischen Textstellen abgeleitete und dann in der Rekonstruktion systematisch stilisierte Grundschema des Forschungsprozesses in der literarisch dokumentierten Arbeit des Frankfurter Kreises selbst zu identifizieren. Unsere Intention ist dabei nicht nur die Verifikation bzw. Falsifikation einer hypothetischen Unterstellung; es soll zugleich die Chance ergriffen werden, dieses grobe und hochformalisierte Schema in seinem empirischen Ablauf zu differenzieren und somit seine forschungspraktische Umsetzbarkeit zu überprüfen. Dieser Gesichtspunkt wird dann im Resumée systematisch aufgegriffen.

Die Identifikation jenes Schemas im literarisch, dokumentarisch und historiographisch greifbaren Forschungsprozeß des Frankfurter Kreises geschieht anhand einer Inhaltsanalyse der »Zeitschrift für Sozialforschung« (5.1) und der »Studien über Autorität und Familie« (5.2), einer Analyse der allgemeinen kognitiven Organisationsstruktur der Forschungsarbeit (5.3), einer Analyse der Kommunikationsstruktur des Kreises (6.1), seiner Rollendifferenzierung (6.2) sowie seiner institutionellen Außenbedingungen (7.).

5. Kognitive Struktur der Forschungsorganisation

Bei dem Versuch, dieses idealisierte organisatorische Grundschema in den Texten der »Zeitschrift für Sozialforschung« und der »Studien über Autorität und Familie« inhaltsanalytisch zu identifizieren, stoßen wir rasch auf folgende Schwierigkeit: Bei der programmatischen Darstellung der interdisziplinär konzipierten »Sozialforschung« hat Horkheimer die interdisziplinäre Reorganisation der disziplinär separaten Fachwissenschaften im Medium der Philosophie und die Integration von Philosophie und Fachwissenschaften immer ineins gedacht. Das hat zu bezeichnenden Verzerrungen geführt, z. B. zu einem methodisch unscharfen Empiriebegriff: »empirisch« gilt ihm gelegentlich nicht als Attribut einer Forschungsmethode, sondern lediglich eines realen Gegenstandsbezugs. Entsprechend hat er oft übersehen, in welchem Maße die Leistung philosophisch theoretischer Reflexion längst von den Fachwissenschaften selber integriert worden ist.

Für unsere Analyse folgt daraus, daß die beiden Momente – die (horizontale) interdisziplinäre Integration der Fachwissenschaften einerseits und die (vertikale) Integration von Fachwissenschaft und Philosophie andererseits – partiell auseinanderfallen bzw. in den von uns zu analysierenden Textkomplexen von verschiedenem Gewicht sind.

Zunächst analysieren wir die Texte des Frankfurter Kreises in den ersten drei Nummern der »Zeitschrift«, in welchen jenes Moment der horizontalen Integration dominiert, und dann die »Studien über Autorität und Familie«, in denen das Moment der vertikalen Integration stärker hervortritt. Der Grund für diese Differenz liegt darin, daß die »Zeitschrift« primär gedacht war als Plattform für theoretische Beiträge, während »Autorität und Familie« ein auch stark empirisch orientiertes Projekt gewesen ist.

Die im Folgenden versuchte Interpretation steht quer zu den gängigen Rezeptionsmustern kritischer Theorie, welche durch die implizite Grundannahme rein individuell erklärbarer Theoriebiographien gekennzeichnet ist. Dagegen setzen wir einen Interpretationstyp, der – zumindest für unseren Berichtszeitraum – von einer weitgehenden strukturellen Vernetzung der individuellen Theorieproduktion ausgeht.

5.1. »Zeitschrift für Sozialforschung«

Wir analysieren die Struktur der Wirkungs- und Wechselwirkungsprozesse von Theoriekonzepten und Lösungsversuchen an den verschiedenen Gegenstandsbezügen der wissenschaftlichen Einzelbeiträge der »Zeitschrift für Sozialforschung«, und zwar unter der Fragestellung, in welchem Maße sich die Einzelbeiträge zu einer interdisziplinären Gestalt konfigurieren. Wir beschränken uns dabei auf die ersten drei Nummern der »ZfS«.

Zur besseren Orientierung sei die Struktur dieser Wirkungs- und Wechselwirkungsprozesse zunächst graphisch dargestellt:

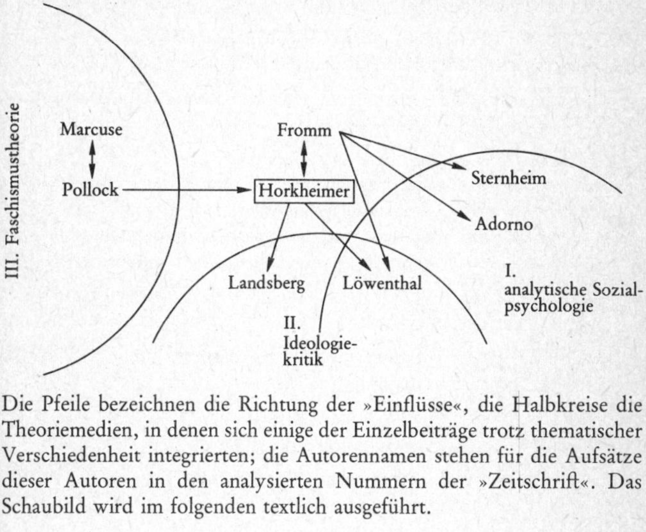

Die Pfeile bezeichnen die Richtung der »Einflüsse«, die Halbkreise die Theoriemedien, in denen sich einige der Einzelbeiträge trotz thematischer Verschiedenheit integrierten; die Autorennamen stehen für die Aufsätze dieser Autoren in den analysierten Nummern der »Zeitschrift«. Das Schaubild wird im folgenden textlich ausgeführt.

I.

In seinem in den späten zwanziger Jahren geschriebenen, 1930 veröffentlichten Buch »Anfänge der bürgerlichen Geschichtsphilosophie« tadelt Horkheimer die frühbürgerlichen Politikphilosophen Machiavelli und Hobbes, daß ihr Erklärungshintergrund für den Geschichtsverlauf eine als konstant gedachte Menschennatur ist. Diese Anschauung sehe davon ab, »daß die psychischen und physischen Elemente, die den Bau der menschlichen Natur bestimmen, in die historische Wirklichkeit einbezogen sind« (1930:29). Die historische und soziale Kontingenz der psychischen Natur ist Thema eines Vortrags vor der Frankfurter Kant-Gesellschaft, der dann auch in der »Zeitschrift für Sozialforschung« abgedruckt wurde: »Geschichte und Psychologie«. Darin nimmt sich Horkheimer programmatisch vor, »die Rolle zu kennzeichnen, die der Psychologie im Rahmen einer dem Stand der Sozialwissenschaften angemessenen Geschichtstheorie zukommt« (1932:125). Dabei wird im Zusammenhang einer Kritik bürgerlicher Geschichtsphilosophien bzw. ihrer Ignoranz gegenüber genuin psychischen Bedingungsfaktoren auch der historische Materialismus einer Kritik unterzogen. Seine Behauptung des ontologischen Primats der ökonomischen Basis und die These von der einsinnigen Dependenz des Überbaus von der Basis sei durch eine Sozialpsychologie zu komplettieren. Denn:

»Soweit noch nicht erkannt ist, wie strukturelle Veränderungen des wirtschaftlichen Lebens durch die psychische Verfassung, die bei den Mitgliedern der verschiedenen sozialen Gruppen in einem gegebenen Augenblick vorhanden ist, sich in Veränderungen ihrer gesamten Lebensäußerung umsetzen, enthält die Lehre von der Abhängigkeit dieser von jener dogmatische Elemente, die ihren hypothetischen Wert für die Erklärung der Gegenwart aufs stärkste beeinträchtigen...« (ZfS 1, 1932:134)

Horkheimer plädiert für eine an die Resultate der politischen Ökonomie anknüpfende Sozialpsychologie, die die psychischen Formen, in denen sich die ökonomischen Zwänge äußern, zum Thema macht:

»Die Psychologie wird daher zu diesen tieferliegenden psychischen Faktoren, mittels deren die Ökonomie die Menschen bestimmt, vorzustoßen haben, sie wird weitgehend Psychologie des Unbewußten sein.« (ZfS 1, 1932:135)

In einer Anmerkung dann verweist Horkheimer auf Erich Fromms Versuch, auf psychoanalytischer Grundlage eine solche Sozialpsychologie auszuarbeiten.

In dem Aufsatz »Über Methode und Aufgabe einer analytischen Sozialpsychologie« (ZfS 1, 1933) geht Erich Fromm von der psychoanalytischen Prämisse der Plastizität, d. i. die Verwandelbarkeit und Verschiebbarkeit des Sexualtriebes aus. Wider die zeitgenössischen Versuche des Freud-Schülers Wilhelm Reich behauptet

Erich Fromm die Applikabilität dieser von Freud auf den Bereich der Personalpsychologie zugeschnittenen Theorie auf Massenphänomene. Fromms Versuch einer »konsequenten Anwendung der Methode der analytischen Personalpsychologie auf soziale Phänomene« stellt sich zumindest im Programm in den von Horkheimer abgesteckten Rahmen einer psychoanalytischen Verfeinerung politischer Ökonomie:

»Analytische Sozialpsychologie heißt also: die Triebstruktur, die libidinöse, zum großen Teil unbewußte Haltung einer Gruppe aus ihrer sozialökonomischen Struktur heraus zu verstehen...« (1932:34);

und:

»Die sozialpsychologischen Erscheinungen sind aufzufassen als Prozesse der aktiven und passiven Anpassung des Triebapparats an die sozialökonomische Situation. Der Triebapparat selbst ist – in gewissen Grundlagen – biologisch vorgegeben, aber weitgehend modifizierbar; den ökonomischen Bedingungen kommt die Rolle der primärformenden Faktoren zu. Die Familie ist das wesentliche Medium, durch das die ökonomische Situation ihren formenden Einfluß auf die Psyche des einzelnen ausübt. Die Sozialpsychologie hat die gemeinsamen – sozial relevanten – seelischen Haltungen und Ideologien – und insbesondere deren unbewußte Wurzeln – aus der Einwirkung der ökonomischen Bedingungen auf die libidinösen Strebungen zu erklären.« (ZfS 1, 1932:40)

Dieser theoretische Ansatz hat – wenn er auch im sozialpsychologischen Teil von »Autorität und Familie« breiter ausgeführt wurde – letztlich den Rahmen eines Programms nie überschritten. Gleichwohl bietet er das, was in diesem Rahmen exemplifiziert werden sollte: die fachwissenschaftliche Spezifikation eines von Horkheimer philosophisch vorgegebenen Problems.

Dieses zwischen Horkheimer und Fromm »ausgehandelte« Projekt einer analytisch orientierten und materialistisch fundierten Sozialpsychologie war wohl der designierte paradigmatische Kern der theoretischen Orientierung der Horkheimer Gruppe in den frühen dreißiger Jahren. Noch in thematisch entlegenen Beiträgen taucht jenes Programm als Lösungspotential für zahlreiche intradisziplinär generierte Problemstellungen auf.

In seiner Arbeit »Zum Problem der Freizeitgestaltung« (ZfS 1, 1933) bringt Andries Sternheim empirisches Material zur Differenzierung der Freizeitverwendung zur Darstellung, welches aus Enquêten des Internationalen Arbeitsamtes in Genf stammt. Eine theoretisch befriedigende Lösung der sich ihm stellenden

Probleme erwartet er erst von einer ausgeführten analytischen Sozialpsychologie:

»Das Studium der einzelnen Arten der Freizeitverwendung unter Anwendung der analytischen sozialpsychologischen Methode wird erst Aufschluß über die psychologischen Vorbedingungen des Entstehens, Fortbestehens und gegebenenfalls des Verfalls bestimmter Freizeitzweige geben... (ZfS 1, 1933:355). Nirgends stärker als bei der Freizeitverwendung kommt es darauf an, inwieweit die dem Menschen innewohnende Triebregungen und geistigen Bedürfnisse bereits in dem Arbeitsprozeß selbst... völlige Befriedigung finden... Die analytische Sozialpsychologie steht hier noch vor einer großen Aufgabe.« (ZfS 1, 1933:348)

Ganz entsprechend argumentiert Adorno im Rahmen des Problemkomplexes der Wirkungsforschung sogenannter »leichter Musik«:

»Solange aber die gesellschaftliche Dialektik und die Analysis der Triebstruktur diskret oder bloß ›ergänzend‹ nebeneinanderstehen, ist die konkrete Wirkung der leichten Musik nicht durchschaut, sondern einzelnen Wissenschaften zur Bearbeitung überlassen, die im Sinne der bürgerlichen Wissenschaftssystematik isoliert verfahren und in ihrer Trennung eine der fragwürdigsten Disjunktionen des bürgerlichen Denkens selber voraussetzen, die von Natur und Geschichte.« (ZfS 1, 1933:378)

Nach Löwenthal wäre eine materialistische Sozialpsychologie auch in der Literaturwissenschaft Schlüssel für zahlreiche Probleme. Erst sie würde die Definition des Ortes erlauben, den Psychologie in der Literaturwissenschaft einzunehmen hätte:

»Es hieße jene Theorie (die materialistische Geschichtserklärung, H. D.) schlecht verstehen, wollte man ihr den Glauben an eine unmittelbare Ableitung der Gesamtkultur aus der Wirtschaft zuschieben, ja wollte man nur von ihr behaupten, sie versuche die Grundzüge kultureller und psychischer Gebilde aus einer bestimmten ökonomischen Struktur abzuleiten. Es kommt ihr vielmehr darauf an zu zeigen, in wie vermittelter Weise sich die grundlegenden Lebensverhältnisse des Menschen in allen ihren Formen, also auch in der Literatur ausdrücken. Damit gewinnt die Psychologie ihren ganz bestimmten Ort in der Literaturwissenschaft...« (ZfS 1, 1933:94)

II.

Eine vergleichbare Relation von theoretisch-philosophischer Vorgabe und fachwissenschaftlicher Spezifikation läßt sich im Verhältnis von Horkheimers grundsätzlichen ideologiekritischen

Überlegungen zu Löwenthals Versuch einer Erprobung dieses ideologiekritischen Konzepts am literaturgeschichtlichen Material identifizieren. Kritisch gegen Mannheims zeitgenössische Wissenssoziologie hatte Horkheimer in den »Anfängen der bürgerlichen Geschichtsphilosophie« und in »Ein neuer Ideologiebegriff« (Grünberg-Archiv 1930) betont, daß man sich in der Ideologienlehre nicht mit dem Aufweis der historischen und gesellschaftlichen Abhängigkeit theoretischer Prozesse begnügen dürfe. Einerseits müsse im Bewußtsein behalten werden, daß historisch prominente theoretische Leistungen immer nur an den Standards der zeitgenössischen Wissenschaft gemessen werden dürften, und andererseits sei es immer auch unerläßlich, die politisch-sozialen Harmonisierungs- und Stabilisierungsfunktionen, für die Ideologien in Anspruch genommen werden, zu analysieren – also Ideologiekritik zu treiben. Horkheimer:

»Die Einsicht in die historische Bedingtheit einer Theorie ist niemals identisch mit dem Beweis, daß sie ideologisch sei. Vielmehr bedarf es hierzu des komplizierten Nachweises ihrer gesellschaftlichen Funktion.« (1930:74 Anm.)

Dieses Postulat einer Ideologiekritik macht sich Löwenthal dann in dem Aufsatz »Zur gesellschaftlichen Lage der Literatur« zu eigen:

»In der gesellschaftlichen Erklärung des Überbaus – nicht etwa in der Gesellschaftstheorie schlechthin – nimmt darum der Begriff der Ideologie eine entscheidende Stelle ein. Denn die Ideologie ist ein Bewußtseinsinhalt, der die Funktion hat, die gesellschaftlichen Gegensätze zu vertuschen und an die Stelle der Erkenntnis der sozialen Antagonismen den Schein der Harmonie zu setzen. Die Aufgabe der Literaturgeschichte ist zu einem großen Teil Ideologienforschung.« (ZfS 1, 1932:95)

Dieses Programm einer ideologiekritischen Indienstnahme der Literaturwissenschaft hat Löwenthal dann in seinen Texten in der »Zeitschrift für Sozialforschung« entfaltet. Ob er nun im Aufsatz über Conrad Ferdinand Meyer dessen Affinität zur Ideologie der Großagrarier, der industriellen und militärischen Spitze im Wilhelminischen Reich zu explizieren versucht oder ob er in der Studie über Dostojewskis Rezeption im Vorkriegsdeutschland (ZfSf 3, 1934) das präfaschistische Potential des Dostojewski rezipierenden Kleinbürgertums und der depossedierten Mittelschichten untersucht – immer geht es ihm programmatisch um eine ideologiekritische Analyse der funktionalen Eignung einer im literaturgeschichtlichen Material exemplarisch dokumentierten Ideologie zur politischen Stabilisierung und Harmonisierung von Klassenverhältnissen.

Auch das Verhältnis Horkheimers zu Paul Ludwig Landsberg offenbart das schon bei Fromm und Löwenthal beschriebene Wechselspiel von konzeptueller Vorgabe und fachwissenschaftlicher Spezifikation. Auch Landsberg versteht wie Löwenthal die Form seiner wissenschaftlichen Arbeit als Ideologiekritik. Seinem Aufsatz »Rassenideologie und Rassenwissenschaft« (ZfS 2, 1933) liegt Max Horkheimers Bestimmung von Ideologie zugrunde. Landsberg formuliert:

»Was den Begriff der Ideologie anlangt, so liegt es uns fern, den Ideologen etwa mit dem Betrüger gleichzusetzen. Daß eine Lehre als Ideologie zu bezeichnen ist, sagt aus, daß sie sowohl ihre Entstehung wie ihre Evidenz für ihre Anhänger im Wesentlichen nicht einem Erfahrungsinhalt verdankt, sondern einer sozialen Funktion, einer Auswirkung in der Gesellschaft und ihren Kämpfen, welche von ihr erwartet wird.« (ZfS 2, 1933:388)

Landsberg erstellt einen Merkmalskatalog der Rassenideologie durch eine Übersicht über die Schriften der Urväter der nationalsozialistischen Rassenideologie (Gobineau, Lapouge, Chamberlain) und ihrer zeitgenössischen Vertreter in Deutschland (Lenz, Günter und Scheman). Diesen hält er die These der »materialistischen Soziologie« (a.a.O. 402) entgegen, daß die Schichtendifferenzierung der Gesellschaft ökonomisch und nicht rassisch bedingt sei und daß u. U. feststellbare biologische Unterschiede Spätfolgen von Klassenlagen sind, und nicht umgekehrt. Unter den Bedingungen des nationalsozialistischen Rassenwahns ist die primäre Funktion der seriösen Rassenwissenschaft die der »Ideologiezerstörung«. Rassenwissenschaft habe unter zeitgenössischen Bedingungen aufzutreten als »Ideologiekritik«.

III.

Auch zwischen Horkheimer und Pollock sowie dessen Mitarbeitern Kurt Mandelbaum und Gerhardt Meyer läßt sich sowohl das Wechselspiel von philosophischer Problemvorgabe und fachwissenschaftlicher Spezifikation als auch – vice versa – die fachwissenschaftliche Differenzierung spekulativ-allgemeiner Problemformulierungen identifizieren. Das Wechselspiel zwischen Horkheimer und Pollock indes war nicht reziprok. Horkheimer hat von Pollock mehr profitiert als dieser von jenem. Vor 1930 formuliert Horkheimer das Postulat einer planwirtschaftlichen Reorganisation der Gesellschaft noch in schlechter philosophischer Allgemeinheit als die »Aufhebung der blinden Mechanik vieler konkurrierender Einzelwillen« und »die planvolle Regelung des Lebensprozesses im Interesse aller« (1930:88f.). Als er jedoch vier Jahre später den Aufsatz von Mandelbaum/Meyer »Zur Theorie der Planwirtschaft« einleitet, ist diese Vorbemerkung schon kein philosophischer Text mehr, sondern eine allgemeine Zusammenfassung ökonomischer Resultate (vgl. ZfS 3, 1934:228).

Pollocks Rolle im Mitarbeiterkreis war die einer fachwissenschaftlich spezifizierten Untersuchung der Chancen einer planwirtschaftlichen Reorganisation der in der Weltwirtschaftskrise durchgeschüttelten kapitalistischen Staaten Westeuropas. In seinem Aufsatz von 1932 »Die gegenwärtige Lage des Kapitalismus und die Aussichten einer planwirtschaftlichen Neuordnung« (ZfS 1) plädiert Pollock für eine Ersetzung der in den Monopolen bereits praktizierten »partiellen Organisation« durch eine umfassende staatliche Planung (a.a.O. S. 17ff.). Seine Überlegungen zu den Bedingungen der Möglichkeit einer planwirtschaftlichen Neuordnung in westeuropäischen Gesellschaften gehen aber über die Behandlung einzelner Fragen noch nicht hinaus (Rechnungsführung im Sozialismus, Konsumfreiheit, Steuerung technologischer Entwicklung etc.). Doch der Rahmen, den er in seinen ersten beiden Aufsätzen gesteckt hat, ist dann in dem Aufsatz von Meyer/Mandelbaum, den wir oben erwähnten, weiter differenziert und systematisiert worden.

Erst gegen Ende der dreißiger Jahre ist der Faschismus bzw. der deutsche Nationalsozialismus plan- und projektmäßig vom Institut erforscht worden. Doch die zentrale These, von welcher alle späteren Diskussionen bis hin zu Neumanns »Behemoth« als Ausdifferenzierungen gelten können, ist schon früh formuliert worden – die These nämlich, daß der Faschismus die Fortsetzung des wirtschaftlichen Liberalismus mit anderen Mitteln sei, daß er die der monopolwirtschaftlich entwickelten bürgerlichen Gesellschaft angemessene politische Form darstelle. Diese These ist zuerst von Pollock 1933 in den »Bemerkungen zur Wirtschaftskrise« formuliert worden. Marcuse hat sie 1934 durch eine ideengeschichtliche

Analyse ergänzt. Die von Pollock ökonomisch, von Marcuse ideologiekritisch fundierte These der Affinität und Kontinuität von Spätliberalismus und Faschismus ist als solche von Horkheimer nachdrücklich akzeptiert und artikuliert worden, am radikalsten 1939 in »Die Juden und Europa« (ZfS 8). Zum Beleg für diese nur kurz dargestellte kognitive Vernetzung der sich in den Jahren 1933 bis 1935 entwickelnden Faschismustheorie des Kreises können folgende Zitate dienen. Nachdem Pollock die erwartbaren Widerstände gegen einen systemimmanenten planwirtschaftlichen Dirigismus aufgezählt hat, bemerkt er:

»Sollten aber die Schwierigkeiten des kapitalistischen Systems sich weiter verschärfen, so werden vermutlich im Interesse der Rettung des Systems auch diese Hemmnisse – wenn auch unter schweren Kämpfen – überwunden werden. Eine solche Umbildung der Wirtschaftsmethoden ist notwendig von einer totalen Veränderung der politischen Organisation der Gesellschaft begleitet. Die Ereignisse der letzten Jahre haben gezeigt, welche Züge die dem Monopolkapitalismus entsprechenden politischen Formen tragen.« (ZfS 2, 1933:349)

In dem 1934 erschienenen Aufsatz »Der Kampf gegen den Liberalismus in der totalitären Staatsauffassung« (ZfS 3) entwickelt Marcuse die These, daß die faschistische Kritik an Elementen der liberalistischen Gesellschaftsdeutung die grundsätzliche Anerkennung, ja Bekräftigung der spätliberalistischen Wirtschaftsstruktur nur verdeckt. Am Beispiel des italienischen Faschismustheoretikers Gentile und der Übertragung der Führerideologie auf den Unternehmertypus demonstriert er die ideologische und faktische Verwandtschaft zwischen Spätliberalismus und Faschismus. Marcuse resümiert sein Referat der liberalistischen Weltanschauung wie folgt:

»Die rohe Skizze der liberalistischen Gesellschaftstheorie hat gezeigt, wie viele Elemente der totalitären Staatsauffassung in ihr schon angelegt sind. Von der ökonomischen Struktur aus enthüllt sich eine fast lückenlose Kontinuität in der Entwicklung der theoretischen Interpretation der Gesellschaft. Die ökonomischen Grundlagen dieser Entwicklung müssen hier vorausgesetzt werden...« (ZfS 3, 1934:174)

Und in einer Anmerkung verweist er dann auf den oben zitierten Pollock-Aufsatz.

In der weiter oben schon zitierten Einleitung, die Max Horkheimer zu Meyer/Mandelbaums Aufsatz »Zur Theorie der Planwirtschaft« geschrieben hat, übernimmt er jenes Faschismustheorem:

»Den Vertretern entscheidender Industriezweige und vielen praktischen Politikern, die früher dem Liberalismus zugehörten, hat es jedoch die innere Verwandtschaft dieser über die sozialen Unterschiede hinwegsehenden harmonistischen Metaphysik mit der totalitären Staatsauffassung – leicht gemacht, den ideologischen Übergang vom Liberalismus zum kapitalistischen Etatismus zu finden...« (In diesem Zusammenhang verweist er auf Marcuses Text, H. D.) ...»Zu wählen haben die Menschen keineswegs zwischen einer liberalistischen Wirtschaft und der totalitären Staatsordnung, denn die eine geht notwendig in die andere über...« (ZfS 3, 1934:230)

Zunächst können wir für diesen Abschnitt festhalten, daß es in der Tat ein hohes Maß an Interdependenz zwischen den fachlich diversifizierten Beiträgen der »Zeitschrift« gegeben hat. Es gibt keinen Aufsatz von einem dem engeren Frankfurter Kreis zugehörigen Autor, der zu anderen Beiträgen unvermittelt geblieben wäre. Diese Interdependenz können wir nun genauer bestimmen:

Die Einzelbeiträge subsumieren sich nicht unter ein einziges homogenes »tertium comparationis«. Ihre Integration vollzieht sich vielmehr – wie im Schaubild ersichtlich – im Medium von drei voneinander verschiedenen Theoriekonzepten und -formen:

1. So bestimmen Sternheim, Adorno und partiell Löwenthal das Konzept einer »analytischen Sozialpsychologie« (Fromm) als das erst noch weiter zu entwickelnde Lösungsverfahren ihrer fachspezifisch entwickelten Thematik.

2. So bezeichnen Löwenthal und P. L. Landsberg »Ideologiekritik« als die programmatische Form ihrer fachlichen Arbeit.

3. So konvergieren Pollock und Marcuse aus ökonomischer Sicht einerseits und aus ideengeschichtlicher andererseits in ihrer Liberalismus/Faschismusthese.

Diese drei Integrationsmedien liegen nicht auf derselben Ebene. Die »analytische Sozialpsychologie« fungiert als überdisziplinäre Problemlösungsheuristik; »Ideologiekritik« fungiert als einigende Theorieform; die Faschismus/Liberalismus-These ist ein konsensualisiertes Zwischenergebnis. Bei allen drei genannten, verschieden eingestuften Integrationsmedien ist Horkheimers Rolle mehr oder weniger zentral. Das Konzept einer »analytischen« oder »materialistischen« Sozialpsychologie ist zwar von Fromm ausgearbeitet, doch von Horkheimer im Kreis angeregt worden. »Ideologiekritik« als Wissenschaftsform hatte Horkheimer in seiner Kritik an

Karl Mannheim ausgearbeitet; Pollocks und Marcuses Beiträge zu einer Faschismustheorie hat er resultathaft formuliert.

5.2. »Studien über Autorität und Familie«

Die Struktur der Theorie des Frankfurter Kreises nach 1930 wird besonders deutlich in den 1935 veröffentlichten »Studien über Autorität und Familie«. In diesem Band sind Arbeiten dokumentiert, mit denen das Institut unmittelbar nach Horkheimers Direktoratsantritt begann. Sie eignen sich für unseren Zweck so gut, weil sie in unserem Berichtszeitraum das einzige Projekt im engeren Sinne gewesen sind, in welchem das Programm der Integration von philosophischer Theorie und empirischer Methodik in einem kollektiven Arbeitsvorhaben ausprobiert worden ist. Das Projekt »Autorität und Familie« war nach Horkheimers eigenem Bekunden als erste Einlösung des Programms konzipiert, das er in seiner Antrittrede artikuliert hatte – Einlösung sowohl in einem inhaltlichen, aber besonders in einem methodisch-forschungstechnischen Sinne. Dies signalisiert Horkheimer im Vorwort zu den »Studien« durch ein Selbstzitat aus seiner Antrittsrede:

> »Nachdem sich aufgrund der Vorstudien gezeigt hatte, daß dieses Thema theoretisch bedeutsam war und zugleich mit aussichtsreichen empirischen Mitteln in Angriff genommen werden konnte, haben wir uns gemeinsam bemüht – ›die Frage im Verlauf der Arbeit am Gegenstand umzuformen, zu präzisieren, neue Methoden zu ersinnen und doch das Allgemeine nicht aus den Augen zu verlieren‹.« (AF 1935:IX)

Gleichwohl wird der Anspruch, die »Studien über Autorität und Familie« seien bereits die Einlösung des interdisziplinären, Theorie und Empirie integrierenden Sozialforschungsprogramms, von Horkheimer selber stark relativiert. Er quittiert der Arbeit an »Autorität und Familie« als ganzer ein großes Maß an »Vorläufigkeit«, welches teils historischen Umständen geschuldet sei (Emigration), teils dem lang gestreckten Zeithorizont dialektischer Theoriebildung. Denn:

> »... der Fragekreis, auf den sich die Untersuchungen beziehen, (vermöchte) erst in der umfassenden Theorie des gesellschaftlichen Lebens, in die er verflochten ist, seine wirkliche Bedeutung zu erschließen.« (AF, 1936:VII)

Der Veröffentlichungscharakter der »Studien über Autorität und

Familie« ist kaum mehr als der eines »Berichts über laufende Arbeiten«. Dennoch wird die Struktur dieser Arbeit im Ansatz deutlich.

Die globale Struktur der Arbeitsteilung im Projekt sah so aus:

I. Abteilung (Redaktion: Horkheimer)
»Theoretische Entwürfe«
Allgemeiner Teil (Horkheimer)
Sozialpsychologischer Teil (Fromm)
Ideengeschichtlicher Teil (Marcuse)
Ökonomischer Teil (Pollock), nicht fertiggestellt

II. Abteilung (Redaktion: Fromm)
Erhebungen
a) Arbeiter- und Angestelltenerhebung
b) Erhebung zur Sexualmoral
c) Sachverständigenerhebung über Autorität und Familie
d) Erhebung bei Jugendlichen über Autorität und Familie
e) Erhebung bei Arbeitslosen über Autorität und Familie

III. Abteilung (Redaktion: Löwenthal)
16 Einzelstudien und 8 Literaturberichte,
z. B.: Materialien zum Verhältnis von Konjunktur und Familie. Aus den familienpolitischen Debatten der deutschen Nationalversammlung 1919. Autorität und Familie in der deutschen Belletristik nach dem Weltkrieg etc.

Im »Allgemeinen Teil« der ersten Abteilung entwickelt Horkheimer das Problem systematisch. Nach Darlegung seiner materialistischen Kulturtheorie führt er das Konzept der »Autorität« ein, welches die mikrosoziologischen Bedingungen der Anpassungsbereitschaft der ökonomisch depravierten Schichten an ihre gesellschaftliche Situation erklären helfen soll. Als Thema bestimmt er die klassenspezifischen Formen der Produktion von Autorität in der Familie.

Zu dieser systematischen Entwicklung des Problems schreibt Marcuse das theoriegeschichtliche Vorwort. Er zeichnet die Darstellung des Verhältnisses von Autorität und Familie nach in den Lehren von Luther, Calvin, Kant, Hegel, Marx und den Theoretikern der Gegenrevolution. Quer zu diesen beiden eher philosophischen Rekonstruktionen der Relevanz des Problems steht Fromms »Sozialpsychologischer Teil«. Dessen theoretische Passagen über

Über-Ich-Bildung, Angst und Verdrängung sind geprägt von dem Interesse an der Operationabilität seiner Annahmen. Fromm diskutiert z. B. Erscheinungsformen autoritären Verhaltens (S. 77) und entwickelt Korrelationstypen zwischen Autoritätsformen und Klassenlagen (S. 88). Fromms theoretischer Entwurf in diesem »Sozialpsychologischen Teil« ist nahtlos anschließbar an die Einleitung, die er zur II. Abteilung der Studien, der empirischen, geschrieben hat. Fromm war Redakteur der II. Abteilung. Pollocks ökonomischer Teil ist nicht fertiggestellt worden. Seine rezeptiven Vorarbeiten dazu sind als Rezension in der ZfS II, 1933 erschienen (S. 131).

Daß das forschungstechnische Niveau der empirischen Erhebungen in der II. Abteilung nicht einmal den damals schon möglichen Standards empirischer Sozialforschung genügte, gesteht Horkheimer selber ein. Das im Programm intendierte prozeßhafte Wechselspiel von theoretischer Vorgabe, empirischer Verifikation, theoretischer Spezifikation etc. sei allenfalls in Ansätzen realisiert. Horkheimer – in deutlichem Unterschied zu Fromm – merkt an, daß die Funktion der Erhebungen zunächst doch nicht mehr als die einer Spekulationskontrolle gewesen sei:

»Nirgends haben wir aus den Ergebnissen verallgemeinerbare Schlüsse gezogen; die Umfragen waren nicht als Mittel beweiskräftiger Statistik gedacht; sie sollten uns mit den Tatsachen des täglichen Lebens in Verbindung halten und jedenfalls vor weltfremden Hypothesen bewahren.« (AF, 1936:X)

Gerade dieser empirische Teil hat unter den genannten historisch bedingten Schwierigkeiten am meisten gelitten. Keine der Untersuchungen ist abgeschlossen worden. Die Zweigstellen des Instituts in Genf, Paris und London, die z. T. erst nach der Flucht aus dem Dritten Reich gegründet worden waren, waren weder personell noch finanziell so ausgestattet, wie es für groß angelegte Erhebungen nötig gewesen wäre.

Aber auch wenn die meisten Untersuchungen kaum über die Etappe des Fragebogenrücklaufs hinausgegangen sind, ist es doch interessant zu sehen, welche Verknüpfungen es zwischen der ersten (theoretischen) Abteilung und der empirischen gibt. Im »Allgemeinen Teil« der ersten Abteilung diskutiert Horkheimer das Problem, wie die autoritative Rolle des Vaters in der Familie, die sich aus seiner ökonomischen Funktion als Ernährer ergibt, den konjunkturellen Schwankungen des ökonomischen Prozesses unterliegt. (S. 70f.) Seine These ist die, daß in Zeiten lang andauernder Massenarbeitslosigkeit eine breitenwirksame Veränderung in der familiären Autoritätsposition des Vaters zu beobachten sein müßte. Diese theoretische Annahme ist überführt worden in eine Untersuchung über den Einfluß der Arbeitslosigkeit auf die Familienstruktur, insbesondere auf die Autoritätsposition des Vaters. Von dieser in der Genfer und Pariser Zweigstelle angestellten Untersuchung (Erhebung e) berichtet Fromm, daß sie leider über die ›pretest‹-Phase nicht hinausgekommen sei (a.a.O. S. 233).

Doch nicht nur in bezug auf die Problemvorgabe, sondern auch in der Auswertungstechnik gibt es Querverbindungen zwischen der theoretischen Abteilung und der empirischen. Die Auswertungstechnik aller von Fromm betreuten Fragebogenteile, aus welchen auf die psychische Struktur der Interviewten geschlossen werden sollte, war nicht die einer induktiven Generalisierung, bzw. Typenbildung. Vielmehr wurden persönlichkeitsstrukturelle Daten interpretiert im Lichte der Typen, die Fromm im sozialpsychologischen Teil der 1. Abteilung vorentworfen hatte. Dazu Fromm:

»(Wir) versuchten aus der Gesamtheit der Antworten je eines ganzen Fragebogens die Charakterstruktur des Antwortenden zu erschließen und diese Strukturen miteinander zu vergleichen (Strukturstatistik)... So sehr diese Typenbildung durch das empirische Material der Untersuchung selbst beeinflußt und dauernd differenziert werden soll, können die Typen nicht ausschließlich durch Klassifizierung gewonnen werden, sondern setzen eine ausgebildete psychologische Theorie voraus. Der autoritär-masochistische Charakter, den wir im sozialpsychologischen Teil dieses Bandes zu umreißen versuchten, ist das Beispiel eines theoretisch fundierten Strukturtypus.« (AF, 1936:235)

In seinem Aufsatz »Die psychoanalytische Charakterologie und ihre Bedeutung für die Sozialpsychologie« in der ZfS 1, 1932 hat Fromm weitere Beiträge zu einer theoretisch fundierten Typologie in empirischer Absicht geliefert.

Die III. Abteilung enthält 16 nur in Auszügen abgedruckte Einzelstudien zu sozialpolitischen, juristischen und ökonomischen Detailproblemen. Diese Einzelstudien werden noch ergänzt durch 8 Literaturberichte über den internationalen Problemstand. Einzelstudien wie Literaturberichte waren gutachtenähnliche Auftragsarbeiten, die zum großen Teil von institutsfremden Wissenschaftlern aus ganz Europa angefertigt wurden. Die diesen Studien zugedachte Funktion war nach Horkheimer die einer »sachverständigen Belehrung und raschen Orientierung der (institutsinternen H. D.) Mitarbeiter« (a.a.O. IX), und sie bildeten »Hilfsmittel, Belege und Erläuterungen der Aufsätze der ersten Abteilung« (a.a.O.). Horkheimer versichert, daß es zwischen der I. und der III. Abteilung durchaus jenes intendierte prozessuale Wechselspiel von theoretischer Problemvorgabe, empirischer Spezifikation und vice versa gegeben habe. Bei der III. Abteilung kann von »empirisch« natürlich nicht die Rede sein im Sinne der Methodik empirischer Sozialforschung, sondern im Sinne phänomennaher case-studies. Horkheimer:

»Eine Reihe dieser wissenschaftlichen Auskünfte sind das Ergebnis eines ausgedehnten Briefwechsels zwischen dem betreffenden Fachmann und dem Institut; nachdem zunächst ein erster Bericht über das Thema eingegangen war, wurde aufgrund einer Anfrage der Bericht erweitert und genauer bestimmt. Es liegen daher zu manchen Beiträgen zwei oder drei verschiedene Fassungen vor.« (a.a.O.)

Daß dies so gewesen sei, hat mir Leo Löwenthal, der die III. Abteilung redaktionell betreute, noch einmal im Gespräch ausdrücklich bestätigt. An den Texten der I. Abteilung indes lassen sich die Informationen dieser 16 Einzelstudien und 8 Literaturberichte nicht mehr durchgängig am Text identifizieren, sondern allenfalls punktuell. Daß z. B. Horkheimers Bemerkung über den Zusammenhang von chinesischem Ahnenkult und intensiver Felderwirtschaft eine Informationsvorgabe von seiten Karl August Wittfogels ist, scheint mir recht deutlich zu sein (a.a.O. S. 16). Ähnlich scheinen mir Erich Fromms Bemerkungen zum ambivalenten Verhältnis des Anarchismus zur Autorität (a.a.O. S. 131) profitiert zu haben von Hans Mayers Literaturbericht »Autorität und Familie in der Theorie des Anarchismus« (a.a.O. S. 824). Daß die Einzelstudien und Literaturberichte, deren Informationen in die theoretischen Entwürfe Eingang gefunden haben, nicht zitativ aufgeführt werden, weist noch einmal darauf hin, daß sie nur als Arbeitsmaterial und nicht als eigenständige Studien konzipiert waren. Als Fazit läßt sich bei dem Verhältnis der Abteilung III zur Abteilung I festhalten, daß – anders als im Verhältnis I/II – ein Großteil der Informationsmasse gar nicht berücksichtigt werden konnte, daß also das empirische Chaos theoretisch nicht bewältigt worden ist.

Bezüglich unseres Erkenntnisinteresses an dem Wechselspiel von theoretischer Vorgabe und empirischer Verifikation (Spezifikation) und vice versa läßt sich nun folgendes festhalten: das Maß theoriegeleiteter Präformation in der Anlage und Auswertungstechnik der empirischen Untersuchungen war bei weitem größer als die theoretischen Konsequenzen, die aus empirischen Ergebnissen gezogen wurden. Bei den meisten Umfragen sind – offenbar aus Zeit-, Geld- und Personalmangel – die Auswertungen gar nicht erst vorgenommen oder die Auswertungsergebnisse später nicht veröffentlicht worden. Dies war Erich Fromms Zeugnis zufolge der Fall bei der frühesten und bekanntesten empirischen Studie, nämlich der »Arbeiter- und Angestelltenerhebung«, mit der das Institut in der Weimarer Republik begonnen hatte.[23]

5.3. Analyse der kognitiven Struktur des Kreises

Die kognitive Organisation einer Gruppe läßt sich analysieren mit dem Konzept der »disziplinären Matrix«, mit dem Kuhn sein Paradigmakonzept präzisierte. Mit diesem Begriff hat Kuhn kognitive Ebenen differenziert, die es erlauben, die kognitiven Stufen eines wissenschaftlichen Paradigmas genauer zu bestimmen. Musgrave (1971) und Weingart (1976) haben diese Ebenen noch weiter differenziert.

In Anknüpfung an diese Differenzierungen soll hier die kognitive Organisation der wissenschaftlichen Arbeit des Frankfurter Kreises umrissen werden. Jene kognitiven Stufen und Ebenen, welche die Gruppe zugleich auch sozial integrieren, benennen wir wie folgt:

(a) eine für alle verbindliche Thematik,
(b) gemeinsame erkenntnistheoretische und sozialontologische Grundannahmen (»Metaphysik«),
(c) eine identische theoriepolitische und theoriegeschichtliche Orientierung,
(d) eine bei allen Autoren sich wiederfindende Problemlösungs- und Argumentationsheuristik,
(e) Orientierung an der kognitiven Rahmenkompetenz Horkheimers (Orientierung an ›paradigmatischen‹ Leistungen).

(a) Der die Beiträge der einzelnen Mitarbeiter umfassende wissenschaftliche Gegenstand der Gruppe um Horkheimer war ein allgemein kulturwissenschaftlicher. »Kulturwissenschaft« nicht im

Sinne einer Opposition zur Thematisierung von »Basisproblemen«, »Kultur« vielmehr als Totalitätskategorie, die – in der Terminologie der zwanziger Jahre – die Bereiche der »materiellen« und »geistigen« Kultur gleichzeitig umfaßt. Die Thematik ist pauschal die der Analyse der Beziehungsformen von »materieller« und »geistiger« Kultur, von ökonomischer Basis und ideologischen Bewußtseinsformen, freilich nicht im Sinne eines ökonomistischen Determinismus wie bei den Theoretikern der II. Internationale, die Kultur, Sinn- und Wissensformen als mögliche wissenschaftliche Gegenstände überhaupt nicht ernst nahmen. Davon unterschied sich die später so genannte »kritische Theorie« durch den Versuch einer differenzierten Konzeptualisierung von Basis und Überbau mittels einer Integration von Psychoanalyse und historischem Materialismus, durch eine Berücksichtigung der relativen Autonomie kultureller (rechtlicher, wissenschaftlicher, künstlerischer etc.) Entwicklungsformen und schließlich durch eine fachlich diversifizierte Betrachtung einzelner Kulturbereiche. Die Thematik, welche »den Leitfaden der kollektiven Arbeit am Institut bilden soll« (1972:43), formuliert Horkheimer als Frage:

»... die Frage nach dem Zusammenhang zwischen dem wirtschaftlichen Leben der Gesellschaft, der psychischen Entwicklung der Individuen und den Veränderungen auf den Kulturgebieten im engeren Sinn, zu denen nicht nur die sogenannten geistigen Gehalte der Wissenschaft, Kunst und Religion gehören, sondern auch Recht, Sitte, Mode, öffentliche Meinung, Sport, Vergnügungsweisen, Lebensstil usf....« (a.a.O.)

(b) Die allen Arbeiten und Beiträgen des Kreises implizite Erkenntnistheorie und Methodologie formuliert Horkheimer in dem »vereinigenden Prinzip«, unter dem die interdisziplinär angelegte Sozialforschung des Kreises antritt:

»Es erstrebt Erkenntnis des gesamtgesellschaftlichen Verlaufs und setzt daher voraus, daß unter der chaotischen Oberfläche der Ereignisse eine dem Begriff zugängliche Struktur wirkender Mächte zu erkennen sei.« (ZfS 1, 1932:1)

Die Grundannahme, daß eine wissenschaftliche Thematisierung von Gesellschaft unter der Totalitätskategorie möglich und notwendig ist, ist nicht nur ein sozialphilosophisches Postulat. Sie ist zugleich im Gegensatz zum positivistischen Verständnis von fachwissenschaftlicher Arbeit die implizite Prämisse jeder einzelwissenschaftlichen Anstrengung, nur in Kooperation mit anderen

Disziplinen zu zulänglichen Aussagen über gesellschaftliche Strukturen kommen zu können: Das theoretische Bild von Gesellschaft kann für Horkheimer und seine Mitarbeiter nicht nur ein Gemenge fachwissenschaftlich thematisierter Einzelprobleme sein. Gesellschaft kann nur unter der Erkenntnismaxime der »konkreten Totalität« analysiert werden.

(c) In dem anderen Abschnitt dieser Arbeit ist ausgeführt worden, daß nahezu jeder Einzelbeitrag eines Mitglieds des Kreises gekennzeichnet war durch eine theoriepolitische Zuordnung, in welcher der einzelwissenschaftlich orientierte Aufsatz in den allgemeinen Rahmen einer theoriepolitischen Orientierung gestellt wurde (»Materialismus« 1932/1937, »Kritische Theorie« (1937ff.).

Horkheimers »Materialismus«-Aufsätze in der ZfS 2, 1933 und der Aufsatz »Traditionelle und Kritische Theorie« ZfS 6, 1937 hatten diese für den Kreis dann jeweils verbindliche theoriepolitische Orientierung zum Gegenstand. Sie hatte weitgehend die Form einer theoriegeschichtlichen Identitätsbestimmung, in welcher das Konstrukt einer »materialistischen« und dann »kritisch-theoretischen« Theorietradition dogmatisch eingeführt und die theoretische Aktivität des Kreises dann als deren jeweils fortgeschrittenste Gestalt behauptet wurde.

Die Vermitteltheit dieser theoriepolitischen Rahmenorientierung mit der einzelwissenschaftlichen Arbeit, also das Maß, in welchem die theoriepolitische Zuordnung der individuellen Arbeit äußerlich oder affin gewesen ist, war unterschiedlich groß. Die Arbeiten Pollocks etwa in der Krisen- und Planwirtschaftstheorie lassen sich nicht eindeutig zuordnen. Der sachliche Gehalt der Arbeiten von Löwenthal war durch die Umbenennung von »materialistisch« zu »kritisch-theoretisch« ebensowenig betroffen, als wenn er unter dem Etikett fortschrittlicher bürgerlicher Literatursoziologie aufgetreten wäre. Fromms frühe Arbeit an einer materialistischen Sozialpsychologie mit dem Ziel einer Synthese von Psychoanalyse und historischem Materialismus sind indes nicht denkbar ohne Horkheimers Hinweis auf den materialistischen Gehalt der Freudschen Theorie.

(d) In nahezu allen Arbeiten des Kreises hält sich bei aller thematischen und fachlichen Diversifikation eine letztlich identische Argumentationsheuristik durch, welche nur sehr abstrakt zu kennzeichnen ist. Gemeint ist ein Bewußtsein davon – man kann es »dialektisch« nennen –, daß die Semantik von Begriffen und Theoriekonzepten konstituiert ist in der Bewegung des historischen Prozesses. Pollocks Anti-Kritik der liberalistischen Kritik am New Deal, Adornos Kritik der Fiktion naiver Unmittelbarkeit in der spätkapitalistischen Kulturindustrie, Marcuses Theorie des Faschismus als die dem fortgeschrittenen Monopolkapitalismus angemessene politische Form, Fromms Kritik etwa der »Toleranz« im Selbstverständnis bürgerlicher Analytiker – die argumentative Form, die all diese Beweisführungen stützt, ist immer die des Aufweises der Ungleichzeitigkeit/Gleichzeitigkeit zwischen der Legitimationsebene und der ihr zugrundeliegenden gesellschaftlichen Struktur. Das sich immer wiederfindende ›Scharnier‹ aller Argumentationen von Mitgliedern des Kreises ist die an einzelwissenschaftlichen Gegenständen vollzogene Reflexion der Historizität und gesellschaftlichen Dependenz kultureller Erklärungs- und Legitimationsmuster. In hegelianischer Sprache wäre dies das Bewußtsein der Einheit und Verschiedenheit eines Gegenstandes mit seinem Begriff in den verschiedenen Phasen des historischen Entwicklungsprozesses.

(e) Einen (oder einen Komplex von) paradigmatischen Bezugstext(en), der (die) als »Exempel«, »Musterbeispiel« oder »Paradigma« einer gelungenen Problemlösung gelten könnte(n), welcher die anderen Mitglieder des Kreises hätten folgen können, gibt es in der untersuchten Theoriebildung nicht. Das hängt zunächst wiederum mit der disziplinären Diversifikation zusammen. Es gibt keine übergreifenden Standards für Problemlösungen in der Philosophie, der Konjunkturforschung, der Psychoanalyse, der Soziologie oder Musiktheorie, sondern nur Texte, in denen Horkheimer seine institutionelle, theoriepolitische und analytische Rahmenkompetenz zur Geltung brachte. Hinsichtlich dieser gestuften Kompetenzen lassen sich indes Bezugstexte ermitteln.

Grundsätzlich gilt dies für seine 1930 gehaltene Antrittsrede, in der methodisch und thematisch die Programmatik des Instituts umrissen wird. In einem eingeschränkten Sinn gilt dies noch für seine »Materialismus«-Aufsätze in der ZfS 2, 1933 und den Aufsatz »Traditionelle und kritische Theorie« nebst Anhang in der ZfS 6, 1937, in dem in »paradigmatischer« Deutlichkeit die theoriepolitische Gesamtorientierung des Kreises bestimmt wird.

6. Soziale Struktur der Forschungsorganisation

Eine wissenssoziologische Analyse von prägnanten wissenschaftsgeschichtlichen Fällen hat bezüglich der Informationen über die soziale Struktur des von ihr untersuchten Feldes einige Schwierigkeiten. Selbst bei außerordentlich gut dokumentierten Prozessen läßt sich für den Historiker auch nicht annähernd jenes Informationsniveau erreichen, das sich mittels teilnehmender Beobachtung problemlos herstellen ließe. Auch Tiefeninterviews mit den noch lebenden Subjekten jenes historischen Theoriezusammenhangs können diesen Mangel nicht kompensieren. Stärker nämlich noch als humanwissenschaftliche Laien neigen Wissenschaftler in ihrer autobiographischen Selbstreflexion dazu, sich selbst lerngeschichtlich zu interpretieren, also die früheren Etappen ihrer Bildungsgeschichte in der Optik ihrer gegenwärtigen Selbsteinschätzung narrativ zu verzerren.

6.1. Kommunikationsstruktur des Kreises

Die wenigen veröffentlichten Briefe z. B. von Walter Benjamin, die unveröffentlichten Briefe, zu denen ich Zugang hatte, Paul Klukes und Martin Jays verdienstvolle Studien sowie meine eigenen Interviewerfahrungen – alle diese Informationen fügen sich durchaus zu einer prägnanten »Gestalt«, die man – grob gesprochen – als die Struktur des Gruppenprozesses bezeichnen und als solche auf die kognitive Struktur ihrer Arbeit beziehen könnte. Dabei handelt es sich um die institutionell wie kognitiv dominierende Position Max Horkheimers. Als prägnanter Beleg sei nur eine Passage aus einem Brief zitiert, den Pollock im September 1937 an Horkheimer nach Paris schreibt:

»Heute war unsere erste Vollsitzung, über die dir (L) gleichzeitig ausführlich berichtet. Wenn Du nicht dabei bist, macht die Gruppe einen arg verwaisten Eindruck. Ich habe mir so meine Gedanken gemacht, wie erstaunlich viel Du mit diesen im einzelnen so schwachen Menschen zu Wege bringst...« (Pollock-Archiv).

Bemerkungen dieser Art gibt es viele in der Korrespondenz, und zwar – wenn auch nicht in dieser Drastik – von fast allen Mitgliedern des Kreises. In allen Interviews mit ehemaligen Mitgliedern des Kreises erinnerten sich diese der formell wie informell zentralen Position Max Horkheimers, die der Kommunikationsstruktur durchaus Sternförmigkeit verliehen habe. Dies haben wir überprüft anhand einer quantitativen Analyse der gegenseitigen Zitierungen der Mitglieder des Kreises in ihren Aufsätzen der »Zeitschrift für Sozialforschung«. Wir teilen übrigens nachdrücklich alle Vorurteile gegenüber dieser in der angelsächsischen Wissenschaftssoziologie verbreiteten Forschungstechnik.[24] Ihre bloß quantitative Optik wird dem oft subtilen theoriepolitischen Akt der Zitation nicht gerecht. Ein erster Schritt wäre ihre qualitative Differenzierung etwa in einen »bestätigenden«, »kritischen« etc. Zitationsakt. Auf diese qualitative Differenzierung des »citation-pattern« konnte im folgenden bedenkenlos verzichtet werden. Alle in dem nachfolgenden Diagramm aufgezählten Zitationen sind »positive«, d. h. die eigene Thesenführung stützende, bestätigende oder erweiternde Bezugnahmen auf Paralleltexte von Mitarbeitern aus dem Kreis. In dieser Analyse wurden alle Nummern der »Zeitschrift für Sozialforschung« herangezogen. Es wurden aber nicht alle Autoren, die jemals in der »Zeitschrift« publizierten, erfaßt, sondern nur die, die als zugehörig zum engeren Kreis gelten können. Aus den vertikalen Spalten des nachstehenden Diagramms läßt sich ablesen, wer wen wie oft zitiert, aus den horizontalen, wer von wem wie oft zitiert wird:

ZITIERT

WIRD ZITIERT

	Horkheim.	Pollock	Löwenthal	Fromm	Adorno	Marcuse	Benjamin	
Horkheimer	SZ (13)	1	3	2	2	17	3	= 28
Pollock	–	SZ (3)	–	–	1	1	–	= 2
Löwenthal	–	–	SZ (1)	–	1	1	–	= 2
Fromm	4	–	–	SZ (6)	–	–	–	= 4
Adorno	–	–	–	–	SZ (–)	–	–	= –
Marcuse	4	–	–	–	–	SZ (3)	–	= 4
Benjamin	–	–	–	–	1	–	SZ (1)	= 1

SZ = Selbstzitat

Zunächst ist es überhaupt erstaunlich, wie niedrig die gegenseitige Zitationsrate ist. Das weist eindeutig darauf hin, daß es sich beim Frankfurter Kreis nicht um ein »invisible college«[25] gehandelt hat; sondern um ein »visible college«, in welchem die Interdependenz der Texte nicht post festum durch gegenseitige Zitation signalisiert werden mußte, weil die Texte ja schon vor ihrer Publikation und endgültigen Redaktion kollektiv geplant und aufeinander abgestimmt worden waren. Außerdem muß bei der Auswertung der Analyse in Rechnung gestellt werden, wie unterschiedlich die »Zitationsfreudigkeit« der Autoren ist. Während z. B. Marcuse sowohl Autoren des Kreises wie auch Autoren außerhalb des Kreises relativ häufig zitiert, zitiert Adorno selten, weder extern noch intern, wohingegen Fromm und Pollock zwar sehr häufig zitieren, aber mit den oben ablesbaren Ausnahmen niemals die Kollegen aus dem Kreis. Die Selbstzitationsrate ist wohl schwer zu interpretieren – allenfalls als Zeichen dafür, daß der betreffende Autor bei einem wissenschaftlichen Erfahrungszuwachs sich eher auf die eigene intradisziplinäre Lerngeschichte als auf Kommunikationserfahrungen im Kreis seiner Kollegen stützte. Dies soll weiter unten durch eine Analyse des Verhältnisses der internen und externen Zitationsakte des Kreises geklärt werden.

Aus dem Umstand, daß Horkheimer allein siebenmal so häufig zitiert wird wie der nächst folgende Autor des Kreises, geht bei aller forschungstechnischen Unzulänglichkeit von Zitationsanalysen doch recht deutlich hervor, welch exponierte Position er nicht nur als institutionelle Figur, sondern auch als theoretisches Subjekt im Kreise innehatte.

Schon eine flüchtige Übersicht über die Zahl der zitativen Anführungen von Autoren außerhalb des Kreises zeigt, daß extern ungleich häufiger zitiert wird als intern. Als Beispiele seien Aufsätze aus der ZfS 2, 1933, genannt. Das Verhältnis von externer zu interner Zitation beträgt in Horkheimers »Materialismus und Metaphysik« 61:0, in Löwenthals »Conrad Ferdinand Meyers heroische Geschichtsauffassung« 40:1, in Pollocks »Bemerkungen zur Wirtschaftskrise« 55:3. Dieses Verhältnis von interner und externer Zitation zeigt überaus deutlich, daß von einer Abschottung des Kreises gegenüber der weiteren wissenschaftlichen Öffentlichkeit, wie man sie bei innovativen Paradigmagruppen beobachten kann, nicht die Rede sein kann. Die Mitglieder des Kreises zitieren in ihren Beiträgen nahezu ausschließlich Texte ihrer Fachdisziplin;

Fromm etwa ausschließlich solche von Freud und den Freudianern, Pollock nur solche der Konjunkturforschung und Planwirtschaftstheorie, Löwenthal nur solche der Literaturwissenschaft etc. Von allen Autoren des Kreises werden Freud und Marx zitiert, allerdings so unsystematisch, daß man mit dieser rein quantitativen Beobachtung allein nichts anfangen kann.

Max Horkheimer, Leo Löwenthal, Herbert Marcuse und Erich Fromm bestätigten in Interviews nachdrücklich, daß der Diskussionsprozeß, der der Veröffentlichung von Aufsätzen in der ZfS voranging, außerordentlich intensiv gewesen sei, ja, daß kein Aufsatz ohne diesen Akt kollektiver Ratifikation durch den Kreis als ganzen erschienen wäre. Die zahlreichen in die Texte selbst verwobenen Querverweise der ZfS, die in Zitationsanalysen nicht dingfest zu machen sind, legen davon ein Zeugnis ab. Es gibt indes nur einen einzigen Aufsatz, dessen »Ratifikationsprozeß« in veröffentlichten Texten selbst dokumentiert ist, nämlich der von Walter Benjamin: »Über einige Motive bei Baudelaire« (SSP VIII, 1939).[26] Ob das in dem Fall Benjamin deutlich gewordene Ausmaß gegenseitigen Eingreifens in die »Textvorschläge«, die die einzelnen Autoren vorlegten, eher die Regel oder die Ausnahme gewesen ist, war aus den Darstellungen der Interviewpartner nicht einheitlich zu entnehmen. Aus der Einsicht in die im Pollock-Archiv enthaltene Institutskorrespondenz gewann ich aber den Eindruck, daß das Ausmaß gegenseitiger Kritik im Fall Benjamin durchaus nicht ungewöhnlich war. Viel schärfer und undifferenzierter ist z. B. ein – dann auch nicht erschienener – Adorno-Aufsatz über Husserl kritisiert worden, der bei Pollock, Löwenthal und Marcuse auf einen solchen Widerstand stieß, daß sie bei Horkheimer intervenierten.[27]

Die Diskussionsintensität war – meinem Eindruck von der Korrespondenz gemäß – nicht bei jedem Aufsatz gleich. Manche Texte wurden pauschal akzeptiert und andere nur sehr oberflächlich kritisiert. Intensiv war die Diskussion immer bei den Aufsätzen, deren Thesen prekär waren für die politische Außendarstellung der Gruppe.[28]

Uneinheitlich wurde von den genannten Gesprächspartnern auch das Maß der Chancengleichheit bei redaktionell relevanter Kritik eingeschätzt. In einem Gespräch war davon die Rede, daß Horkheimer sich die Kompetenz zur abschließenden Redaktion der Beiträge vorbehielt und diese gelegentlich auch exekutierte. Nach der

Korrespondenz zu urteilen war dies in der Tat der Fall. Welch bestimmende Rolle Horkheimer bei der Redaktion der Aufsätze spielte, und zwar selbst dann, wenn er auf Reisen war, kommt prägnant in einem Telegramm zum Ausdruck, das Pollock 1937 an Horkheimer schickte:

»Grossmann fragt an wegen Aufsatz für Zeitschrift --- Marcuse scheinbar wegen seines Aufsatzes ziemlich ratlos --- Kannst Du Richtlinien schikken ---« (Telegramm vom 8. 9. 1937, Pollock-Archiv)

6.2. Rollendifferenzierung des Kreises

Die Grundlage für eine diskursiv-egalitäre Struktur der Gruppe, also für eine optimale Gleichverteilung der Chancen zur Übernahme des für den Kreis relevanten kognitiven Rolleninventars war schon wegen der verschiedenen Disziplinen seiner Mitglieder kaum gegeben. Deren verschiedene disziplinäre Zugehörigkeiten waren ja gewollt und mit der Programmatik des Instituts unter Horkheimers Direktorat eng verknüpft.

Sowohl Dokumente als auch Gesprächserfahrungen mit ehemaligen Mitarbeitern des Instituts belegen eindeutig, daß es über kognitive Rollendifferenzierungen hinaus Differenzierungen von administrativen und technischen Rollen gegeben hat. Die kognitive Führungsrolle hatte eindeutig Max Horkheimer inne. Die administrative Führungsrolle während des gesamten Zeitraums von 1928 bis 1941 hatte Friedrich Pollock inne.[29] Leo Löwenthal war wegen seiner verlagstechnischen und redaktionellen Erfahrungen Editionsmanager für die Veröffentlichungen des Instituts.

Abgesehen von Horkheimers in der Satzung des Instituts vorgesehener kognitiver Führungsrolle war die Differenzierung von technischen und administrativen Rollen im Kreis nirgendwo satzungsähnlich kodifiziert, sondern entsprang informellen Festlegungen. Leo Löwenthal bemerkte dazu im Gespräch, daß der Kreis immer bemüht gewesen war, eine Überinstitutionalisierung seines Betriebes zu vermeiden.

Die kognitiven Rollendifferenzierungen sind unübersehbar. Friedrich Pollock war der Nationalökonom des Kreises. Zusammen mit seinen Mitarbeitern Gerhardt Meyer und Kurt Mandelbaum repräsentierte er einen Typus von Nationalökonomie, der sich zwar politisch in den Rahmen einer marxistischen Orientierung stellt, methodisch aber der bürgerlichen Nationalökonomie zuzurechnen ist. Einflußreich im Kreis waren weniger die umfangreichen Planwirtschaftsforschungen über die UdSSR, mit denen er schnell bekannt wurde, als vielmehr seine planwirtschafts- und krisentheoretischen Arbeiten in den frühen dreißiger Jahren.

Leo Löwenthal war der Literaturwissenschaftler des Kreises. Das von Horkheimer vorgegebene ideologiekritische Programm erprobte Löwenthal an literaturwissenschaftlichem Material.

Erich Fromm war neben seiner Tätigkeit am Institut für Sozialforschung zugleich Lektor am Psychoanalytischen Institut in Frankfurt. Seine Ansätze zu einer »analytischen Sozialpsychologie« waren als zentraler Bestandteil der Gesellschaftstheorie des Kreises konzipiert.

Herbert Marcuse stieß erst 1932 zum Kreis. Er war Philosoph wie Horkheimer. In den ersten Jahren war Marcuse der bei weitem produktivste Rezensent des Kreises. Es ist wahrscheinlich, daß dies die ihm zugewiesene Funktion war. Aber auch später war der Philosoph Marcuse im prägnanten Unterschied zum Philosophen Horkheimer eindeutig der Spezialist für fachphilosophische Probleme.

Theodor W. Adorno hatte Philosophie, Musik, Psychologie und Soziologie studiert. Nach der Promotion bei Cornelius war er Kompositionsschüler bei Alban Berg in Wien gewesen. Eine nicht eingereichte, jüngst wieder gedruckte Habilitationsschrift beweist schon früh detaillierte Kenntnisse der psychoanalytischen Theorie. Andere Publikationen belegen, daß Adorno schon um 193 neben seinen ausgedehnten Kenntnissen in der philosophischen, musiktheoretischen und psychoanalytischen Theorie auch die sozialwissenschaftliche Literatur durchaus überschaute. Adorno war also von seiner Rezeptionsfähigkeit, Lektürebreite und seinem synthetischen Geschick her gesehen die eigentlich interdisziplinäre Person in dem Kreis um Horkheimer. Um so mehr fällt es auf, daß Adorno sich – abgesehen von Rezensionen und Beiträgen in den ganz späten Nummern der Zeitschrift – auf musikästhetische Aufsätze beschränkte. Auch dies bestätigt die Annahme, daß alle Mitarbeiter neben Horkheimer Fachwissenschaften zu repräsentieren hatten.

Neben diesen Mitgliedern des Frankfurter Kreises im engeren Sinne gab es noch den Sinologen Karl August Wittfogel, den Ökonomen Henryk Grossmann, den Wissenschaftsgeschichtler Fran

Borkenau, den Kulturphilosophen Walter Benjamin, die Soziologen Andries Sternheim und Paul L. Landsberg und einige andere.

Gegenüber diesen Mitarbeitern hatte Horkheimer eindeutig die kognitive Führungsposition inne. Zwar verraten die Beiträge Max Horkheimers deutlich dessen philosophische Herkunft, obgleich schon 1934 politökonomische und psychoanalytische Textelemente aufzutauchen beginnen. Diese eindeutige Verhaftung Horkheimers an seine fachphilosophische Herkunft kann nicht als Kriterium dafür gewertet werden, daß er der integrativen Funktion seiner Rolle nicht gewachsen gewesen wäre. Sollte einmal jene theoretische Leistung, die Marx als »Darstellung« bezeichnete, zum methodischen Programm einer eigenen überdisziplinären Organisation werden, so hätte diese gewiß anzuknüpfen an eine Fachwissenschaft, die sich durch ihre Integrationskraft gegenüber anderen Fachwissenschaften auszuzeichnen vermag. Das war zu Horkheimers Zeiten gewiß die Philosophie.

Die qualitative Besonderheit seiner Zentralposition geht aus der Art seiner Beiträge in der »Zeitschrift« deutlich hervor. Die an seine exponierte Position gebundene Rolle war ausdrücklich die einer theoriepolitischen Rahmenkompetenz und Außenrepräsentation. Das zeigt sich nicht nur darin, daß Horkheimer Direktor des Instituts und Herausgeber der »Zeitschrift« war und folglich alle redaktionellen und programmatischen Texte aus seiner Feder stammten. Bis 1937 eröffneten seine Beiträge den jeweiligen Band der ZfS; für manche Mitarbeiter stellten Horkheimers Aufsätze die thematische Klammer dar, die argumentative Heuristik und die theoriepolitische Orientierung. In seinen Beiträgen finden sich die über den Sachkontext des jeweiligen Themas hinausreichenden politischen und wissenschaftspolitischen Prämissen am prägnantesten und ausführlichsten formuliert. Sie sind es auch, die die historische und politische Identität des Kreises in den verschiedenen Phasen seiner Entwicklung immer wieder neu bestimmen.

Daß die oben beschriebene kognitive Rollendifferenzierung im Dienste einer – die Gruppe integrierenden und die Forschungsarbeit des einzelnen transzendierenden – theoretischen Aufgabenstellung steht, wird deutlich an der Designation der »Zeitschrift« als Darstellungsplattform einer theoriebildenden Gruppe. Selektionskriterium für den Abdruck von Beiträgen ist nicht ein diffuser sozialistischer Theoriepluralismus und die Reinheit wissenschaftlicher Standards, sondern ihre Eignung, integrierende Momente einer noch zu bildenden, erst programmatisch avisierten »Theorie der Gesellschaft« zu sein. In der Explikation des Programmwortes »Sozialforschung« im Titel der »Zeitschrift« bemerkt Horkheimer:

»Das Wort ›Sozialforschung‹ beansprucht nicht, auf der Landkarte der Wissenschaften neue Grenzlinien einzuzeichnen. Die Untersuchungen auf den verschiedenen Sachgebieten und Abstraktionsebenen, die es hier bedeutet, werden durch die Absicht zusammengehalten, daß sie die Theorie der gegenwärtigen Gesellschaft als ganzer fördern sollen...« (ZfS 1, 1932:I)

Daß diese Programmformulierung paradigmatisch exklusive, also sozial ausschließende Bedeutung gehabt hat, wird klar aus einer redaktionellen Notiz, in der Horkheimer aus der Retrospektive von 1937 die Veröffentlichungspolitik des Kreises reflektiert:

»Als die Zeitschrift von dem Verlag, in dem sie seit dem Herbst 1933 erscheint (Felix Alcan, Paris, H. D.), übernommen wurde, lag es nahe, sie für alle wertvollen Arbeiten aus dem Gebiet der Geisteswissenschaften zur Verfügung zu stellen, welche infolge der Ereignisse andernorts nicht mehr veröffentlicht werden konnten. Der Umfang unserer Zeitschrift erwies sich jedoch als zu gering. Wir haben uns daher entschlossen, auch insofern eine philosophische Tradition fortzusetzen, als neben der wissenschaftlichen Zulänglichkeit vor allem Denkart und Richtung des Interesses bei der Auswahl der Aufsätze entscheiden. Die tragenden Artikel auf den verschiedenen Gebieten sollen eine gemeinsame philosophische Ansicht entwickeln und zur Anwendung bringen.« (ZfS 6, 1937:1)

Die ZfS war also in der Tat »Organ«, Plattform zur Darstellung der Theorieentwicklung des Kreises. »Organ« in dem Sinne, daß sich die Beiträge von Horkheimer, Fromm, Adorno, Löwenthal, Pollock, Marcuse und gelegentlich auch die von Walter Benjamin, Grossmann, Wittfogel u. a. zu einer »Gestalt« zusammenfügten, die als noch undeutliche Frühform einer erst programmatisch avisierten »Theorie der Gesellschaft« gelten könnte.[30]

6.3. Institutionelle Rahmenbedingungen

Über die institutionelle Binnenstruktur des »Instituts für Sozialforschung an der Universität Frankfurt a. M.« während der Weimarer Republik ist weniges, dafür aber prägnantes überliefert. In § 3 der 1925 veröffentlichten Institutsverfassung heißt es bezüglich der Kompetenzen des Institutsdirektors sehr dürftig: »Die wissenschaftliche Leitung obliegt dem Direktor.« An diesen Satz schließen sich sehr allgemeine Bestimmungen des Verhältnisses des Institutsdirektors zum Stifterverband, der »Gesellschaft für Sozialforschung«, und zur Universität an, in welchen die Unabhängigkeit des Direktors, seine alleinige Entscheidungskompetenz in wissenschaftlichen Fragen festgelegt wird. In der Auslegung, die Carl Grünberg dieser Satzung gegeben hat, erweitert er das Prinzip der absoluten Autonomie des Direktors nach »unten«: der Direktor soll in seinen Entscheidungen autonom sein auch gegenüber seinen wissenschaftlichen Mitarbeitern. Im Gegensatz zu dem vergleichbaren sozialwissenschaftlichen Forschungsinstitut in Köln, das unter kollegialer Leitung von Christian Eckert, Leopold von Wiese, Max Scheler und Hugo Lindemann stand, ist das entscheidende Verwaltungsprinzip des Instituts für Sozialforschung die Direktorialverfassung:

»Ein weiterer Unterschied im Vergleich mit ähnlichen Instituten bildet die Art, wie die Stellung und der Zuständigkeitskreis des Institutsdirektors umschrieben worden sind. Die Leitung anderer Forschungsanstalten ist meist kollegialisch organisiert, die des unsrigen dagegen ist einem einzigen anvertraut. Hier ist sozusagen die *Diktatur des Direktors* (Hervorhebung von mir, H. D.) festgelegt.« (1924:7)

Begründet wird diese autokratische Verwaltungsstruktur mit der Absicht einer »Einheitlichkeit der Problemstellung und Problembewältigung...« (a.a.O.). Deshalb erschiene ihm, Grünberg,

»eine Teilung der Leitung überhaupt oder erst recht mit dem weltanschauungsmäßig und methodisch anders Gerichteten ganz ausgeschlossen«. (a.a.O.)

Als Horkheimer dann im Jahre 1930 das Direktorat des Instituts übernimmt, knüpft er bei aller Umakzentuierung im wissenschaftlichen Programm ausdrücklich an die autokratische Verwaltungsstruktur an, die Carl Grünberg eingeführt hatte:

»Wenn ich es nun unternehme, die Arbeiten des Instituts nach der jahrelangen Krankheit des Direktors auf neue Aufgaben zu lenken, so kommen mir dabei nicht bloß die Erfahrungen seiner Mitarbeiter und die gesammelten literarischen Schätze, sondern auch die wesentlich von ihm bestimmte Institutsverfassung entgegen, nach welcher der vom Minister ernannte Leiter ›nach allen Seiten hin...‹ völlig unabhängig ist, und, wie Grünberg sich auszudrücken pflegte, im Gegensatz zu einer Kollegialverfassung ›die Diktatur des Direktors‹ besteht.« (1972:42)

Und weiter führt er dann aus, daß die von Grünbergs Direktorium übernommene Verwaltungsstruktur eine gute institutionelle Voraussetzung bildet für sein Programm einer Synthese von philosophischer Spekulation und fachwissenschaftlicher Empirie:

»Dadurch wird es mir möglich werden, das von ihm Geschaffene zu benützen, um wenigstens im engsten Rahmen gemeinsam mit meinen Mitarbeitern eine Diktatur der planvollen Arbeit über das Nebeneinander von philosophischer Konstruktion und Empirie in der Gesellschaftslehre zu errichten.« (1972:42)

Es wird also deutlich, wie die Vorrangstellung Max Horkheimers, auf welche neben zahlreichen dokumentarischen Belegen auch die Zitationsanalyse und die Inhaltsanalyse der kognitiven Struktur des Kreises hinwies, ermöglicht und verstärkt wurde durch die institutionelle Binnenstruktur des Instituts.

Im folgenden soll analysiert werden, in welchem Maße die weiteren, d. h. die das Institut umgebenden institutionellen Bezüge Einfluß hatten auf seine interne Struktur. Wir werden feststellen, daß der weitere institutionelle Rahmen, in dem sich das Institut für Sozialforschung befand, nämlich die Universitätsverwaltung und die preußische Unterrichtsverwaltung, auf dessen interne Struktur erstaunlich geringen Einfluß hatten.[31]

Schon die ersten Überlegungen zu seiner Gründung waren bestimmt von der Konzeption eines Instituts »neben der Universität«, welches wie das damals schon existierende »Kieler Institut für Weltwirtschaft« zwar der Universität angegliedert ist, aber nicht ihrer Verwaltungshoheit untersteht, sondern unmittelbar der des zuständigen Ministeriums. Die Basis für die Selbständigkeit des Instituts bildete eine Stiftung des argentinischen Weizenhändlers Hermann Weil.

Hermann Weil war der Vater von Felix Weil, der wohl als der eigentliche organisatorische Gründer des Instituts bezeichnet werden muß. Die Stiftung wissenschaftlicher Einrichtungen war im Deutschen Reich übrigens nichts Ungewöhnliches. Die 1914 gegründete Frankfurter Universität war bis in die zwanziger Jahre hinein selbst eine »Stiftungsuniversität«, d.h. entsprang und wurde unterhalten von Stiftungen der reichen Frankfurter Bürgerschaft. In den Gründerjahren des Instituts 1922–1924 verhandelte die Frankfurter Universität mit dem Preußischen Staat über eine Übernahme in das staatliche Budget. Dies war nach Kluke ein weiterer Grund für die Institutsgründer, eine relative Unabhängigkeit des Instituts von der Universität anzustreben. Sie hätten in jenem Fall befürchten müssen, unmittelbar unter staatliche kulturpolitische Kontrolle zu fallen. Die beabsichtigte »Anlehnung« des Instituts an die Universität entsprang neben pragmatischen Erwägungen wohl der Absicht, sich die Reputation der Universität zunutze zu machen. Ein reines Privatinstitut hätte niemals innerwissenschaftlichen Einfluß haben können. Paul Kluke schildert im Detail die Konflikte, die es im besonderen bei den Gründungsverhandlungen zwischen der Gründungsgesellschaft, der Felix Weil präsidierte, und der Universitätsverwaltung über das Maß der Autonomie des Instituts gegeben hat. Die unter Aufsicht des preußischen Unterrichtsministeriums dann schließlich ausgehandelte Regelung sah vor, daß der Direktor des Instituts auch ein hauptamtlicher Lehrstuhlinhaber an der wirtschafts- und sozialwissenschaftlichen Fakultät der Universität sein mußte. Die Fakultät hatte also de jure einen entscheidenden Einfluß auf die Besetzung des Direktoriums. De facto ist es aber der »Gesellschaft für Sozialforschung«, die mit dem Kreis der Mitarbeiter weitgehend identisch war, sowohl im Fall von Carl Grünberg als auch im Fall von Max Horkheimer gelungen, den Mann ihrer Wahl gegen die Präferenzen der Fakultät durchzusetzen.[32] Außer dieser rechtlichen Verschränkung von Universität und Institut hatte jene keine weiteren Interventionsmöglichkeiten. Eben der kompletten Autonomie des Direktors wegen haben Universität und Fakultät allenfalls atmosphärischen, niemals aber institutionellen Einfluß auf den Forschungsprozeß des Instituts gehabt.

7. Resumée

In unserer Rekonstruktion der Vernetzungsstrukturen in den ersten Nummern der »Zeitschrift für Sozialforschung« haben wir feststellen können, daß es in der Tat ein so hohes Maß an Interdependenz der fachlich diversifizierten Einzelbeiträge gab, daß eine – wie in der Rezeption üblich – an Einzeltexten orientierte Interpretation systematisch unter dem Niveau der Texte bleiben muß. Zu *einer* theoretischen Grundgestalt wurden die Texte nicht bloß durch additive Koordination, sondern durch die – bestimmend von Horkheimer geleistete – Integration im Medium einer überdisziplinären Problemlösungsheuristik (analytische Sozialpsychologie) und einer einigenden Theorieform (Ideologiekritik).

Bezüglich des im Programm intendierten Wechselspiels von theoretischer Vorgabe, empirischer Verifikation und Spezifikation und vice versa haben wir anhand unserer Analyse der »Studien über Autorität und Familie« feststellen können, daß das Maß theoriegeleiteter Präformation in der Anlage und Auswertungstechnik der empirischen Untersuchungen bei weitem größer war als die theoretischen Konsequenzen, die aus den empirischen Ergebnissen gezogen wurden. Auffällig war weiterhin, daß die durch die Einzelstudien und Literaturberichte in den »Studien über Autorität und Familie« vorgegebenen empirischen Informationen im theoretischen Teil zwar punktuell berücksichtigt, aber nicht systematisch in weitergehende Theoriebildung integriert wurden.

In der Rekonstruktion der allgemeinen kognitiven Organisation des Theoriebildungsprozesses haben wir noch einmal feststellen können, daß die Forschungsgruppe um Horkheimer kognitiv integriert war

– durch eine gemeinsame Thematik: der unter Totalitätskategorien wie »Gesellschaft«, »Geschichte«, »historischer Verlauf«, »Kultur« thematisierte, als Einheit von materiellen und ideellen Abläufen gedachte gesellschaftliche Prozeß. Dieser war der theoretische Gegenstand der Sozialphilosophie. Im faktischen Forschungsprozeß des Instituts wurde jedoch die programmatische Vermittlung der philosophischen Designation des Themas mit seiner fachwissenschaftlichen Rekonzeptualisierung nicht recht deutlich.

– Die allen Einzelforschungen des Kreises zugrunde gelegte Methodologie – Totalität als operative Kategorie – war den meisten Einzelarbeiten allenfalls implizit, nicht aber war sie konstitutiv. Stärker integriert wurden sie über ihre theoriepolitische Außenetikettierung (»materialistisch«, bzw. »kritisch-theoretisch«).

– Die Rekurrenz einer durchgängigen Argumentations*form* in fast allen fachwissenschaftlichen Feldern war zwar auffällig, aber noch so sehr an das jeweilige fachspezifische Material gebunden, daß sie nur auf einer Ebene hoher Allgemeinheit identifiziert werden konnte.

Unsere Rekonstruktion der kommunikativen Struktur des Kreises bestätigte mit hinreichender Eindeutigkeit den Eindruck, der sich schon aus biographischen und dokumentarischen Materialien nahegelegt hatte. Max Horkheimer hatte in seinem Kreis die institutionell *und* kognitiv dominierende Position inne. In der Analyse der sozialen Organisation der Forschungsarbeit des Kreises und auch in dem analysierten Verhältnis von externer zu interner Zitation konnten wir eine eindeutige disziplinäre Diversifikation des Kreises feststellen. Kennzeichnendes Merkmal der sozialen Organisation war die kognitive Rollendifferenzierung des Kreises. Diese hat die Reziprozität der Kommunikationsrollen unmöglich gemacht und eine Gruppenstruktur nahegelegt, in welcher eine kognitive Führungsfigur die systematische Integration der einzelnen disziplinären Gegenstandsbezüge wahrnahm. Sie hatte ihre Basis noch einmal in der institutionellen Substruktur des Mitarbeiterkreises, und zwar in der satzungsmäßig verankerten und von Horkheimer auch stark in Anspruch genommenen »Diktatur des Direktors«.

Das zentrale Charakteristikum der Forschungsorganisation der frühen kritischen Theorie war die Ebenendifferenzierung von »Forschung« und »Darstellung« – genauer: daß »Forschung« und »Darstellung« als Inhalte für Rollen definiert wurden, die in einem arbeitsteilig konzipierten Forschungsprozeß iterativ aufeinander bezogen waren.

Im ersten Schritt wird ein – in der lebensweltlichen Erfahrung als einheitlich erfahrenes – Problem, etwa die Krise familialer Strukturen in der Weimarer Republik, zerlegt in disziplinspezifische Partialthematisierungen. Dies ist die Funktion der »Forschungs«-Rollen. Im zweiten Schritt besteht die darauf bezogene Funktion der Rolle »Darstellung« darin, einige Elemente dieses Ensembles von Partialthematisierungen in integrierte Fragestellungen zu synthetisieren. Im dritten Schritt ist diese entwickelte integrierte Fragestellung wieder rückzubinden an die Rolle »Forschung«, d. h. jetzt an die in den Fachwissenschaften gegebenen Modelle, Methoden und Meßtechniken; damit garantiert ist, daß sich jene interdisziplinär generierten Fragestellungen nicht gegenüber den Fachwissenschaften »philosophisch« verselbständigen. Dieser Prozeß der iterativen Interaktion zwischen »Forschung« und »Darstellung« ist dann in vielen Schritten so lange fortzusetzen, bis sich durch jenes forschungsorganisatorische Wechselspiel von Detaildifferenzierung und Ganzheitsbezug eine hochkomplexe theoretische Struktur entwickelt hat.

Dieses letztlich doch im Projektstadium verbliebene, d.h. in der Forschungspraxis selber allenfalls im Ansatz eingelöste Forschungsprogramm des Frankfurter Kreises wäre zunächst um seines eigenen Funktionierens willen von störenden historischen Zufälligkeiten zu befreien: etwa von der Personalunion der Rolle »Darstellung« mit dem Direktorat. In unserem Fall war Horkheimers Darstellungskompetenz eher Funktion fremd- oder auch selbstzugerechneter Genialität als Resultat forschungsorganisatorischer Reflexion. Diese unmittelbare Verquickung von institutioneller und kognitiver Autorität ließ im faktischen Forschungsprozeß keine Kontrolle mehr darüber zu, ob die theorieintegrativen Leistungen eher Ausdruck einer festgeschriebenen gruppendynamischen Struktur oder einer intendierten Methodologie waren. Vielleicht ist deshalb überhaupt eine Verknüpfung der Funktionen von »Forschung« und »Darstellung« mit fest zugeschriebenen Rollen in einem arbeitsteiligen Zusammenhang problematisch. In einer Gruppe hochqualifizierter Wissenschaftler, die sowohl über disziplinäre Doppelkompetenzen als auch über die Fähigkeit, empirisch *und* theoretisch arbeiten zu können, verfügen, könnte die unseren Fall kennzeichnende Rollendifferenzierung aufgehoben werden zugunsten einer Funktionsdifferenzierung im individuellen Problemzugang des Forschers selber. Aber je komplexer das jeweilige Thema, desto wahrscheinlicher ist eine arbeitsteilige Funktionsverteilung in einem kollektiven Arbeitszusammenhang. Es müßte immer problem- und projektspezifisch entschieden werden, welche disziplinäre Herkunft welchen Forscher für die synthetischen Funktionen der Rolle »Darstellung« qualifiziert.

Bei der programmatischen Darstellung der interdisziplinären »Sozialforschung« hat Horkheimer die interdisziplinäre Reorganisation der Fachwissenschaften im Medium der Philosophie und die Integration von theoretisch-philosophischer und empirischer Arbeit immer miteinander identifiziert. Er differenzierte nicht zwischen der horizontalen Integration der Fachwissenschaften einerseits und der vertikalen von Theorie und Empirie in den Fachwissenschaften andererseits. Dieser mangelnden Differenzierung liegen Einschätzungen zugrunde, die wir heute als falsch erkennen können. Es lag ein naiver Begriff von Empirie vor: als »empirisch« galt Horkheimer jeder fachwissenschaftliche Bezug auf sinnlich-gegenständliche Phänomene. Dagegen ist aus heutiger wissenschaftsgeschichtlicher Sicht »empirisch« nicht schon der sinnliche Gegenstandsbezug, sondern dessen spezifische meßtechnische Kontrolle. Des weiteren hat Horkheimer noch nicht gesehen, daß die theoretischen Initiativen in den Fachwissenschaften schon längst nicht mehr von der Philosophie ausgingen, sondern von den Fachdisziplinen, und daß im Gegenzug dazu die den Einzelwissenschaften nahestehende Philosophie in ein lockeres Ensemble von Bindestrichphilosophien zerfallen ist. Deshalb wäre bei der Konzeption einer überdisziplinären Formation zunächst zu prüfen, ob die vorliegenden fachspezifischen Theorieentwürfe noch miteinander kompatibel und gegenüber fachfremden Konzeptualisierungen rezeptiv wären. Weiterhin wäre zu prüfen, ob es verallgemeinerbare Entwicklungen des Verhältnisses von Theorie und Empirie *in* den einzelnen Fachwissenschaften gibt, ob z. B. die durch elektronische Datenverarbeitung revolutionierten empirischen Techniken sich immer mehr verselbständigen, also indifferent werden gegenüber dem jeweils analysierten fachwissenschaftlichen Material. Oder ob sich in Folge einer – in der zeitgenössischen Soziologie stärker werdenden – Kritik an der Verselbständigung quantitativer Techniken eine Entwicklung hin zu gegenstandsspezifischen Erfahrungsdaten vollzieht.

Zentral ist die Frage, ob sich eine durch die Kooperation mehrerer Disziplinen und durch die systematische Verschränkung theoretischer und empirischer Forschung vollzogene Bildung von Supertheorien selbst wiederum zu einer institutionell eigenständigen disziplinären Formation entwickelt: zu einer Art »Superdisziplin« oder zu einer neuen Philosophie, die unter den Bedingungen extrem ausdifferenzierter Einzelwissenschaften ernst macht mit ihrem klassischen Anspruch einer Dachwissenschaft. Wir halten dies für wenig wahrscheinlich, denn eine neue Philosophie oder eine überdisziplinäre Superdisziplin könnte ja nicht bei einem gesetzten Nullpunkt beginnen, sondern hätte anzuknüpfen an die Vorgaben jener Disziplin, die sich bei dem wissenschaftsgeschichtlichen status quo durch die stärkste Rezeptivität und Integrationskraft gegenüber anderen Einzeldisziplinen auszeichnet. Dabei wird es sich sicher nicht um die akademische Einzeldisziplin Philosophie handeln, die ja entweder in ihrer historischen Selbstreflexion stagniert oder von den Fachwissenschaften selbst absorbiert worden ist. Bei allen anderen Teildisziplinen aber wäre zu erwarten, daß jene von uns imaginierte Superdisziplin doch nur zum Territorium der Expansionsabsichten bereits gegebener einzelwissenschaftlicher Paradigmen würde, also genau zu dem führte, was wir eingangs als Entdifferenzierung von Disziplinen durch eine Übertragung *intra*disziplinär durchgesetzter Modelle und Methoden auf andere Disziplinen beschrieben haben.

Entsprechend halten wir es für unwahrscheinlich, daß eine überdisziplinäre Organisationsform eine kohärente Disziplingeschichte hätte. Ihre Zeitform wäre sicher die einer diskontinuierlichen Folge wissenschaftlicher Großprojekte. Horkheimer hat – in seinem Vorwort zu den »Studien über Autorität und Familie« – offenbar noch geglaubt, daß sich deren Resultate zueinander kumulativ verhalten, sich also bilanzieren lassen zu einer »Theorie des historischen Verlaufs«.

Sicher verändern würden sich die sachlichen Identitätsgrenzen einer überdisziplinären Organisation, also das Verhältnis einer so betriebenen Wissenschaft zu ihrem Objekt. In den herkömmlichen Einzeldisziplinen kommt deren Einheit weitgehend durch ihre immanente Disziplingeschichte zustande, während die Struktur einer interdisziplinär betriebenen Wissenschaft stärker bestimmt wäre durch die Strukturen ihres jeweiligen Objekts. Überspitzt formuliert: es gäbe nicht mehr die Soziologie, Psychologie, Jurisprudenz, Kriminologie, Pädagogik etc., sondern die Wissenschaft von der jugendkriminellen Delinquenz in einer konkreten geschichtlichen und gesellschaftlichen Situation.

Sicher verändern würde sich auch das Verhältnis einer so betriebenen Wissenschaft zur Gesellschaft. Aufgrund des politischen Relevanzzuwachses ihrer Fragestellungen und Resultate würde sie den akademischen Rahmen ihres Betriebes rasch sprengen. Tendenziell würde sie die Chance bieten, sich zum progressiven Moment im Bewußtsein der Gesellschaft zu entwickeln, deren Realität sie zum Thema hat. Eben dies war ein zentraler Gedanke der frühen kritischen Theorie: daß eine politische Finalisierung wissenschaftlicher Arbeit – neben der Orientierung an den Interessen depravierter gesellschaftlicher Gruppen – Funktion immanent wissenschaftlicher Qualität zu sein hätte. Politisch wird eine beliebige wissenschaftliche Aktivität nicht schon dadurch, daß man sie in den Rahmen einer ihr äußerlichen politischen Dezision stellt und für diese Dezision den gesellschaftlichen Kredit des Wissenschaftlers mißbraucht. Zunächst kommt es darauf an, wissenschaftliche Arbeit auf einem solchen theoretischen und methodischen Niveau und an solchen Problemkonstellationen weiterzuentwickeln, daß ihre Distanz zur Politik nach ihren eigenen immanent wissenschaftlichen Standards unhaltbar wird. Der von uns beschriebene Zusammenhang zwischen dem Vergesellschaftungsprozeß von Wissenschaft und der Forderung nach interdisziplinärer Reorganisation ihres Betriebes beweist, daß die Indifferenzzone zwischen Wissenschaft und Gesellschaft, die man politisch »Autonomie« nennt, wissenschaftlich erst möglich wurde durch den wesentlich mit der disziplinären Zersplitterung und blinden Spezialisierung in den Disziplinen verknüpften Relevanzschwund, durch die Belanglosigkeit von ausschließlich innerwissenschaftlich generierten Fragestellungen. Auch die bloß instrumentelle politische Verwendung wissenschaftlicher Informationen, die wir gegenwärtig beobachten können, läßt sich z. T. aus dem forschungsorganisatorischen Zustand des konsultierten Wissenschaftsbetriebes selber ableiten. Dies wäre anders bei einer interdisziplinär reorganisierten Wissenschaft. Eben deshalb ist ihre forschungsorganisatorische Entwicklung kein Problem, das ihren politischen Konsequenzen äußerlich bliebe. Gerade wegen der nicht bloß instrumentellen Relevanz ihrer Resultate für die Akteure der politischen Handlungswirklichkeit dürfte sie sich einer Reflexion über die Form ihrer politischen Indienstnahme nicht entschlagen. Dies ist der frühen kritischen Theorie bewußt gewesen. Ihre Forderung nach der politischen Ausrichtung wissenschaftlicher Aktivität und ihre Arbeit an einer interdisziplinär gebildeten »Theorie der Gesellschaft« waren zwei Seiten einer freilich verwickelten Sache.

Anmerkungen

1 Immer wieder beeindruckend Derek de Solla Price, *Little Science, Big Science*, Frankfurt/M. 1974, bes. S. 13–43.
2 So die bekannte »Finalisierungsthese«, G. Böhmes, W. van den Daeles und W. Krohns.
3 Vgl. dazu Hartmut v. Hentig, Frankfurt/M. 1974:20 ff.
4 In dem Forschungszweig der Gerontologie z. B. arbeiten Mediziner, Psychologen, Soziologen und Demographen in multidisziplinärer Kooperation, ohne im mindesten das gesamte Problemfeld des Alterns abdecken zu können. Vgl. dazu sehr anregend Pierre de Bie, *Problemorientierte Forschung*, Frankfurt/M. 1970:59 ff.
5 In H. D. Laswell, The Policy Orientation, in: H. D. Laswell und D. Lerner (Hrsg.), *The Policy Science*, Stanford 1951.
6 Vgl. dazu Erich Jantzsch, Towards Inter- and Transdisciplinarity in Education and Innovation, in: *Policy Science*, 1970:403–428.
7 Die Anwendung des Begriffs »interdisziplinär« auf Horkheimers Forschungsprogramm ist eine Begriffsverwendung »avant la lettre«; der Terminus »interdisziplinär« taucht erst in den fünfziger Jahren in USA auf. Dennoch ist er inzwischen so kurrent und seine etwaigen Synonyma (z. B. »fächerübergreifend«) so unhandlich, daß wir auf seine Verwendung nicht glaubten verzichten zu können.
8 Gespräche in Berkeley und San Diego, Dez. 1975.
9 Vgl. dazu die 1930 von Carnap und Reichenbach gegründete Bewegung der »unified science«.
10 Etwa Lynds berühmte »Middletown«-Studien und deren Rezeption in der zeitgenössischen Stadtsoziologie bei A. Walter; vgl. dazu Heinz Maus, Bericht über die Soziologie in Deutschland 1933–1945, in: *KZfSS* 1959 und Helmut Klages, *Geschichte der Soziologie in Deutschland*, München 1969, S. 105–111.
11 In: *Kölner Vierteljahreshefte für Soziologie* XII, 1933/34.
12 Vgl. Paul Lazarsfeld, *Eine Episode in der Geschichte der empirischen Sozialforschung: Erinnerungen*, S. 163.
13 R. Heberle, Artikel: »Soziographie«, in: Vierkandt, *Handwörterbuch der Soziologie*, Stuttgart 1959, S. 564.
14 Vgl. dazu Steinmetz' Vortrag (ohne Titel) auf dem Soziologentag in Wien 1926, in: *Verhandlungen des V. Deutschen Soziologentages*, Tübingen 1927, S. 217.
15 Vgl. dazu den Diskussionsbeitrag von R. Heberle, in: *Verhandlungen des VII. Deutschen Soziologentages*, Tübingen 1931.
16 In: *Jahrbuch für Soziologie* 1926.
17 So von Karl Dunkmann in: *Der Kampf um Othmar Spann*, Leipzig 1928, bes. S. 1–10.
18 Vgl. Th. W. Adorno »Wissenschaftliche Erfahrungen in Amerika«, in:

Stichworte. Kritische Modelle, Frankfurt/M. 1969, S. 123, auch Lazarsfeld, a.a.O. S. 199ff.

19 Vgl. prägnant in *MEW* 19, S. 368f.

20 Kosik benutzt zur Kennzeichnung dieser Erkenntnisform die prägnante Metapher der »Spirale«.

21 Vgl. A. S., Zum Erkenntnisbegriff der Kritik der politischen Ökonomie, in: Walter Euchner und Alfred Schmidt (Hrsg.) *Kritik der politischen Ökonomie heute*, Frankfurt/M. 1968, S. 37.

22 Die einzige Textstelle, in welcher das aus der Theorie dialektischer Darstellung rekonstruierte interdisziplinäre Sozialforschungsprogramm mit der Struktur seiner organisatorischen Realisierung ausdrücklich in Beziehung gesetzt wird, findet sich in Horkheimers Antrittsrede. In Anspielung auf das autokratische Verwaltungsprinzip Grünbergs, das er übernimmt, bemerkt Horkheimer: »... Dadurch wird es mir möglich werden, das von ihm Geschaffene zu benützen, um wenigstens im engsten Rahmen gemeinsam mit meinen Mitarbeitern eine Diktatur der planvollen Arbeit über das Nebeneinander von philosophischer Konstruktion und Empirie in der Gesellschaftslehre zu errichten.« (1972:72)

23 Gespräch mit Erich Fromm in Locarno, Nov. 1976, vgl. auch Jay 1976, S. 148.

24 Vgl. dazu ausgezeichnet: L. Sklair, The Political Sociology of Science: a critique of current orthodoxies, in: R. Halmos (Hrsg.), ›*The Sociology of Science*‹, *Sociological Review Monograph 18*, University of Keele, 1972.

25 Vgl. Diana Crane, *Invisible Colleges. Diffusion of Knowledge in Scientific Communities*, Chicago & London 1971.

26 Vgl. dazu Th. W. Adornos Brief an Walter Benjamin vom 20. Nov. 1939, in: W. B., *Briefe*, Bd. 2, S. 782ff.

27 Telegramm Pollock an Horkheimer vom 9. Sept. 1937 (Pollock-Archiv).

28 So ist z. B. der Aufsatz »Juden und Europa« (*SPSS* 1939) vor seiner endgültigen Redaktion außerordentlich intensiv durchdiskutiert worden.

29 Was nach Jays Meinung (1976, S. 7) und nach Carlota Pollocks Zeugnis (Brief an mich) seiner wissenschaftlichen Karriere nicht sehr förderlich gewesen ist.

30 Daß die »Zeitschrift« eindeutig Plattform-Charakter gehabt habe, meinte auch Löwenthal im Gespräch mit Jay, vgl. 1976, S. 46.

31 Der folgende Abschnitt verdankt viel der verdienstvollen Studie von Paul Kluke: *Die Frankfurter Stiftungsuniversität*. In dem Kapitel »Das Frankfurter Institut für Sozialforschung« präsentiert er die Resultate seiner minutiösen Forschungen über die Entstehungsgeschichte des Instituts. Den Hinweis auf diese Studie verdanke ich Horst Baier.

32 Vgl. Paul Kluke, a.a.O. S. 496.

Ausblick: Politische Perspektiven sozialwissenschaftlicher Intelligenz

Für viele meiner Generation,deren politische Orientierungen im Verlauf und in der Folge der Studentenbewegung geprägt wurden, waren gerade die Texte der frühen kritischen Theorie das erste theoretische Medium unserer politischen Sozialisation. Daß deren damalige Lektüre nur Durchgangsstadium eines politischen Sozialisationsprozesses war, zeigte sich an dessen Verlauf, der wie die frühkindliche gekennzeichnet war durch eine Dialektik von distanzloser Aneignung und Abstoßung des Identifikationsobjektes. Dem, der ein Jahrzehnt später und im abgeklärten Rahmen eines akademischen Qualifikationsverfahrens jene Texte sich noch einmal neu aneignen konnte, fiel es leicht, die historische Kurzatmigkeit unserer damaligen Rezeption zu erkennen. Daß diese historische Kurzatmigkeit theoretisch so fatal gewesen ist wie politisch, ahnen wir. Doch der Hunger, mit dem die kritische Theorie damals rezipiert, der Autoritarismus, mit der sie zum Mythos erhoben und die Blindheit, mit der sie arrogant verworfen wurde, ist selbst nur Symptom für die Unsicherheit einer politisch-intellektuellen Kultur, die sich der andauernden Sonderentwicklung deutscher Geschichte wegen nie hat entwickeln können.

Was die kritische Theorie auch heute noch als Medium wissenschaftspolitischer Reflexion geeignet macht, ist die eigentümliche Zwischenstellung ihrer Vertreter zwischen den Traditionslinien sozialistischer und sozialwissenschaftlicher Intelligenz. In der reaktionären Optik konservativer Intellektueller erscheinen sie als politisch-voluntaristische Intellektuelle, die den Elfenbeinturm als politisches Agitationsfeld mißbraucht haben. Und aus der blauäugigen Sicht derer, die sich bis heute in ungebrochenem Selbstverständnis der Tradition sozialistischer Intelligenz zurechnen, sind die Vertreter der kritischen Theorie klassische Exemplare einer »linksbürgerlichen« Intelligenz, die politisch nie wußten, was sie eigentlich wollten.

Doch diese eigentümliche Zwischenstellung der kritischen Theorie zwischen zwei Traditionslinien ergibt sich nicht nur aus diesen von Gegnerschaftspositionen her vorgenommenen Zurechnungen. Sie ergibt sich vielmehr aus dem Faktum, daß die Entwicklung der kritischen Theorie in den dreißiger Jahren selbst Dokument einer Selbstverständniskrise sozialistischer Intelligenz in Westeuropa war. In der kritischen Theorie ist nämlich in den frühen dreißiger Jahren unter dem Eindruck der Niederlage der deutschen Arbeiterbewegung gegen den Faschismus die These formuliert worden, daß die der historisch-politischen Lage des Proletariats adäquate Theorie der Gesellschaft und das Betroffenheitsbewußtsein des Proletariats in keiner Weise mehr miteinander vermittelt sind.

Dieses von sozialistischen Intellektuellen selbst notierte Auseinandertreten von wissenschaftlich gebildeter Gesellschaftstheorie und proletarischem Klassenbewußtsein hat tiefsitzende politische und theoretische Selbstverständlichkeiten aufgestört und ein Problemfeld aufgerissen, dessen disparate Elemente die politische Selbstreflexion sozialwissenschaftlicher Intelligenz bis heute bestimmen. In jener Selbstverständigungstopik sozialistischer Intelligenz, die in der frühen kritischen Theorie problematisch wurde, waren all jene Elemente im wissenschaftspolitischen Problemfeld, deren Integration uns heute selbst in der Reflexion kaum noch gelingen will, als eine parteiorganisatorisch vermittelte Einheit gedacht.

Als vermittelte Einheit wurden gedacht, die

(1) in einer historisch exponierten, d.h. krisenhaft zugespitzten gesellschaftlichen Situation
(2) von Intellektuellen formulierte Theorie, die
(3) konstituiert war im verallgemeinerten Betroffenheitsbewußtsein des Proletariats, welches
(4) als unmittelbar in der Produktion tätige soziale Klasse zugleich auch von der gesellschaftlichen Konfliktstruktur primär betroffen war und
(5) als Industrieproletariat jene Funktionselite bildete, die allein über das politische Kampfpotential verfügte, das es erlaubte, die gegebene Gesellschaft revolutionär zu verändern.

Im Rahmen jener politischen Topik ist sozialistische Politik also durch eine spezifische Einheit von politischer *und* wissenschaftlicher Legitimierbarkeit gekennzeichnet. Sie kann nach ihrem eigenen Anspruch anknüpfen an die politische Allgemeinheit sozialer Interessen *und* ineins damit an die theoretische Allgemeinheit wissenschaftlicher Sätze. Intellektuelle sind nach Maßgabe dieser letztlich phänomenologischen Unterstellung keine spezifische Sondergruppe in der politischen Bewegung, sondern nur die Artikulatoren von kollektiv zurechenbaren Reflexionsprozessen. Die von der Intelligenz formulierten theoretischen Sätze sind zwar nicht mit dem proletarischen Klassenbewußtsein unmittelbar identisch, aber über identifizierbare Zwischenglieder vermittelt – über ein Kontinuum, das sich in Schulung und Agitation kurzschließen läßt in Gestalt der Abstraktifizierung exemplarischer Alltagserfahrungen des Arbeiters. In dieser alltagsweltlich gegebenen Erfahrung der Betroffenen hätte sozialistische Theorie – ihrem eigenen Anspruch nach – ihren empirischen Problembezug, ihren politisch-praktischen Handlungsbezug und schließlich ihre fraglose demokratische Legitimität.

Am greifbarsten ist diese Tradition des Selbstverständnisses sozialistischer Intelligenz in Georg Lukács' Stilisierung des Marxschen Selbstverständnisses. Lukács vertrat bekanntlich die These, daß schon die klassischen vormarxschen politischen Ökonomen imstande gewesen waren, die durch Warentausch als Totalitätszusammenhang konstituierte bürgerliche Gesellschaft theoretisch zu begreifen. Doch erst für die proletarische Klasse fallen die *theoretisch* erkennbaren bzw. erkannten Bedingungen der Aufhebung des Kapitalismus mit den Bedingungen seiner *politischen* Emanzipation zusammen. Diese von Lukács unterstellte Koinzidenz des parteiförmig organisierten politischen Emanzipationsinteresses des Proletariats mit Marx' Gesellschaftstheorie begründete für ihn die unmittelbare Einheit von Theorie und Praxis. Das Proletariat ist sowohl Subjekt wie Adressat sozialistischer Theorie. In dieser konvergieren die theoretische Allgemeinheit wissenschaftlicher Sätze und die politische Allgemeinheit sozialer Interessen.

Diese spezifische Einheit von theoretischer und politischer Allgemeinheit bestimmt bis heute die Tagträume sozialwissenschaftlicher Intelligenz – soweit sie überhaupt ein politisches Selbstverständnis hat –, und zwar in verschiedenen Graden einer undurchschauten Normativität. Darum ist es mehr als nur ein heuristischer Kunstgriff, wenn ich im folgenden diese Einheitsunterstellung als Folie nehme, um auf ihrem Hintergrund die aktuellen politischen Identitätsprobleme sozialwissenschaftlicher Intelligenz sichtbar zu machen.

Gegenüber der oben dargestellten Bewußtseinsstruktur sozialistischer Intelligenz – die ich in vielen historisch und gruppenhaft spezifizierten Formen bis in die dreißiger Jahre hinein als gegeben unterstelle und die dann in der kritischen Theorie zerfällt – ist die gegenwärtige Problemlage sozialwissenschaftlicher Intelligenz radikal verschoben. Zunächst sind unsere Aufmerksamkeitsstrukturen nicht mehr bestimmt durch die Aktionserfordernisse revolutionärer Organisationen. Wir sind zum Großteil im Öffentlichen Dienst professionalisiert, was mit spezifischen Loyalitätsverpflichtungen verquickt ist, die auch immer skrupelloser eingefordert werden. Der Organisations- und Bewußtseinsstand der Arbeiterbewegung – zumindest in der Bundesrepublik – verbietet die Unterstellung eines artikulierten proletarischen Klassenbewußtseins, in welchem die sozialwissenschaftliche Intelligenz eine fraglose Relevanzvorlage für ihre Forschungsinteressen hätte. Und schlimmer noch: Selbst in der Theorie des Spätkapitalismus ist inzwischen strittig, ob sich in Folge der politischen Mediatisierung des Kapitalverwertungsprozesses überhaupt noch eine bestimmbare Gruppe von primär Betroffenen identifizieren läßt, die der selbstverständliche Adressat einer politisch gerichteten Sozialwissenschaft wäre.

Wir beschränken uns hier auf die Frage, welche politischen Akteure im gesellschaftlichen Prozeß überhaupt als potentielle Adressaten einer politisch gerichteten Sozialwissenschaft in Frage kommen. Um diese Adressatenfrage entscheidbar zu machen, unterscheide ich zunächst in analytischer Absicht drei politische Handlungstypen:

1. die Akteure der öffentlichen Politik, d.h. Regierungs- und Parlamentsvertreter sowie Vertreter der Administration auf den verschiedenen administrativen und politischen Handlungsebenen;

2. die Akteure der ›privaten Politik‹, d.h. Vertreter jener intermediären Organisationen zwischen Individuum und Staat, die man auch Verbände, Interessengruppen und pressure-groups nennt. Diese Gruppen bezeichne ich mit dem Begriff ›Träger privater Politik‹, weil sie den öffentlichen politischen Prozeß zwar entscheidend beeinflußen, aber im Verständnis bürgerlichen Staatsrechts Politik nur als Mittel für private Zwecke einsetzen.

3. Als dritten politischen Handlungstyp nenne ich jene wie auch immer schwachen Ansätze der Selbstorganisation von Betroffenen, die sich in Reaktion und Opposition auf öffentliche Politikprozesse und administrative Maßnahmen gebildet haben.

Im folgenden soll nun das Verhältnis sozialwissenschaftlicher Intelligenz zu diesen potentiellen Adressaten geprüft werden, und zwar anhand der oben entwickelten leitenden Gesichtspunkte von politischer und theoretischer Allgemeinheit – also der Legitimierbarkeit von politischem Handeln sowohl vor dem Gerichtshof verallgemeinerungsfähiger gesellschaftlicher Gruppeninteressen *und* den zeitgenössischen Standards der jeweils problemkompetenten Disziplin.

1. Beratung der öffentlichen Politikträger

In der Literatur über Politikberatung ist dieser Beratungstypus eigentlich der einzig diskutierte. Eine Ursache dafür mag sein, daß innerhalb der »community« nur die Beratung der öffentlichen Politikträger als politisch und wissenschaftlich seriös gilt. Als politisch seriös gilt diese Adressatenwahl wohl schlicht deshalb, weil im bürgerlichen Selbstverständnis der Staat und seine administrativen und legislativen Organe als *der* institutionelle Garant gesellschaftlicher Allgemeinheit gilt.

a. Politische Allgemeinheit

Selbst nach Maßgabe von immanent bürgerlichen Repräsentationsmaßstäben ist die demokraktische Legitimität öffentlicher Wissenschafts- und Technologiepolitik schwach ausgeprägt. Hier haben die Technokratietheoretiker ihre stärksten empirischen Argumente. So ist innerhalb der ressortspezifischen Politikbereiche die Forschungspolitik derjenige, der bislang der geringsten parlamentarischen Kontrolle unterlag.

In der staatlichen Förderung der Industrieforschung und der Technologieplanung ist die staatliche Administration auf die ›Kooperation‹ der marktbeherrschenden Konzerne in einem Maße angewiesen, daß die staatliche Planungsinitiative kaum eindeutig zu identifizieren ist.

Die Auswahl der wissenschaftlichen Eliten in die halbstaatlichen Forschungsförderungsorgane und in politikberatende Gremien gründet auf den Selektionsprämissen des akademischen Reputationssystems und nicht auf ausgewiesenen Kompetenzkriterien für gesellschaftlich relevante Problemstellungen.

b. Theoretische Allgemeinheit

Es ist ein unstrittiger Befund in der Selbstreflexion wissenschaftlicher Politikberatung, daß sie erfolgreich ist nur in dem Maße, wie sie die Handlungsrestriktionen der beratenen politischen Akteure selbst antizipiert, also z. B. die situative Opportunität von Vorschlägen immer schon in Rechnung stellt, sich den administrativen Wissensformen und Problemsprachen unterwirft und sich vor allen Dingen nur auf solche Vorschläge beschränkt, die den Akteuren jeweils auch voll zur Disposition stehen. Im günstigsten Fall hat Sozialwissenschaft im Beratungsprozeß die Chance, das sensibelste Element im verwaltungseigenen Problemwissen zu werden. Im Regelfall sind nur Technologien, Daten und Datenbeschaffungstechniken gefragt, auf deren politische Verwendung der Wissenschaftler selbst keinen Einfluß hat. Werden Expertisen der Tendenz nach kritisch, dann haben sie in der Regel kaum eine Chance, im System öffentlicher Politik einen Adressaten zu finden. Und wissenschaftliche Handlungsempfehlungen, die keinen politisch handlungsfähigen politischen Adressaten mehr finden, sinken unverschuldet auf das Niveau moralischer Appellation herab.

2. *Beratung privater Politikträger*

Auch im Bereich der privaten Politikträger gibt es wissenschaftliche Politikberatung, was indes in der Literatur, die sich auf Politikberatung reflexiv bezieht, noch nicht hinreichend berücksichtigt wurde. Parteien, Verbände und Kirchen unterhalten z.T. eigene Forschungsinstitute und lassen sich in ihren Programmen, Strategien und Stellungnahmen von ihnen beraten.

Der Zweck, für den private Politikträger sozialwissenschaftliches Wissen primär benötigen, läßt sich aus einer theoretischen Vorannahme bestimmen. Die für unser gesellschaftliches System kennzeichnende spezifische Verquickung von Demokratie und Verbandspluralismus nötigt die Verbände dazu, ihre jeweiligen Sonderinteressen im öffentlichen rhetorischen Kampf als die eigentlichen *Allgemein*interessen darzustellen. Vornehmlich für diesen Ideologisierungsmechanismus benötigen private Politikträger sozialwissenschaftliches Wissen.

a. Politische Allgemeinheit

Der Verbandspluralismus ist eine Ideologie. Ideologisch ist die darin implizierte Unterstellung, daß die verbandsförmig organisierten Sonderinteressen, denen ein legitimer Einfluß auf die öffentliche Politik zugesprochen wird, den jeweils gleichen Status politischer Verallgemeinerbarkeit hätten, so als ob Arbeitgeberverbände und Gewerkschaften Interessen von einer völlig niveaugleichen Allgemeinheit repräsentierten.

Die gesellschaftstheoretische Konstruktion einer Hierarchie der legitimen Verallgemeinerungsniveaus von gesellschaftlichen Sonderinteressen ist eine schwierige Aufgabe. Gleichwohl sind abstrakte Parameter denkbar, an denen die relative Verallgemeinerbarkeit von Gruppeninteressen gemessen werden könnte. Ein solcher Parameter bestünde einerseits in der theoretisch bestimmbaren Nähe einer gesellschaftlichen Funktionsgruppe zum konstitutiven Organisationsprinzip der Gesellschaft und andererseits in dem Maß der größten Betroffenheit durch die von diesem Organisationsprinzip erzeugten Folgeprobleme. In einer über das Prinzip privater Verfügung über Produktionsmittel organisierten Gesellschaft, die die überwiegende Mehrheit der Bevölkerung nötigt, sich über den Tausch ihrer Arbeitskraft zu reproduzieren, haben gemäß der oben genannten Prämisse jene Organisationen ›privater‹ Politik legitime Verallgemeinerungsansprüche, denen entlang die lohnabhängigen und produktiven Bevölkerungsteile organisiert sind. Dies ist ein abstraktes Prinzip, das zunächst unabhängig von der faktischen Politik z.B. der Gewerkschaften oder der Arbeiterparteien gilt.

Die Verallgemeinerbarkeit von gruppenspezifischen Partikularinteressen gegenüber der Gesamtgesellschaft ist das eine Problem; das andere betrifft das Verhältnis der organisatorischen Spitze von privaten Politikträgern zu ihren organisierten Mitgliedern, zu ihrer Basis.

Die Organisationen der privaten Politik haben in bezug auf die öffentliche intermediäre Funktionen. Sie vermitteln gesellschaftliche Sonderinteressen in den öffentlichen politischen Prozeß hinein. Von Michels Parteiensoziologie bis zu den zeitgenössischen Arbeiten Luhmanns sind überzeugende Argumente dafür geliefert worden, daß sie dieser intermediären Funktion nur in dem Maße genügen können, wie sie über eine ausgebildete bürokratische Struktur und über eine vom unmittelbaren Basisdruck freigesetzte Funktionärselite verfügen. Mit anderen Worten: die Konfliktfähigkeit der privaten Politikträger im öffentlichen politischen Prozeß verhält sich gegenläufig zu ihrem verbandsinternen Demokratisierungsniveau.

Dieses Phänomen ist ein Problem indes nur für jene Organisationen privater Politik, die tatsächlich Agenturen gesamtgesellschaftlich relevanter Willensbildung und Mediatoren verallgemeinerungsfähiger Interessen sind. In Verbänden, deren Zweck die Organisation hochpartikularer Interessen ist – etwa der der Fluglotsen – ist die Entscheidung über politische Strategien eher ein strategisch-technisches Problem als eines der demokratischen Vermittlung von Funktionärs- und Basisinteressen.

b. Theoretische Allgemeinheit

Eine gängige Kritik am Verbandsstaat ist die, daß das politische Allgemeine sich nicht mehr über den Staat als dessen institutionellen Garanten realisiert, sondern nur noch in gesellschaftlichen Sonderinteressen gebrochen auftritt. Dieser Kritiktopos läßt sich auch auf Wissenschaft übertragen. Wie sonst sollte man das Phänomen erklären, daß die wissenschaftliche Thematisierung von zentralen gesellschaftspolitischen ›issues‹ – etwa die Überwindung von Wirtschaftskrisen oder staatliche Erziehungspolitik – sich mehr und mehr eindeutig identifizierbaren gesellschaftlichen Gruppierungen positionell zuordnen läßt. Die absehbare Konsequenz dieser »pluralistischen Politisierung« von Sozialwissenschaft ist deren Degradation zum Legitimationsinstrument feststehender Verbandszwecke.

Bei den privaten Politikträgern sind die politischen Opportunitätsgrenzen des jeweils nachgefragten sozialwissenschaftlichen Wissens noch weit festgelegter als bei den Repräsentanten der öffentlichen Politik. Niemand kann sich vorstellen, daß das Wirtschaftsforschungsinstitut der Arbeitgeberverbände eines Tages vorschlagen würde, Lohnsteigerungen als Instrument der Konjunkturbelebung zu benutzen.

Bei den großen Politikberatungsprojekten der letzten Jahre, etwa bei der »Kommission für den wirtschaftlichen und sozialen Wandel«, ist man dazu übergegangen, Vertreter der von den potentiellen politischen Folgen des Beratungsauftrags betroffenen Interessensverbände selbst in die Beratungsgremien zu integrieren. Dahinter verbarg sich vielleicht die Illusion, die theoretische Allgemeinheit der Wissenschaft vermöchte das Chaos gesellschaftlicher Partikularinteressen aufzuheben. In der Realität tritt das Gegenteil ein. Die Wissenschaftler antizipieren in ihren Vorschlägen die festgeschriebenen pluralistischen Gruppenpräferenzen. Wenn sich diese Entwicklung radikalisiert, wäre eines Tages in den anwendungsbezogenen sozialwissenschaftlichen Disziplinen der Wissenschaftspluralismus eine fotografische Abbildung des gesellschaftlichen Gruppenpluralismus.

3. Betroffenenberatung

In der deutschen Literatur ist dieses Modell von Politikberatung vor allem vor Bernhard Badura formuliert worden. Er nennt es das Modell der »Gegenexpertise«. Die Klienten einer solchen »Gegenberatung« sitzen in der Administration oder in der Exekutive. Adressaten dieses Typs wissenschaftlicher Beratung wären vielmehr jene Gruppen, die sich in Reaktion und Opposition auf und in der Kritik an öffentlichen Planungs- und Politikprozessen gebildet haben.

Die empirische Dokumentation der Fälle solcher Beratung ist – zumindest was deutsche Verhältnisse betrifft – mehr als schmal. Weiterhin fehlen empirisch bewährte und in der »community« hinreichend anerkannte gesellschaftstheoretische Annahmen, um die strukturelle Verallgemeinerbarkeit der Interessen von Betroffenenorganisationen einschätzen zu können. Und der wissenschaftstheoretische und wissenschaftspolitische Stellenwert einer Sozialwissenschaft, die sich in den Rahmen der Willensbildung von Betroffenenorganisationen stellen will, ist noch derartig unausgemacht, daß sich in bezug auf ihn nur Postulate formulieren lassen.

a. Politische Allgemeinheit

Zunächst sollen Betroffenenorganisationen negativ charakterisiert werden. Es schein sich dabei um ein Residuum all jener gesellschaftlichen Gruppeninteressen zu handeln, die durch keinen der institutionalisierten privaten Politikträger abgedeckt wird, oder um Gruppen, deren organisatorisches Niveau, deren politische Durchsetzungsfähigkeit niedrig und deren Planungshorizont lokalhistorisch so beschränkt ist, daß sie mit den etablierten privaten Politikträgern nicht konkurrieren können.

Diese negative Kennzeichnung von Betroffenengruppen sagt indes überhaupt nichts aus über die – in Beziehung auf die Gesamtgesellschaft – gegebene Verallgemeinerbarkeit der in ihnen organisierten Interessen. Ein Großteil der Bürgerinitiativen verfolgt in der Tat bornierte und partikulare Ziele. Eine Entscheidung über die legitime politische Verallgemeinerbarkeit der z. B. in einer

Bürgerinitiative organisierten Interessen läßt sich nur gewinnen durch die gesellschaftstheoretische Verallgemeinerbarkeit der situativen Problemlage, die jene Initiative exemplarisch aufgegriffen hat.

Es gibt kaum gesellschaftstheoretische Ansätze, auf deren Basis man trennscharfe Prognosen über erwartbare bereichs- und gruppenspezifische Konfliktpotentiale machen könnte und die es erlaubten, die Verallgemeinerbarkeit z.B. von lokalhistorisch beschränkten Initiativen realistisch einschätzen zu können.

Immerhin lassen sich mit einigen Annahmen der Spätkapitalismustheorie die Bereiche theoretisch identifizieren, in denen ein Großteil der bekannten Betroffenenorganisationen auch tatsächlich anzutreffen sind. *Kapitalistisch* ist der Spätkapitalismus in dem Sinne, daß er nach wie vor logisch gekennzeichnet ist durch den Antagonismus von privater Kapitalverwertung bei einer faktischen Vergesellschaftung der Produktion. Gegenüber dem Frühkapitalismus hat sich indes der soziologische, d.h. klassenförmige Ausdruck dieses Antagonismus verschoben. Der Spätkapitalismus ist gekennzeichnet durch eine zunehmende politische Mediatisierung des Kapitalverwertungsprozesses. Die Folge davon ist – nach Offes bekannter These – ein tendenzielles Auseinandertreten des wertschaffenden Arbeits- und des Verelendungs- und Politisierungsprozesses, die von Marx noch identisch gedacht wurden. Die zunehmend *politisch* organisierte Reproduktion der gesellschaftlichen Arbeitskraft läßt a) den exklusiven Betroffenheitsanspruch der Industriearbeiterschaft diffus werden und verlagert b) tendenziell die konfliktträchtigen Folgeprobleme des Verwertungsprozesses aus dem Produktionsbereich heraus. Nach Maßgabe dieser These wären spätkapitalistische Problem-*gruppen* all jene, die vom Arbeitsmarkt ausgeschlossen sind: Schüler, Studenten, Rentner, Strafgefangene, Irre, Kranke, langfristig Arbeitslose etc. Spätkapitalistische Problem*bereiche* wären vornehmlich anzutreffen in der materiellen Infrastruktur der Gesellschaft, im Gesundheits- und Bildungssystem, in der Verkehrs- und Energiepolitik und in der Stadt- und Regionalplanung.

b Theoretische Allgemeinheit

Sozialwissenschaftliche Betroffenenberatung kann sich nicht darauf beschränken, ein in wissenschaftlichen Institutionen produziertes Expertenwissen quasi instrumentell anzubieten. Nur komisch ist die Vorstellung, z.B. einer Protestversammlung von Bürgern, die von Sanierungsmaßnahmen betroffen sind, die neuesten Publikationen in lokaler Politikforschung anzubieten. Das Verhältnis des Sozialwissenschaftlers zu Betroffenen muß also – von spezifischen Dienstleistungen abgesehen – mehr sein als expertenhafte Anwaltschaft.

Dies ist ein starkes Postulat angesichts der Tatsache, daß sich die kognitiven und institutionellen Formen sozialwissenschaftlicher Wissensproduktion in hohem Maße gegenüber dem »soziologischen« Laien- und Alltagswissen verselbständigt haben. Unter den Bedingungen einer weitgehenden Ausdifferenzierung sozialwissenschaftlicher Wissensproduktion kann dieses Postulat nur bedeuten, daß sich Sozialwissenschaftler stärker in dem Lebens- und Handlungszusammenhang von Betroffenen ansiedeln und ihre kognitiven Muster öffnen für die spezifischen Inhalte und Formen sozialer Problemerfahrung. Die große innerwissenschaftliche Aufmerksamkeit, die Forschungsrichtungen wie die Aktionsforschung und einige Strömungen der Ethnomethodologie erregt haben, sind – ungeachtet ihrer wissenschaftlichen Qualität – Indikatoren für die postulierte Sensibilität. Es käme zunächst darauf an, auf den verschiedenen kognitiven Handlungsebenen der jeweils problemkompetenten Disziplinen diejenigen ›Ventile‹ auszumachen, mit denen die Rezeptivität gegenüber sozialen Problemlagen und besonders der spezifischen Problemerfahrung von Betroffenen gesteigert werden könnte. Solche kognitiven Handlungsebenen wären zunächst die Selektionsmechanismen bei der Themenwahl, die Ebene der Kategorienbildung, der Methodologien und Forschungstechniken, der Fortbildung gegebener allgemeiner Theorien für spezifische Gegenstandsbereiche und schließlich die disziplinäre Organisation des Zugangs zu sozialer Problemerfahrung.

Wir haben es eingangs vermieden, jenen sozialistischen Topos der Einheit von theoretischer und politischer Allgemeinheit auf seinen empirisch-historischen Realitätsgehalt hin zu befragen. Entsprechend wollen wir Prognosen unterlassen über erwartbare Konvergenzen unter gegenwärtigen wissenschaftsgeschichtlichen und gesellschaftspolitischen Bedingungen. Ich sehe mich außerstande zur Imagination jenes historischen Augenblicks, in dem die exemplarische Krisenhaftigkeit einer gesellschaftlichen Entwicklung, die richtige Theorie der Situation und das Betroffenheitsbewußtsein der relevanten Funktionseliten sich zum revolutionären Gemisch verdichten. Solche Nüchternheit lernt man beim Studium der kritischen Theorie. Ihre Entwicklung in den dreißiger Jahren dokumentiert das Erwachen sozialistischer Intellektueller aus einem alten Traum der Arbeiterbewegung. Doch die Logik von Träumen erschließt sich nur dem Wachen.

Literaturverzeichnis*

Liste der im folgenden verwendeten Abkürzungen:
ZfS = Zeitschrift für Sozialforschung
SPSS = Studies in Philosophy and Social Science
GA = Grünberg Archiv für die Geschichte des Sozialismus und der Arbeiterbewegung
KZfSS = Kölner Zeitschrift für Soziologie und Sozialpsychologie
ARSP = Archiv für Rechts- und Sozialphilosophie
ARS = American Sociological Review

* Im folgenden Literaturverzeichnis sind nur die Titel genannt, die zur Anfertigung der Arbeit unmittelbar herangezogen wurden. Bibliographischen Ansprüchen kann es daher nicht genügen.

Abt, Clark C., Analysis of the Survey of Interdisciplinary Activities of Teaching and Research in American Universities, OECD-Dokument/CERI/HE/CP 1970

Adorno, Th. W., Über Walter Benjamin, hg. v. Rolf Tiedemann, Frankfurt/M. 1970

– Veblen's Attack on Culture, in: SPSS 9, 1941

– Spengler Today, in: SPSS 9, 1941

– On Popular Music, in: SPSS 9, 1941 (zus. mit G. Simpson)

– On Kiekegaard's Doctrine of Love, in: SPSS 8, 1939

– Fragmente über Wagner, in: SPSS 8, 1939

– Über den Fetischcharakter in der Musik und die Regression des Hörens, in: ZfS 7, 1938

– Reflexionen zur Klassentheorie, in: Schriften 8, Frankfurt/M. 1973

– Rezension von Herbert Marcuses »Hegels Ontologie und die Grundlegung einer Theorie der Geschichtlichkeit«, in: ZfS 1, 1932

– Über Jazz, in: ZfS 5, 1936 (unter dem Pseudonym: Hektor Rottweiler)

– Rezension von Nicolai Hartmanns »Das Problem des geistigen Seins«, in: ZfS 2, 1933

– Rezension von Hans Drieschs »Philosophische Gegenwartsfragen«; in: ZfS 2, 1933

– Der Begriff des Unbewußten in der transzendentalen Seelenlehre, in: Schriften 1, Frankfurt/M. 1973

– Dialektik der Aufklärung, Frankfurt/M. 1971, (zus. mit Max Horkheimer)

– Wissenschaftliche Erfahrungen in Amerika, in: Stichworte. Kritische Modelle 2, Frankfurt/M. 1969

– Minima Moralia, Frankfurt/M. 1964

– Kierkegaard: Konstruktion des Ästhetischen, Frankfurt/M. 1966
– Rezension v. Oswald Spenglers ›Der Mensch und die Technik‹, in: ZfS 1, 1932
– Zur gesellschaftlichen Lage der Musik, in: ZfS 1, 1932
– Der autoritäre Charakter, Bd. 1 u. 2, Amsterdam 1968 (zus. mit B. Bettelheim u. a.)
Arendt, Hannah, Elemente totaler Herrschaft, Frankfurt/M. 1958
– Organisierte Schuld, in: Hannah Arendt »Die verborgene Tradition«, Frankfurt/M. 1976
Banckhaus, Hans G., Zur Dialektik der Wertform, in: »Beiträge zur marxistischen Erkenntnistheorie«, hg. v. Alfred Schmidt, Frankfurt/M. 1971
Barnes, Barry, Sociology of Science, Middlesex 1972
Barth, Hans, Wahrheit und Ideologie, Frankfurt/M. 1974
Ben-David, J., The Scientist's role in Society. A comparative study. Englewood Cliffs, 1971
Benjamin, Walter, Einbahnstraße, Frankfurt/M. 1955
– Ein deutsches Institut freier Forschung, in: Ges. Schriften, Bd. III, Frankfurt/M. 1972
– Briefe. 2 Bde., hg. v. Gershom Scholem u. Th. W. Adorno, Frankfurt/M. 1966
– Probleme der Sprachsoziologie, in: ZfS 4, 1935
– Eduard Fuchs, der Sammler und Historiker, in: ZfS 6, 1937
– L'œuvre d'art à l'époque de sa reproduction mecanisée, in: ZfS 5, 1936
– Zum gegenwärtigen gesellschaftlichen Standort des französischen Schriftstellers, in: ZfS 3, 1934
– Zur Kritik der Gewalt und andere Aufsätze, Frankfurt/M. 1965
– Über einige Motive bei Baudelaire, in: SPSS 8, 1939
– Charles Baudelaire: Ein Lyriker im Zeitalter des Hochkapitalismus, Frankfurt/M. 1969
Berger, Peter/Luckmann, Thomas, Die gesellschaftliche Konstruktion der Wirklichkeit. Eine Theorie der Wissenssoziologie, Frankfurt/M. 1969
de Bie, Pierre, Problemorientierte Forschung, Frankfurt/M.–Berlin–Wien 1973
Borkenau, Franz, The Totalitarian Enemy. London 1939
– The Spanish Cockpit, Ann Arbor 1963
– Zur Soziologie des mechanistischen Weltbildes, in: ZfS 1, 1933
– Der Übergang vom feudalen zum bürgerlichen Weltbild. Paris 1934
Bracher, Karl D., Die nationalsozialistische Machtergreifung. 3 Bde. (zus. mit Gerhard Schulz, Wolfgang Sauer), Frankfurt/M.–Berlin–Wien 1974
Brandt, Willy, Ein Leben für die Freiheit. Eine politische Biographie. (zus. mit Richard Löwenthal, Ernst Reuter) Berlin/Wien 1965
Brauer, Ludwig, Forschungsinstitute. (zus. mit A. Mendelssohn-Bartholdy) Hamburg 1930

Breines, Paul, Herbert Marcuse and the New Left in America, in: Jürgen Habermas, »Antworten auf Herbert Marcuse«, Frankfurt/M. 1968
Bullock, Allan, Hitler. Eine Studie über Tyrannei
Cerutti, Furio et al., Geschichte und Klassenbewußtsein heute. Diskussion und Dokumentation, Amsterdam 1971
Crane, Diana, Invisible Colleges. Diffusion of Knowledge in Scientific Communities. Chicago & London 1970
Dietrich, B./Perels, J., Wolfgang Abendroth. Ein Leben in der Arbeiterbewegung, Frankfurt/M. 1976
Dubiel, Helmut, Dialektische Wissenschaftskritik und Interdisziplinäre Sozialforschung. Theorie- und Organisationsstruktur des Frankfurter Instituts für Sozialforschung 1930ff., in: KZfSS 1974, 2
– Ideologiekritik versus Wissenssoziologie. Die Kritik der Mannheim'schen Wissenssoziologie in der kritischen Theorie, in: ARSP 1975, 2
– (Hg.), Friedrich Pollock. Stadien des Kapitalismus. München 1975
Dunkmann, Karl, Der Kampf um Othmar Spann, Leipzig 1928
Eckert, Chr., Aufriß und Aufgaben des Forschungsinstituts für Sozialwissenschaften, in: Vierteljahreshefte für Sozialwissenschaften 1, 1921
Eisermann, G., Die deutsche Soziologie im Zeitraum von 1918 bis 1933, in: KZfSS 11/1959
Enzensberger, H. M., Dossier: Revolutionstourismus, in: Kursbuch 30
Fest, Joachim C., Hitler. 2 Bde., Frankfurt/M.–Berlin–Wien 1976
Fischer, Ruth, Stalin und der deutsche Kommunismus. Der Übergang zur Konterrevolution. Frankfurt/M. 1948
Fleming, D., The Intellectual Migration. Europe and America. 1930–1960, Harvard University Press 1969
Frese, Jürgen, Prozesse im Handlungsfeld, Bielefeld 1974 (verf. Ms.)
Fromm, Erich, Beyond the chains of Illusions. New York 1962
– Mentality of Workers and Crafts in the Weimar Republic (unv. Manuskript, Edition wird von Wolfgang Bonß vorbereitet)
– »Sozialpsychologischer Teil«, in: Studien über Autorität und Familie. Paris 1936
– Escape from Freedom. New York 1942
– Zum Gefühl der Ohnmacht, in: ZfS 6, 1937
– Die gesellschaftliche Bedingtheit der psychoanalytischen Therapie, in ZfS 4, 1935
– Die sozialpsychologische Bedeutung der Mutterrechtstheorie, in: ZfS 3, 1934
– Die psychoanalytische Charakterologie und ihre Bedeutung für die Sozialpsychologie, in: ZfS 1, 1932
– Über Methode und Aufgabe einer analytischen Sozialpsychologie, in: ZfS 1, 1932
– Die Entwicklung des Christusdogmas. Eine psychoanalytische Studie

zur psychologischen Funktion der Religion. Wien 1931
Gitermann, V., Die russische Revolution, in: Propyläen Weltgeschichte, Bd. IX, 1, Frankfurt/M.–Berlin–Wien 1976
Gouldner, Alvin, Die westliche Soziologie in der Krise. Hamburg 1974
Grebing, Helga, Geschichte der deutschen Arbeiterbewegung, München 1970
Grossmann, Henryk, Marx, die klassische Nationalökonomie und das Problem der Dynamik, Frankfurt/M. 1969
– Anarchismus, Bolschewismus, Sozialismus, Frankfurt/M. 1971 (zus. mit Carl Grünberg)
– Die gesellschaftlichen Grundlagen der mechanistischen Philosophie und die Manufaktur, in: ZfS 4, 1935
– Die Wert-Preis-Transformation bei Marx und das Krisenproblem, in: ZfS 1, 1932
– Das Akkumulations- und Zusammenbruchsgesetz des kapitalistischen Systems. Leipzig 1929
Grünberg, Carl, Festrede, gehalten zur Einweihung des Instituts für Sozialforschung an der Universität Frankfurt/M., 22. Juni 1924, in: Frankfurter Universitätsreden, Bd. 20, Frankfurt/M. 1924
Gumperz, Julian, Recent Social Trends in USA. Gesichtspunkte zur Kritik des gleichnamigen »Report«, in: ZfS 2, 1933
– Zur Soziologie des amerikanischen Parteiensystems, in: ZfS 1, 1932
Gurland, Arcadius, Technological Trends and Economic Structure under National Socialism, in: SPSS 9 (1941)
Habermas, Jürgen, Philosophisch-politische Profile, Frankfurt/M. 1971
Hahn, Erich, Materialistische Dialektik und Klassenbewußtsein. Frankfurt/M. 1974
Hirshler, Eric (Hg.), Jews from Germany in the United States. New York 1965
Hobsbawn, Eric, Sozialrebellen. Archaische Sozialbewegungen im 19. und 20. Jahrhundert. Neuwied 1962
Hentig, Hartmut v., Magier oder Magister, Stuttgart 1972
Holzheuer, Walter, Karl Kautskys Werk als Weltanschauung, München 1972
Horkheimer, Max, Aus der Pubertät. Novellen und Tagebuchblätter, München 1974
– Anfänge der bürgerlichen Geschichtsphilosophie, Frankfurt/M. 1930
– Zur Kritik der instrumentellen Vernunft, Frankfurt/M. 1974
– Autoritärer Staat, in: M. H. »Gesellschaft im Übergang«. Hg. v. Werner Brede, Frankfurt/M. 1972
– Vernunft und Selbsterhaltung, Frankfurt/M. 1970
– Notes on Institute Activities, in SPSS 9, 1941
– »Preface«, in: SPSS 9, 1941
– The End of Reason, in: SPSS 9, 1941

– Art and Mass Culture, in: SPSS 9, 1941
– Die Juden und Europa, in: SPSS 8, 1939
– The Social Function of Philosophy, in SPSS 8, 1939
– The Relation between Psychology and Sociology in the Work of Dilthey, in: SPSS 8, 1939
– Die Philosophie der absoluten Konzentration, in: ZfS 7, 1938
– Montaigne und die Funktion der Skepsis, in: ZfS 7, 1938
– »Allgemeiner Teil«, in: Studien über Autorität und Familie. Paris 1936
– Der neueste Angriff auf die Metaphysik, in: ZfS 6, 1937
– Traditionelle und kritische Theorie, in: ZfS 6, 1937
– Philosophie und kritische Theorie, in: ZfS 6, 1937
– Egoismus und Freiheitsbewegung, in: ZfS 5, 1936
– Dämmerung. Notizen in Deutschland, in: M. H. Notizen 1950 bis 1969 und Dämmerung. Notizen in Deutschland, hg. von Werner Brede, Frankfurt/M. 1974
– Bemerkungen zur philosophischen Anthropologie, in: ZfS 4, 1935
– Zum Problem der Wahrheit, in: ZfS 4, 1935
– Zu Bergsons Metaphysik der Zeit, in: ZfS 3, 1934
– Zum Problem der Voraussage in den Sozialwissenschaften, in: ZfS 2, 1933
– Zum Rationalismusstreit in der gegenwärtigen Philosophie, in: ZfS 3, 1934
– Materialismus und Moral, in: ZfS 2, 1933
– Materialismus und Metaphysik, in: ZfS 2, 1933
– Hegel und die Metaphysik, in: Festschrift für Carl Grünberg, zum 70. Geburtstag, Leipzig 1932
– Geschichte und Psychologie, in: ZfS 1, 1932
– Bemerkungen über Wissenschaft und Krise, in: ZfS 1, 1932
– Ein neuer Ideologiebegriff?, in: GA 15, 1930
– Die gegenwärtige Lage der Sozialphilosophie und die Aufgaben eines Instituts für Sozialforschung, in: M. H. Sozialphilosophische Studien, hg. v. Werner Brede, Frankfurt/M. 1972
Jantzsch, Erich, Towards Inter- and Transdisciplinarity in Education and Innovation, in: Policy Science 1/1970
Jay, Martin, Dialektische Fantasie, Frankfurt/M. 1976
– The Extraterritorial Life of Siegfried Kracauer, in: Salmagundi, 31/32
Jonas, F., Geschichte der Soziologie IV, Hamburg 1968
Kantorowicz, Alfred, Spanisches Tagebuch, Berlin 1949
– Deutsche Schicksale. Intellektuelle unter Hitler und Stalin. Wien 1964
Koestler, Arthur, Die Geheimschrift, Wien–München 1953
– Anatomie eines Mythos, in: »Der Yogi und der Kommissar«, Frankfurt/M. 1974
– Sonnenfinsternis, München 1967
Kirchheimer, Otto, Von der Weimarer Republik zum Faschismus: Die

Auflösung der demokratischen Rechtsordnung, Frankfurt/M. 1976
– Politische Herrschaft. Fünf Beiträge zur Lehre vom Staat, Frankfurt/M. 1967
– Politik und Verfassung, Frankfurt/M. 1965
– The Legal Order of National Socialism, in: SPSS 9, 1941
– Changes in the Structure of Political Compromise, in: SPSS 9, 1941
– Criminal Law in National Socialist Germany, in: SPSS 8, 1939
– Punishment and Social Structure, New York 1939 (zus. mit Georg Rusche
Kliem, Kurt, Der sozialistische Widerstand gegen das Dritte Reich dargestellt an der Gruppe »Neu Beginnen«, Diss. Marburg 1957
Kluke, Paul, Die Stiftungsuniversität Frankfurt am Main, Frankfurt/M. 1973
König, René, Studien zur Soziologie, Frankfurt/M. 1971
Korsch, Karl, The Fight for Britain, the Fight for Democracy and the War Aims of the Working Class (1941), in: Alternative, April 1965
– Marxismus und Philosophie, Frankfurt/M. 1968
Kosik, Karel, Die Dialektik des Konkreten, Frankfurt/M. 1973
Krahl, Hans-J., Konstitution und Klassenkampf. Zur historischen Dialektik von bürgerlicher Emanzipation und proletarischer Revolution, Frankfurt/M. 1971
Krauch, Helmut, Die organisierte Forschung, Neuwied/Berlin 1970
Krenek, Ernst, Bemerkungen zur Rundfunkmusik, in: ZfS 7, 1938
Kuczynski, Jürgen: Über die Unpraktischheit des deutschen Intellektuellen, London 1944
Laqueur, Walter, Mythos der Revolution. Deutungen und Fehldeutungen der Sowjetgeschichte, Frankfurt/M. 1967
Lazarsfeld, Paul, Eine Episode in der Geschichte der empirischen Sozialforschung: Erinnerungen, in: Parsons, Shils, Lazarsfeld: »Soziologie autobiographisch«, Stuttgart 1975
– Die Arbeitslosen von Marienthal, Frankfurt/M. 1975 (zus. mit Marie Jahoda Lazarsfeld)
– Some Remarks on the Typological Procedures in Social Research, in: ZfS 6, 1937
Lefebvre, Henri, Philosophie und Soziologie bei Marx, in: Soziologie nach Marx
Löwenthal, Leo, Literatur und Gesellschaft, Neuwied/Berlin 1964
– Knut Hamsun. Zur Vorgeschichte der autoritären Ideologie, in ZfS 6, 1937
– Das Individuum in der individualistischen Gesellschaft. Bemerkungen über Ibsen, in: ZfS 5, 1936
– Zugtier und Sklaverei, in: ZfS 2, 1933
– Conrad Ferdinand Meyers heroische Geschichtsauffassung, in ZfS 2, 1933

– Die Auffassung Dostojewskis im Vorkriegsdeutschland, in: ZfS 3, 1934
– Zur gesellschaftlichen Lage der Literatur, in: ZfS 1, 1933
– Prophets of Deceit, New York 1949 (zus. mit Norbert Gutermann
Löwenthal, Richard, Zu Marshalls neoklassischer Ökonomie, in: ZfS 6, 1937 (unter dem Pseudonym: Paul Serimg)
Ludz, Peter-Chr., Ideologieforschung. Eine Rückbesinnung und ein Neubeginn, in: KZfSS 1977, 1
– Ideologiebegriff und marxistische Theorie. Ansätze zu einer immanenten Kritik, Köln/Opladen 1976
Lukács, Georg, Die Zerstörung der Vernunft, Berlin/Neuwied 1974, 3 Bde.
– Geschichte und Klassenbewußtsein, Berlin/Neuwied 1970
Luxemburg, Rosa, Schriften zur Theorie der Spontaneität, in: Texte des Sozialismus und Anarchismus, hg. von Günther Hillmann, Hamburg 1970
Mandelbaum, Kurt, Sozialdemokratie und Leninismus, Berlin 1974
– Neuere Literatur über technologische Arbeitslosigkeit, in: ZfS 5, 193
– Keynes Revision der liberalistischen Nationalökonomie, in ZfS 5, 193 (unter dem Pseudonym: Erich Baumann)
– Zur Theorie der Planwirtschaft, in: ZfS 3, 1934 (zus. mit Gerhardt Meyer)
– Autarkie und Planwirtschaft, in ZfS 2, 1933 (unter dem Pseudonym Kurt Baumann)
Mann, Klaus, Der Wendepunkt. Ein Lebensbericht, Frankfurt/M. 1968
Mann, Golo, Deutsche Geschichte 1919–1945, Frankfurt/M. 1961
Mannheim, Karl, Diagnosis of Our Time. Wartime Essays of a Sociologist London 1943
– Ideologie und Utopie, Frankfurt/M. 1930
– Wissenssoziologie. Auswahl aus dem Werk. Hg. von Kurt H. Wolff Neuwied/Berlin 1970
Marck, Siegfried, Der Neuhumanismus als politische Philosophie. De Aufbruch, Zürich 1938
Marcuse, Herbert, Der Einfluß der deutschen Emigranten auf das amerikanische Geistesleben, in: Jahrbuch für Amerikastudien 10/1965
– Neue Quellen zur Grundlegung des Historischen Materialismus, in: Di Gesellschaft 7/IX, Berlin 1932
– Vernunft und Revolution, Neuwied/Berlin 1962
– Die Gesellschaftslehre des sowjetischen Marxismus, Darmstadt/Neuwied 1974
– Some Social Implications of Modern Technology, in: SPSS 9, 1941
– An Introduction to Hegel's Philosophy, in: SPSS 8, 1939
– Zur Kritik des Hedonismus, in: ZfS 7, 1938
– Philosophie und kritische Theorie, in ZfS 6, 1937
– Über den affirmativen Charakter der Kultur, in: ZfS 6, 1937

- Zum Begriff des Wesens, in: ZfS 5, 1936
- Der Kampf gegen den Liberalismus in der totalitären Staatsauffassung, in: ZfS 3, 1934
- Hegels Ontologie und die Grundlegung einer Theorie der Geschichtlichkeit, Frankfurt/M. 1932
- »Ideengeschichtlicher Teil«, in: Studien über Autorität und Familie, Paris 1936
- Zur Wahrheitsproblematik der soziologischen Methode, in: Die Gesellschaft 2, 1929
- Beiträge zu einer Phänomenologie des historischen Materialismus, in: Philosophische Hefte 1, 1928

Massing, Hede, Die große Täuschung, Freiburg 1967

Maus, Heinz, Bericht über die Soziologie in Deutschland, 1933–1945, in KZfSS 1, 1959

Merleau-Ponty, M., Humanismus und Terror, 2 Bde., Frankfurt/M. 1968
- Die Abenteuer der Dialektik, Frankfurt/M. 1968

Meyer, Gerhard, Zur Theorie der Planwirtschaft, in: ZfS 3, 1934, (zus. mit Kurt Mandelbaum)
- Neuere englische Literatur zur Planwirtschaft, in: ZfS 2, 1933
- Krisenpolitik und Planwirtschaft, in: ZfS 4, 1935

Molnar, Thomas, Kampf und Untergang der Intellektuellen, München 1966

Mommsen, Hans, Die Sozialdemokratie in der Defensive: Der Immobilismus der SPD und der Aufstieg des Nationalsozialismus, in H. M. »Sozialdemokratie zwischen Klassenbewegung und Volkspartei«, Frankfurt/M. 1974

Mullins, N. C., Theories and Theory Groups in Contemporary American Sociology. New York 1973
- Die Entwicklung eines wissenschaftlichen Spezialgebiets: die Phagengruppe und die Ursprünge der Molekularbiologie, in: P. Weingart (Hg.) »Determinanten wissenschaftlicher Entwicklung«, Frankfurt/M. 1974

Musgrave, A. E.: Kuhn's Second Thoughts, in: British Journal of the Philosophy of Science 22, 1971

Negt, Oskar, Rosa Luxemburg. Zur materialistischen Dialektik von Spontaneität und Organisation, in: Claudio Pozzoli (Hg.) »Rosa Luxemburg oder die Bestimmung des Sozialismus«, Frankfurt/M. 1974
- Öffentlichkeit und Erfahrung. Zur Organisationsanalyse von bürgerlicher und proletarischer Öffentlichkeit. (zus. mit Alexander Kluge), Frankfurt/M. 1972

Neumann, Franz, Der Funktionswandel des Gesetzes im Recht der bürgerlichen Gesellschaft, in: ZfS 6, 1937
- Types of Natural Law, in: SPSS 8, 1939
- Behemoth: The Structure and Practice of National Socialism, 1933–1944, New York 1944

Neumann, Sigmund, Permanent Revolution. Totalitarianism in the Age of International Civil War. London 1965
– Die Parteien in der Weimarer Republik, Stuttgart 1970
Nolte, Ernst, Der Faschismus in seiner Epoche, München 1963
Parsons, Talcott, Die Entstehung der Theorie des sozialen Systems. Ein Bericht zur Person, in: Parsons, Shils, Lazarsfeld: »Soziologie autobiographisch«, Stuttgart 1975
Plessner, Monika, Die deutsche »University in Exile« in New York und ihr amerikanischer Gründer, in: Frankfurter Hefte 19/1964
Pross, Helge, Die deutsche akademische Emigration nach den Vereinigten Staaten, 1933–1941. Berlin 1955
Pollock, Friedrich, Bemerkungen zur Wirtschaftskrise, in: ZfS 2, 1933
– Die planwirtschaftlichen Versuche in der Sowjetunion. 1917–1927, Frankfurt/M. 1971
– State Capitalism: Its Possibilities and Limitations, in: SPSS 9, 1941
– Is National Socialism a New Order?, in: SPSS 9, 1941
– Die gegenwärtige Lage des Kapitalismus und die Aussichten einer planwirtschaftlichen Neuordnung, in: ZfS 1, 1933
– Das Institut für Sozialforschung an der Universität Frankfurt a. M., in L. Brauer/A. Mendelssohn, »Forschungsinstitute«, 2. Bd., Hamburg 1930
– Notes on European Post-War Economic Problems, (Pollock-Archiv, Veröffentlichungsort unbekannt)
Post, Werner/Schmidt, Alfred, Was ist Materialismus? Zur Einleitung in Philosophie, München 1975
Radkau, Joachim, Die deutsche Emigration in den USA. Ihr Einfluß auf die amerikanische Europapolitik 1933–1945, Düsseldorf 1971
Rauschning, Hermann, Die Revolution des Nihilismus. Kulisse und Wirklichkeit im Dritten Reich. New York 1938
Riemer, Svend, Die Emigration der deutschen Soziologen nach den Vereinigten Staaten, in: KZfSS 1, 1959
Rosenberg, Arthur, Geschichte der Weimarer Republik, Frankfurt/M 1961
Schmidt, Alfred, Zum Erkenntnisbegriff der Kritik der politischen Ökonomie, in: »Kritik der politischen Ökonomie heute«, Frankfurt/M. 196
– Die kritische Theorie als Geschichtsphilosophie, München 1976
– Zur Idee der kritischen Theorie, München 1974
Shakolsky, Leon, The Development of Sociological Theory in America. A Sociology of Knowledge Interpretation, in: L. T. Reynolds/J. M. Reynolds ›The Sociology of Sociology‹, New York 1970
Sherif, M./Sherif, C. W. (Hgs.), Interdisciplinary Relationships in Social Sciences, Chicago 1969
Shils, Edward, Geschichte der Soziologie: Tradition, Ökologie und Institutionalisierung, in: Parsons, Shils, Lazarsfeld: »Soziologie autobiogra

phisch«, Stuttgart 1975
Shirer, William L., Aufstieg und Fall des Dritten Reiches, München/Zürich 1963, 2 Bde.
Skuhra, Anselm, Max Horkheimer. Eine Einführung in sein Denken. Berlin–Köln–Mainz 1974
Slater, Phil, Origin and Significance of the Frankfurt School. A Marxist perspective. London 1977
Spiegel-Rösing, I. S., Wissenschaftsentwicklung und Wissenschaftssteuerung, Frankfurt/M. 1973
Söllner, Alfons, Geschichtsphilosophie und Herrschaftstheorie – eine kritische Analyse zur Wissenschaftsgeschichte der kritischen Theorie, in: Philos. Jahrbuch der Görres-Gesellschaft, 83 Jg., 1976
Stern, Carola et al., DTV-Lexikon zur Geschichte und Politik im 20. Jahrhundert, 3 Bde., München 1974
Stourzh, Gerald, Bibliographie der deutschsprachigen Emigration in den Vereinigten Staaten 1933–1963: Geschichte und Politische Wissenschaft, in: Jahrbuch für Amerikastudien: 10/1965 u. 11/1966
Tenbruck, Friedrich, Der Fortschritt der Wissenschaft als Trivialisierungsprozeß, in: R. König (Hg.) ›Wissenschaftssoziologie‹, Sonderheft 18 der KZfSS, Opladen 1975
Verhandlungen des V. Deutschen Soziologentages 1926 in Wien, Tübingen 1927
Verhandlungen des VI. Deutschen Soziologentages in Zürich, Tübingen 1929
Verhandlungen des VII. Deutschen Soziologentages 1930 in Berlin, Tübingen 1931
Vierkandt, Alfred, Handwörterbuch der Soziologie, Stuttgart 1959
Weber, Hermann, Die Wandlung des deutschen Kommunismus. Die Stalinisierung der KPD in der Weimarer Republik. Frankfurt/M. 1969
Weingart, Peter (Hg.), Wissenschaftssoziologie 1. Wissenschaftliche Entwicklung als sozialer Prozeß, Frankfurt/M. 1972
– (Hg.), Determinanten wissenschaftlicher Entwicklung, Frankfurt/M. 1974
Wiese, Leopold von, Zur Einführung: Die gegenwärtigen Aufgaben einer deutschen Zeitschrift für Soziologie, in: Vierteljahreshefte für Soziologie 1, 1921
Wellmer, Albrecht, Kritische Gesellschaftstheorie und Positivismus, Frankfurt/M. 1969
Wittfogel, Karl-A., Die natürlichen Ursachen der Wirtschaftsgeschichte, Frankfurt/M. 1970
Zelený, Jindrich, Die Wissenschaftslogik und das ›Kapital‹, Frankfurt/M. 1973
Zweig, Arnold, Der Typus Hitler, Fanara 1947

stw 149 Urs Jaeggi
Theoretische Praxis
224 Seiten
In der deutschen Strukturalismus-Debatte ist der strukturale Marxismus in die sozialphilosophische Fragestellung aufgesogen worden. Als Kritiker am Hyper-Empirismus, als Gegner der »Rhapsodie von Fakten«, steht er andererseits quer sowohl zu einem Spät- oder Neohegelianismus wie auch zu den Exerzitien einer wortgetreuen Marx/Engels-Exegese. Jaeggi versucht herauszuarbeiten, weshalb der strukturale Ansatz dabei nicht gegen die historisch-materialistische Methode ausgespielt werden kann, sondern im Rahmen des historischen Materialismus richtige Fragen formuliert und reformuliert.

stw 151 Clemens Lugowski
Die Form der Individualität im Roman
Mit einer Einleitung von Heinz Schlaffer
240 Seiten
Seit ihrem ersten Erscheinen (1932) ist Lugowskis Abhandlung nur wenigen Fachgelehrten bekanntgeworden: einer der bedeutendsten Beiträge zur Literaturwissenschaft ist noch zu entdecken. Seine Parallelen liegen außerhalb der zünftigen Germanistik: in Cassirers *Philosophie der symbolischen Formen*, in den kunsttheoretischen Arbeiten der Warburg-Schule, im russischen Formalismus.
In der gegenwärtigen Situation der Literaturwissenschaft, die sich in textlinguistische und sozialgeschichtliche Schulen getrennt hat, kann dieses Buch an vergessene Vermittlungen erinnern: an ästhetische Sinnformen, an die besondere Weise der Dichtung, Leben und Welt deutend darzustellen.

stw 154 Jürgen Habermas
Zur Rekonstruktion des Historischen Materialismus
352 Seiten
Die in diesem Band zusammengefaßten Arbeiten zielen alle auf die Rekonstruktion des Historischen Materialismus ab. Rekonstruktion heißt hier: eine Theorie auseinandernehmen und in neuer Form wieder zusammensetzen, um das Ziel, das sie sich gesetzt hat, besser zu erreichen.

stw 155 Peter Weingart
Wissensproduktion und soziale Struktur
256 Seiten
Die in diesem Band zusammengefaßten Arbeiten zielen alle auf die Begründung und Explikation eines neuen Ansatzes in der Wissenschaftssoziologie. Ihr systematischer Zusammenhang ergibt sich aus dem Versuch, Wissen als »soziale Kategorie« zu fassen. Damit eröffnet sich die Möglichkeit, die historische und aktuelle Analyse der Wissenschaftsentwicklung und -politik über die Beschränkungen der in diesem Feld vorherrschenden Begriffsraster hinauszutreiben.

stw 156 *Seminar: Kommunikation, Interaktion, Identität*
Herausgegeben von Manfred Auwärter, Edit Kirsch und Klaus Schröter
Der Band enthält Arbeiten aus der Interaktions- und Kommunikationsforschung, die u. a. als Beiträge zur Klärung folgender Fragen gesehen werden können: Wie interpretieren Individuen wechselseitig ihre Äußerungen und Handlungen? Wie stimmen sie Erwartungen aufeinander ab? Wie verhalten sie sich im Fall der Enttäuschung von Erwartungen? Was folgt daraus für den Prozeß, in dem grundlegende interaktive und kommunikative Fähigkeiten erworben werden und Identitäten aufgebaut und bewahrt werden?

stw 157 Heinz Kohut
Narzißmus
Eine Theorie der psychoanalytischen Behandlung narzißtistischer Persönlichkeitsstörungen
Aus dem Amerikanischen von Lutz Rosenkötter
400 Seiten

»Ohne Frage ist dieses Buch ein Meilenstein, nicht nur in der Fortentwicklung der Psychoanalyse über Freuds ursprüngliche Ansätze hinaus, sondern auch im so langsam und zäh fortschreitenden Erkenntnisprozeß des Menschen über seine eigene Natur.« *Jürgen vom Scheidt*

stw 158 Norbert Elias
Über den Prozeß der Zivilisation
Soziogenetische und psychogenetische Untersuchungen
Erster Band: Wandlungen des Verhaltens in den weltlichen Oberschichten des Abendlandes
350 Seiten

stw 159 Norbert Elias
Über den Prozeß der Zivilisation
Soziogenetische und psychogenetische Untersuchungen
Zweiter Band: Wandlungen der Gesellschaft. Entwurf zu einer Theorie der Zivilisation
508 Seiten
Die Soziologie des 20. Jahrhunderts konzentriert sich vor allem auf Zustände. Die langfristigen Transformationen der Gesellschaft und Persönlichkeitsstrukturen hat sie weitgehend aus den Augen verloren. Im Werk von Norbert Elias bilden diese langfristigen Prozesse das zentrale Interesse: Wie ging eigentlich die »Zivilisation« im Abendlande vor sich? Worin bestand sie? Und welches waren ihre Antriebe, ihre Ursachen oder Motoren?
Bei Elias' Arbeit handelt es sich weder um eine Untersuchung über eine »Evolution« im Sinne des 19. Jahrhunderts noch um eine Untersuchung über einen unspezifischen »sozialen Wandel« im Sinne des 20.; seine Arbeit ist grundlegend für eine undogmatische, empirisch fundierte soziologische Theorie der sozialen Prozesse im allgemeinen und der sozialen Entwicklung im besonderen.

stw 160 Hans G. Furth
Intelligenz und Erkennen
Die Grundlagen der genetischen Erkenntnistheorie Piagets
Übersetzt von Friedhelm Herborth
384 Seiten
Hans G. Furth hat den ersten Versuch einer systematischen Darstellung der Theorie Piagets unternommen, und er hat,

wie Piaget selbst es formuliert, »diese Aufgabe außerordentlich erfolgreich gelöst«. Piaget zwingt zu einer Revolution unserer Anschauungen, wie es außer ihm in der Neuzeit nur Kopernikus, Darwin und Freud getan haben.

stw 164 Karl-Otto Apel
Transformation der Philosophie
Band 1: Sprachanalytik, Semiotik, Hermeneutik
384 Seiten

stw 165 Karl-Otto Apel
Transformation der Philosophie
Band 2: Das Apriori der Kommunikationsgemeinschaft
464 Seiten
Transformation der Philosophie meint die Transformation der Transzendentalphilosophie des Privat-Subjekts in eine Transzendentalphilosophie der Intersubjektivität.

stw 166 *Seminar: Theorien der künstlerischen Produktivität*
Entwürfe mit Beiträgen aus Literaturwissenschaft, Psychoanalyse und Marxismus
Herausgegeben von Mechthild Curtius unter Mitarbeit von Ursula Böhmer
464 Seiten
Die in diesem Band versammelten Beiträge aus westlichen und östlichen Ländern geben einen Überblick über den gegenwärtigen Stand der »Theorie« künstlerischer Produktivität und einen Ausblick auf mögliche Weiterentwicklungen dieser Theorie.

stw 176 Emile Durkheim
Soziologie und Philosophie
Mit einer Einleitung von Theodor W. Adorno
Übersetzt von Eva Moldenhauer
160 Seiten
Die Aufsätze und Diskussionsbeiträge, die unter dem Titel *Soziologie und Philosophie* zusammengestellt und zuerst 1924 veröffentlicht wurden, führen in ein für Durkheims Denken zentrales Gebiet: in die von ihm intendierte Wissenschaft der Moral, die sowohl individuelle als auch kollektive moralische – und das heißt zugleich anthropologische, psychologische und soziologische – Phänomene erfassen will.

Alphabetisches Verzeichnis der suhrkamp taschenbücher wissenschaft

Adorno, Ästhetische Theorie 2
– Drei Studien zu Hegel 110
– Einleitung in die Musiksoziologie 142
– Kierkegaard 7
– Negative Dialektik 113
– Philosophie der neuen Musik 239
– Philosophische Terminologie Bd. 1 23
– Philosophische Terminologie Bd. 2 50
– Prismen 178
Apel, Der Denkweg von Charles S. Peirce 141
– Transformation der Philosophie, Bd. 1 164
– Transformation der Philosophie, Bd. 2 165
Arnaszus, Spieltheorie und Nutzenbegriff 51
Ashby, Einführung in die Kybernetik 34
Avineri, Hegels Theorie des modernen Staates 146
Bachofen, Das Mutterrecht 135
Materialien zu Bachofens ›Das Mutterrecht‹ 136
Barth, Wahrheit und Ideologie 68
Becker, Grundlagen der Mathematik 114
Benjamin, Charles Baudelaire 47
– Der Begriff der Kunstkritik 4
– Trauerspiel 225
Materialien zu Benjamins Thesen ›Über den Begriff der Geschichte‹ 121
Bernfeld, Sisyphos 37
Bilz, Studien über Angst und Schmerz 44
– Wie frei ist der Mensch? 17
Bloch, Das Prinzip Hoffnung 3
– Geist der Utopie 35
– Naturrecht 250
– Philosophie d. Renaissance 252
– Subjekt/Objekt 251
– Tübinger Einleitung 253
Materialien zu Bloch, Prinzip Hoffnung 111
Blumenberg, Aspekte der Epochenschwelle: Cusaner und Nolaner 174
– Der Prozeß der theoretischen Neugierde 24
– Säkularisierung und Selbstbehauptung 79
Böckenförde, Staat, Gesellschaft, Freiheit 163
Böhme/van den Daele/Krohn, Experimentelle Philosophie 205
Bourdieu, Zur Soziologie der symbolischen Formen 107
Broué/Témime, Revolution und Krieg in Spanien. 2 Bde. 118
Bucharin/Deborin, Kontroversen 64
Childe, Soziale Evolution 115
Chomsky, Aspekte der Syntax-Theorie 42
– Sprache und Geist 19
– Reflexionen über die Sprache 185
Cicourel, Methode und Messung in der Soziologie 99
Condorcet, Entwurf einer historischen Darstellung der Fortschritte des menschlichen Geistes 175
Deborin/Bucharin, Kontroversen 64
Deleuze/Guattari, Anti-Ödipus 224
Denninger, Freiheitliche demokratische Grundordnung. 2 Bde. 150
Denninger/Lüderssen, Polizei und Strafprozeß 228
Derrida, Die Schrift und die Differenz 177
Durkheim, Soziologie und Philosophie 176
Eco, Das offene Kunstwerk 222
Einführung in den Strukturalismus 10
Eliade, Schamanismus 126
Elias, Über den Prozeß der Zivilisation, Bd. 1 158
– Über den Prozeß der Zivilisation, Bd. 2 159
Erikson, Der junge Mann Luther 117
– Dimensionen einer neuen Identität 100
– Gandhis Wahrheit 265
– Identität und Lebenszyklus 16
Erlich, Russischer Formalismus 21
Ethnomethodologie 71
Fetscher, Rousseaus politische Philosophie 143
Fichte, Politische Schriften 201
Foucault, Der Fall Rivière 128
– Die Ordnung der Dinge 96
– Wahnsinn und Gesellschaft 39
– Überwachen und Strafen 184
Furth, Intelligenz und Erkennen 160
Goffman, Stigma 140
Gombrich, Meditationen über ein Steckenpferd 237
Griewank, Der neuzeitliche Revolutionsbegriff 52
Guattari/Deleuze, Anti-Ödipus 224
Habermas, Erkenntnis und Interesse 1
– Theorie und Praxis 243
– Zur Rekonstruktion des Historischen Materialismus 154
Materialien zu Habermas' ›Erkenntnis und Interesse‹ 49
Hegel, Grundlinien der Philosophie des Rechts 145
– Phänomenologie des Geistes 8
Materialien zu Hegels ›Phänomenologie des Geistes‹ 9
Materialien zu Hegels Rechtsphilosophie Bd. 1 88
Materialien zu Hegels Rechtsphilosophie Bd. 2 89
Heller, u. a., Die Seele und das Leben 80
Henle, Sprache, Denken, Kultur 120
Hörmann, Meinen und Verstehen 230
Holenstein, Roman Jakobsons phänomenologischer Strukturalismus 116
Honneth/Jaeggi, Theorien des Historischen Materialismus 182
Jaeggi, Theoretische Praxis 149
Jaeggi/Honneth, Theorien des Historischen Materialismus 182
Jacobson, Das Selbst und die Welt der Objekte 242
Jakobson, Hölderlin, Klee, Brecht 162
Kant, Kritik der praktischen Vernunft 56
– Kritik der reinen Vernunft 55
– Kritik der Urteilskraft 57
– Vorkritische Schriften bis 1768 1 186
– Vorkritische Schriften bis 1768 2 187
– Schriften zur Metaphysik und Logik 1 188
– Schriften zur Metaphysik und Logik 2 189
– Die Metaphysik der Sitten 190
– Schriften zur Naturphilosophie 191
– Schriften zur Anthropologie 1 192
– Schriften zur Anthropologie 2 193
Kant zu ehren 61
Materialien zu Kants ›Kritik der praktischen Vernunft‹ 59
Materialien zu Kants ›Kritik der reinen Vernunft‹ 58
Materialien zu Kants ›Kritik der Urteilskraft‹ 60
Materialien zu Kants ›Rechtsphilosophie‹ 171
Kenny, Wittgenstein 69
Kierkegaard, Philosophische Brocken 147
– Über den Begriff der Ironie 127
Koch, Die juristische Methode im Staatsrecht 198
Körner, Erfahrung und Theorie 197
Kohut, Die Zukunft der Psychoanalyse 125
– Introspektion, Empathie und Psychoanalyse 207
– Narzißmus 157
Kojève, Hegel. Kommentar zur Phänomenologie des Geistes 97
Koselleck, Kritik und Krise 36

Kracauer, Geschichte – Vor den letzten Dingen 11
Kuhn, Die Entstehung des Neuen 236
– Die Struktur wissenschaftlicher Revolutionen 25
Lacan, Schriften 1 137
Lange, Geschichte des Materialismus 70
Laplanche/Pontalis, Das Vokabular der Psychoanalyse 7
Leach, Kultur und Kommunikation 212
Leclaire, Der psychoanalytische Prozeß 119
Lenneberg, Biologische Grundlagen der Sprache 217
Lenski, Macht und Privileg 183
Lepenies, Das Ende d. Naturgeschichte 227
Lévi-Strauss, Das wilde Denken 14
– Mythologica I, Das Rohe und das Gekochte 167
– Mythologica II, Vom Honig zur Asche 168
– Mythologica III, Der Ursprung der Tischsitten 169
– Mythologica IV, Der nackte Mensch. 2 Bde. 170
– Strukt. Anthropologie 1 226
– Traurige Tropen 240
Locke, Zwei Abhandlungen 213
Lorenzen, Methodisches Denken 73
– Konstruktive Wissenschaftstheorie 93
Lorenzer, Die Wahrheit der psychoanalytischen Erkenntnis 173
– Sprachzerstörung und Rekonstruktion 31
– Sprachspiel und Interaktionsformen 81
Lugowski, Die Form der Individualität im Roman 151
Luhmann, Theorie, Technik und Moral 206
– Zweckbegriff und Systemrationalität 12
Lukács, Der junge Hegel 33
Macpherson, Politische Theorie des Besitzindividualismus 41
Malinowski, Eine wissenschaftliche Theorie der Kultur 104
Marxismus und Ethik 75
Mead, Geist, Identität und Gesellschaft 28
Merleau-Ponty, Die Abenteuer der Dialektik 105
Miliband, Der Staat in der kapitalistischen Gesellschaft 112
Minder, Glaube, Skepsis und Rationalismus 43
Mittelstraß, Die Möglichkeit von Wissenschaft 62
Mommsen, Max Weber 53
Moore, Soziale Ursprünge von Diktatur und Demokratie 54
Morris, Pragmatische Semiotik und Handlungstheorie 179
O'Connor, Die Finanzkrise des Staates 83
Oppitz, Notwendige Beziehungen 101
Parin/Morgenthaler, Fürchte deinen Nächsten 235
Parsons, Gesellschaften 106
Parsons/Schütz, Briefwechsel 202
Peukert, Wissenschaftstheorie 231
Phänomenologie und Marxismus, Bd. 3 232
Piaget, Das moralische Urteil beim Kinde 27
– Die Bildung des Zeitbegriffs beim Kinde 77
– Einführung in die genetische Erkenntnistheorie 6
Plessner, Die verspätete Nation 66
Pontalis, Nach Freud 108
Pontalis/Laplanche, Das Vokabular der Psychoanalyse 7
Propp, Morphologie des Märchens 131
Quine, Grundzüge der Logik 65
Redlich/Freedman, Theorie und Praxis der Psychiatrie. 2 Bde. 148
Ricœur, Die Interpretation 76
Ritter, Metaphysik und Politik 199
v. Savigny, Die Philosophie der normalen Sprache 29
Schelling, Über das Wesen der menschlichen Freiheit 138
– Philosophie der Offenbarung 181
Materialien zu Schellings philosophischen Anfängen 139
Schleiermacher, Hermeneutik und Kritik 211
Scholem, Von der mystischen Gestalt der Gottheit 209
– Zur Kabbala und ihrer Symbolik 13
Schütz, Der sinnhafte Aufbau der sozialen Welt 92
Schumann, Handel mit Gerechtigkeit 214
Seminar: Abweichendes Verhalten I 84
– Abweichendes Verhalten II 85
– Abweichendes Verhalten III 86
– Angewandte Sozialforschung 153
– Dialektik, Bd. 1 234
– Entstehung von Klassengesellschaften 30
– Entstehung der antiken Klassengesellschaft 130
– Familie und Familienrecht Bd. 1 102
– Familie und Familienrecht Bd. 2 103
– Familie und Gesellschaftsstrukturen 244
– Geschichte und Theorie 98
– Gesellschaft und Homosexualität 200
– Hermeneutik und die Wissenschaften 238
– Kommunikation, Interaktion, Identität 156
– Literatur und Kunstsoziologie 245
– Medizin, Gesellschaft, Geschichte 67
– Philosophische Hermeneutik 144
– Politische Ökonomie 22
– Regelbegriff in der praktischen Semantik 94
– Religion und gesellschaftliche Entwicklung 38
– Sprache und Ethik 91
– Theorien der künstlerischen Produktivität 166
Skirbekk, Wahrheitstheorien 210
Solla Price, Little Science – Big Science 48
Spinner, Pluralismus als Erkenntnismodell 32
Sprachanalyse und Soziologie 123
Sprache, Denken, Kultur 120
Strauss, Anselm, Spiegel und Masken 109
Strauss, Leo, Naturrecht und Geschichte 216
Szondi, Das lyrische Drama des Fin de siècle 90
– Einführung in die literarische Hermeneutik 124
– Poetik und Geschichtsphilosophie I 40
– Poetik und Geschichtsphilosophie II 72
– Theorie des bürgerlichen Trauerspiels 15
– Schriften 1 219
– Schriften 2 220
Témime/Broué, Revolution und Krieg in Spanien. 2 Bde. 118
Theorietechnik und Moral 206
Touraine, Was nützt die Soziologie 133
Tugendhat, Vorlesungen zur Einführung in die sprachanalytische Philosophie 45
Uexküll, Theoretische Biologie 20
Umweltforschung – die gesteuerte Wissenschaft 215
Waldenfels, Phänomenologie und Marxismus I 195
– Phänomenologie und Marxismus II 196
– Phänomenologie und Marxismus III 232
Wahrheitstheorien 210
Watt, Der bürgerliche Roman 78
Weimann, Literaturgeschichte und Mythologie 204
Weingart, Wissensproduktion und soziale Struktur 155
Weingarten u. a., Ethnomethodologie 71
Weizsäcker, Der Gestaltkreis 18

Winch, Die Idee der Sozialwissenschaft und ihr Verhältnis zur Philosophie 95
Wittgenstein, Philosophische Grammatik 5
– Philosophische Untersuchungen 203
Wunderlich, Studien zur Sprechakttheorie 172
Zilsel, Die sozialen Ursprünge der neuzeitlichen Wissenschaft 152
Zimmer, Philosophie und Religion Indiens 26